理論と実践

中小企業のマネジメント

安達明久　石井康夫　[著]
竹安数博　山下裕丈

中央経済社

は じ め に

　本書は，中小企業（Small Business）と事業創造（Entrepreneurship）のマネジメントに関するテキストである。本書の最大の特徴は，この2つを一体のものとして取り扱っている点にある。

　本書で言う「事業創造」とは，単に新たな事業をゼロからスタートする新規事業の立ち上げだけにはとどまらず，既存の事業を鋭い問題意識の下で常に見直し改善を重ねていくことや，既存の市場・顧客に拘泥せず新たな国内外の市場へ積極的に展開挑戦していくこと，IoTや少子高齢化など経済社会の変化を先読みし既存の事業体制を果敢に変革していくことなどを含む，幅広い概念として捉えていることもできよう。それは，新事業の創造と既存事業の変革の2つを含む概念であり，「イノベーション」を具体的に実現するプロセスという意味で使用している。本書では，中小企業に重点を置いた解説を行うこと，イノベーション実現のプロセスや課題を扱うことなどを勘案し，敢えて「事業創造（Entrepreneurship）」という言葉を使うこととした。

　したがって，本書は，第Ⅰ部「中小企業論」と第Ⅱ部「事業創造論」に大きく分かれているが，第Ⅰ部で扱う労働問題，グローバル化，サービス化，IT革新，流通革新，業務改革などのテーマも，この広い意味での「事業創造」の重要な一部を構成するものであると考えている。また，第Ⅱ部において取り上げる第二創業，事業承継，倒産などのテーマも，中小企業が事業創造を行ううえで必然的に遭遇する重要な課題であり，その基礎的な知識をもつことが，事業創造の円滑な取組みを促すうえで重要なテーマであると理解されよう。

　このように，「中小企業」と「事業創造」を一体的に扱おうとしているのは，事業創造を中小企業の延命，存続を図るための単なる手段・対策として考えているためではない。中小企業自体の特性が広い意味での「事業創造」に適していること，「中小企業」であるからこそ可能となるような「事業創造」の領域が存在し，中小企業が経済社会の活性化・発展に「不可欠・固有の存在」であると認識しているからにほかならない。具体的な事例等の記述は本論にゆ

ずるが，オープンネットワークによる変革，既存市場や顧客にとらわれない自由な発想での新分野への挑戦など，大企業では行いにくい中小企業に固有の役割が存在し，その役割を十分に果たすことが社会的にも強く期待されていると考える。

　最後に，中小企業憲章の冒頭部分を記し，我々がどのような観点から中小企業を理解しているかを示す言葉とさせていただきたい。

　「中小企業は，経済を牽引する力であり，社会の主役である。常に時代の先駆けとして積極果敢に挑戦を続け，多くの難局に遭っても，これを乗り越えてきた。…（中略）…。中小企業がその力と才能を発揮することが，疲弊する地方経済を活気づけ，同時にアジアなどの新興国の成長をも取り込み日本の新しい未来を切り拓く上で不可欠である。」

　なお，本書の出版にあたっては，中央経済社の杉原茂樹編集長に多大のご支援を頂いた。ここに心から感謝の意を表する次第である。

　2018年3月

執筆者を代表して
環太平洋大学経営学部　教授

安達　明久

目　次

はじめに　i

第 I 部

中　小　企　業　論

第1章　中小企業とその経営課題 ———————— 2

1.1　中小企業とは／ 2
- (1) 中小企業の定義／ 4
- (2) 中小企業の特徴／ 5

1.2　中小企業の存在意義，役割，課題／ 9
- (1) 中小企業の役割／ 9
- (2) 中小企業の課題／ 13

第2章　中小企業の産業集積 ———————— 17

2.1　産業集積／ 17
- (1) 産業集積の意味／ 17
- (2) 産業集積論／ 18
- (3) サードイタリーにみる産業集積／ 19
- (4) プラットフォーム・ビジネス論から考えるサードイタリー／ 21

2.2　産業クラスター／ 22
- (1) ポーターの産業クラスター論／ 22

II

(2) 日本の産業クラスター／23

第3章 中小企業と労働問題・金融問題————29

3.1 中小企業と労働問題／29
  (1) 「働き方改革」が目指す社会／29
  (2) 中小企業の労働の実態／30
3.2 中小企業と金融問題／37

第4章 経済のグローバル化・サービス化と 中小企業————45

4.1 経済のグローバル化／45
  (1) グローバル化とは何か／45
  (2) 中小企業のグローバル化の現状と課題／48
4.2 社会のサービス経済化／53
4.3 中小企業とマーケティング／57
  (1) サービス・マーケティング／58
  (2) モバイル・マーケティング／62

第5章 IT革新とその対応————67

5.1 経営戦略と情報化戦略／67
5.2 情報化戦略／68
  (1) 情報ネットワーク化／69
  (2) 生産計画システム／69
  (3) クレーム対応システム／70
5.3 情報システムの発展段階／70
5.4 システム化投資の分類と方法／71
5.5 中小企業における情報化取組み状況／73

III

第6章　中小企業の流通革新と SCM ——————— *78*

6.1　流通革新／ *78*
- (1)　流通の基本機能・基本構造／ *78*
- (2)　流通業における中小企業の位置づけ／ *79*
- (3)　流通経路の短縮化の進行／ *80*
- (4)　流通システムの時代的変遷／ *81*
- (5)　実需対応型の流通システムの構築／ *82*
- (6)　中小企業の CVS への業態転換／ *83*
- (7)　特約店制度と建値制・リベート制の見直し／ *83*
- (8)　製販同盟による流通革新／ *84*
- (9)　中小企業と商店街の再生／ *85*

6.2　中小企業と SCM ／ *87*
- (1)　SCM の重要性／ *87*
- (2)　販売予測／ *89*

第7章　中小企業の業務改革とものづくり革新 ——— *93*

7.1　中小企業における業務革新／ *93*
- (1)　中小企業の生産性／ *93*
- (2)　中小企業における業務改革のポイント／ *94*
- (3)　業務改革の視点〜もの・こと分析／ *95*
- (4)　もの・こと分析の視点から見る
  スリムな仕事の例／ *96*
- (5)　情報の流れに着目した業務改革の視点／ *98*

7.2　中小企業における生産改革／ *100*
- (1)　市場優先型のものづくり／ *100*
- (2)　生産改革の事例：タイルメーカー R 社／ *103*
- (3)　中小企業の IoT ／ *104*

第8章　中小企業と地域社会 ——————————— *107*

IV

8.1 地域社会への貢献と共存共栄／107
- (1) 中小企業と地域社会／107
- (2) 企業の社会的責任（CSR）／108
- (3) CSRからCSVへ／109
- (4) 本業を通じた社会貢献／110

8.2 地域社会に貢献する中小企業の事例／111
- (1) 株式会社 サラダコスモ／111
- (2) 中村ブレイス 株式会社／113
- (3) 株式会社 東海メディカルプロダクツ／115

第Ⅱ部

事 業 創 造 論

第9章 中小企業における事業創造 ——————120

9.1 事業創造の意義／120
- (1) 社会環境の変化／120
- (2) 消費者の価値観の変化／120
- (3) 事業競争力強化と新たな収益源の確保／121

9.2 事業創造とは／123
- (1) 起業／123
- (2) 第二創業／123

9.3 事業創造の必要性／124

9.4 経営者の環境認識と意思決定／127
- (1) 経営者の環境認識／127
- (2) 経営者の意思決定／128

9.5 競争戦略とビジネスモデルの構築／128

V

(1) 競争戦略とイノベーション／*128*

(2) ビジネスモデル／*130*

(3) イノベーションとデザイン思考／*131*

第10章 ベンチャー企業における事業の成熟度ごとの戦略―――*136*

10.1 イノベーションのプロセス／*136*

10.2 製品アーキテクチャ／*138*

10.3 事業構想からシード段階／*141*

10.4 スタートアップ段階／*141*

10.5 アーリーステージから成長段階／*143*

10.6 ミドル・レイターステージから
持続的発展段階／*144*

第11章 成長のためのリソース要件―――*149*

11.1 経営者の起業理念／*149*

11.2 人材確保と教育／*150*

11.3 知的資産保護／*153*

11.4 資金調達／*156*

11.5 企業価値向上策／*157*

11.6 IPOを目指して／*158*

第12章 事業創造立ち上げに対する各種支援―――*162*

12.1 ベンチャー企業への支援策／*162*

12.2 行政中心の主要なベンチャー支援策／*164*

(1) 産業競争力強化法等による支援策／*164*

(2) 中小機構のベンチャー支援ファンド／*166*

(3) その他の行政等による中小企業のイノベーション支

VI

援／*167*

12.3 民間のベンチャー支援策／*167*

(1) ベンチャーキャピタル／*167*

(2) コーポレートベンチャーキャピタル／*169*

(3) クラウドファンディング／*171*

第13章 起業・第二創業に成功した中小企業 ── *174*

13.1 株式会社 カスタムジャパン／*174*

13.2 株式会社 チャイルドハート／*177*

13.3 株式会社 アン／*180*

13.4 株式会社 小林大伸堂／*186*

第14章 企業の成長とビジネスプラン ── *192*

14.1 企業の成長モデル／*192*

(1) 企業成長の要因とイノベーション／*192*

(2) イノベーションのジレンマ／*193*

(3) S字型企業成長モデルとその背景──キャズム理論／*194*

(4) 企業成長の3つの障壁とその克服／*196*

14.2 成長企業のマーケティング／*197*

(1) 2つのマーケティング手法／*197*

(2) 市場創造型マーケティング／*198*

(3) ポジショニング図／*200*

(4) 2つのマーケティング手法の比較──マーケティングの4P／*201*

(5) 市場創造型マーケティングと市場規模推計──フェルミ推計／*202*

14.3 ビジネスモデルとビジネスプラン／*204*

(1) ビジネスプラン──総論／*204*

(2) 事業計画──ビジネスモデル／*205*

VII

- (3) 実施計画／*208*
- (4) 資金提供者から見たビジネスプラン①——ベンチャーキャピタルの場合／*210*
- (5) 資金提供者から見たビジネスプラン②——融資機関の場合／*211*

14.4 出口戦略と株式公開／*213*
- (1) 出口戦略／*213*
- (2) 上場の意義，証券市場，上場基準／*214*
- (3) 株式上場準備と上場実務／*218*
- (4) 創業者利潤——ブライダル事業A社／*219*
- (5) 株式上場のプロス&コンス／*221*

14.5 資本政策／*221*
- (1) 上場と資本政策／*221*
- (2) 通信インフラベンチャー3社の事例／*222*
- (3) 資本政策に関する2つの考え方——日本とシリコンバレー／*224*
- (4) 経営者の能力と資本政策／*226*
- (5) 成長機会の拡大と資本政策／*229*

第15章 中小企業のライフサイクル —事業承継，自主廃業，M&A，倒産——— *233*

15.1 中小企業のライフサイクル／*233*
- (1) 企業のライフサイクル／*233*
- (2) 中小企業の経営者の高齢化／*235*

15.2 中小企業と事業承継／*235*
- (1) 中小企業の特徴と事業承継／*235*
- (2) 社長職の後継者への移譲——後継者の選定と育成，認知／*236*
- (3) 支配株式の後継者への集中移転／*237*
- (4) 節税対策／*237*

15.3 事業承継の4つのパターン／*239*
- (1) オーナー経営維持型／*239*

VIII

 (2) 中継ぎ型／*239*

 (3) 投資家型／*239*

 (4) 承継放棄型／*240*

 (5) 事業承継の失敗例／*240*

15.4 **中小企業と自主廃業**／*243*

 (1) 自主廃業とその要因／*243*

 (2) 自主廃業の手続きと課題／*244*

15.5 **中小企業とM&A**／*245*

 (1) M&Aの概要／*245*

 (2) 事業承継対策としてのM&A／*246*

 (3) M&Aの手続き──中小企業の場合／*247*

 (4) 企業価値評価／*248*

15.6 **中小企業と倒産**／*251*

 (1) 倒産の定義／*252*

 (2) 資金繰りの重要性／*252*

 (3) 倒産は不正なことか？／*254*

 (4) 倒産法制の趣旨／*255*

 (5) 経営判断原則と経営責任／*255*

 (6) ４つの倒産法制の概要／*257*

15.7 **倒産と再起──倒産の２つのパターン**／*258*

 (1) 法人の再生／*259*

 (2) 経営者個人の再起／*261*

 (3) 良い倒産と悪い倒産／*262*

 (4) 良い倒産の条件／*262*

あとがき／*265*

第Ⅰ部

中 小 企 業 論

第1章　中小企業とその経営課題

第2章　中小企業の産業集積

第3章　中小企業と労働問題・金融問題

第4章　経済のグローバル化・サービス化と中小企業

第5章　IT 革新とその対応

第6章　中小企業の流通革新と SCM

第7章　中法企業の業務改革とものづくり革新

第8章　中小企業と地域社会

第1章 中小企業とその経営課題

1.1 中小企業とは

　ここでは，学生からの視点を切り口に，問題意識を想定し，中小企業を考えてみよう。

　学生の就職希望で，上位に挙がるのは中小企業より大企業であることが多い。労働環境や賃金等を含め，大企業のほうが恵まれていると感じているからであろう。ところで，その目指す大企業群，例えば，**図1.1**の企業群を見てみると，これらの企業に共通している点は，"もとは，みな中小企業だった"ということである。

　図1.2の企業群を見てみよう。これらも大企業である。先ほど挙げた企業群とどう異なるであろうか。これらは，"もともと大企業"または"大企業の一部門からスタート"したものである。

　中小企業でもうまくやれば大企業になれる。

　これは夢のあることではあるが，もちろんそうなるのはごく少数の企業であろう。では，どうやればうまくいくのであろうか。中小企業でも大企業に勝てる，中小企業のほうが有利な分野がある。

　大企業と中小企業とでは，常に大企業が優位にあるとは限らないのである。これらは本書の中で明らかにしてゆく。

　中小企業は，大企業に比べ体力がないので，経営が不安定というケースも存在する。一度経営に失敗したら，その経営者の人生は終わってしまうのであろ

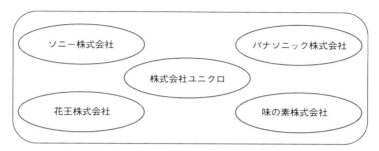

出所:安達明久,中小企業論 講義資料を基に作成。

図1.1 企業群1

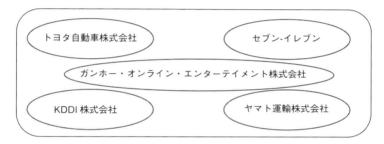

出所:安達明久,中小企業論 講義資料を基に作成。

図1.2 企業群2

うか。否,そんなことはない。誠心誠意,経営に取り組んでいたら夜逃げする必要はない。堂々と倒産し,再起・再生する仕組みが準備されている。会社の再生等については,倒産法制に基づく処理がある。

・清算型:破産法,特別清算
・再生型:民事再生,会社更生

また,経営者の保護については下記のような制度や考え方がある。

・法人制度:社長個人と法人の分離
・株主有限責任:責任範囲の限定
・経営判断原則:責任範囲の限定
・個人免責制度:個人民事再生等

また,素朴な疑問として,中小企業の社長は,いろいろと制約を受ける機会

4　第Ⅰ部　中小企業論

も少なく，好きなように何でもできるのであろうか。これについては，社長の
経営権の保護と監視という2つのポイントがあり，一定の制約の下での経営権
（裁量権）の行使が必要となる。具体的には下記のようになる。

（保護）
・法人制度　　　（社長個人と法人の分離）
・株主有限責任　（責任範囲の限定）
・経営判断原則　（責任範囲の限定）
（監視）
・取締役会による監督・監視
・利益相反取引の規制
・法人格否認の法理

これらについても，本書の後ほどの章で詳しく見てゆくことにする。

さて，学生の視点を切り口に，中小企業について見てみたが，中小企業の定
義とはどうなっているであろうか。

(1)　中小企業の定義

　中小企業の定義は，中小企業基本法第2条で示されている。それを整理する
と**表1.1**のようになる。

表1.1　中小企業の定義

業種	条件（①または②のいずれかを満たす）	
	①資本金または出資金	②常用使用する従業員の数
製造業，建設業，運輸業，その他（下記を除く）	300百万円以下	300人以下
卸売業	100百万円以下	100人以下
小売業	50百万円以下	50人以下
サービス業	50百万円以下	100人以下

出所：中小企業基本法（第2条1項）を整理。

　また，同5項においては，小規模事業者も次の会社及び個人企業規定されて
いる。

第1章　中小企業とその経営課題　　5

表1.2　小規模事業者

業種	常用使用する従業員の数
製造業，建設業，運輸業，その他（下記を除く）	20人以下
卸売業	
小売業	5人以下
サービス業	

出所：中小企業基本法（第2条5項）を整理。

　次に中小企業の地位を見てみよう。

　2017年版　中小企業白書によると，非一次産業，2014年で，中小企業数の
シェアは企業ベース（会社数＋個人事業者数）で，99.7％（**表1.3**），従業者総
数（企業ベース（会社及び個人の従業者総数））で70.1％（**表1.4**）を占める。

　企業数では，中小企業が大半を占めることがわかる。

(2)　中小企業の特徴

　次に，中小企業の特徴を見てみよう。

　大企業と比較した場合の特徴として，大きく次の2点が挙げられる。1つ目
は，言うまでもないことであるが，小規模であるということである。2つ目
は，基本的にオーナー経営であるということである。これは所有と経営が不分
離であることを意味している。

　次にそれらによって引き出される特徴を挙げてみる。

①　小規模

事業エリア，事業分野が特定されている

　大企業のように各地で工場をもつなどのことはできず，特定地域での立地が
基本となる。また，事業分野も当然ながら大企業のように多角的には行えず，
特定分野で生き残るスタイルとなる。

従業員が少ない

　これは中小企業の定義からもおのずと引き出されてくる。そこで働く人は，

6　第Ⅰ部　中小企業論

表1.3　産業別規模別企業数（民営，非一次産業，2009年，2012年，2014年）

(1)　企業数（会社数＋個人事業者数）

産業		年	中小企業		うち小規模企業		大企業		合計	
			企業数	構成比(％)	企業数	構成比(％)	企業数	構成比(％)	企業数	構成比(％)
鉱業，採石業，砂利採取業		2009	2,059	99.8	1,844	89.4	4	0.2	2,063	100.0
		2012	1,676	99.9	1,489	88.7	2	0.1	1,678	100.0
		2014	1,454	99.7	1,284	88.1	4	0.3	1,458	100.0
建設業		2009	519,259	99.9	499,167	96.1	280	0.1	519,539	100.0
		2012	467,119	99.9	448,293	95.9	291	0.1	467,410	100.0
		2014	455,269	99.9	435,110	95.5	284	0.1	455,553	100.0
製造業		2009	446,499	99.5	394,281	87.9	2,036	0.5	448,535	100.0
		2012	429,468	99.5	373,766	86.6	2,044	0.5	431,512	100.0
		2014	413,339	99.5	358,769	86.4	1,957	0.5	415,296	100.0
電気・ガス・熱供給・水道業		2009	786	96.7	528	64.9	27	3.3	813	100.0
		2012	657	96.1	410	59.9	27	3.9	684	100.0
		2014	1,000	97.2	708	68.8	29	2.8	1,029	100.0
情報通信業		2009	49,503	97.6	34,526	68.1	1,222	2.4	50,725	100.0
		2012	44,332	98.9	29,558	65.9	508	1.1	44,840	100.0
		2014	45,254	98.8	29,993	65.5	533	1.2	45,787	100.0
運輸業，郵便業		2009	81,373	99.7	62,361	76.4	251	0.3	81,624	100.0
		2012	74,316	99.7	55,287	74.2	245	0.3	74,561	100.0
		2014	73,136	99.7	53,255	72.6	251	0.3	73,387	100.0
卸売業，小売業	卸売業・小売業計	2009	1,047,079	99.6	869,196	82.7	4,224	0.4	1,051,303	100.0
		2012	919,671	99.6	751,845	81.4	3,917	0.4	923,588	100.0
		2014	896,102	99.5	712,939	79.2	4,182	0.5	900,284	100.0
	卸売業	2009	241,917	99.3	175,592	72.1	1,693	0.7	243,610	100.0
		2012	225,599	99.3	163,713	72.1	1,508	0.7	227,107	100.0
		2014	227,908	99.3	162,533	70.8	1,575	0.7	229,483	100.0
	小売業	2009	805,162	99.7	693,604	85.9	2,531	0.3	807,693	100.0
		2012	694,072	99.7	588,132	84.4	2,409	0.3	696,481	100.0
		2014	668,194	99.6	550,406	82.1	2,607	0.4	670,801	100.0
金融業，保険業		2009	34,672	99.3	33,546	96.0	258	0.7	34,930	100.0
		2012	30,184	99.2	29,187	95.9	253	0.8	30,437	100.0
		2014	29,959	99.1	28,821	95.4	259	0.9	30,218	100.0
不動産業，物品賃貸業		2009	352,548	99.9	345,065	97.8	303	0.1	352,851	100.0
		2012	325,803	99.9	318,962	97.8	276	0.1	326,079	100.0
		2014	319,221	99.9	311,568	97.5	296	0.1	319,517	100.0
学術研究，専門・技術サービス業		2009	203,060	99.7	174,375	85.6	582	0.3	203,642	100.0
		2012	185,730	99.7	159,400	85.6	550	0.3	186,280	100.0
		2014	188,455	99.7	160,861	85.1	622	0.3	189,077	100.0
宿泊業，飲食サービス業		2009	604,050	99.8	524,811	86.7	936	0.2	604,986	100.0
		2012	543,543	99.9	475,183	87.3	718	0.1	544,261	100.0
		2014	544,281	99.9	464,989	85.3	759	0.1	545,040	100.0
生活関連サービス業，娯楽業		2009	404,764	99.9	373,089	92.1	543	0.1	405,307	100.0
		2012	383,059	99.9	357,806	93.3	512	0.1	383,571	100.0
		2014	382,304	99.9	353,250	92.3	542	0.1	382,846	100.0
教育，学習支援業		2009	110,895	99.9	100,213	90.3	124	0.1	111,019	100.0
		2012	103,867	99.9	92,619	89.1	121	0.1	103,988	100.0
		2014	107,479	99.9	94,409	87.7	129	0.1	107,608	100.0
医療，福祉		2009	194,822	99.9	143,584	73.6	243	0.1	195,065	100.0
		2012	195,088	99.9	140,484	71.9	232	0.1	195,320	100.0
		2014	210,326	99.9	146,427	69.5	258	0.1	210,584	100.0
複合サービス事業		2009	3,617	99.9	3,604	99.6	2	0.1	3,619	100.0
		2012	3,476	100.0	3,461	99.5	1	0.0	3,477	100.0
		2014	3,492	100.0	3,478	99.6	1	0.0	3,493	100.0
サービス業（他に分類されないもの）		2009	146,278	99.4	105,171	71.5	891	0.6	147,169	100.0
		2012	144,945	99.4	105,064	72.0	899	0.6	145,844	100.0
		2014	138,157	99.3	96,393	69.3	1,004	0.7	139,161	100.0
非1次産業計		2009	4,201,264	99.7	3,665,361	87.0	11,926	0.3	4,213,190	100.0
		2012	3,852,934	99.7	3,342,814	86.5	10,596	0.3	3,863,530	100.0
		2014	3,809,228	99.7	3,252,254	85.1	11,110	0.3	3,820,338	100.0

出所：2017年版　中小企業白書　P.524。

第1章　中小企業とその経営課題　7

表1.4　産業別規模別企業数（民営，非一次産業，2009年，2012年，2014年）

(1)　企業ベース（会社及び個人の従業者総数）

産業		年	中小企業 企業数	中小企業 構成比(%)	うち小規模企業 企業数	うち小規模企業 構成比(%)	大企業 企業数	大企業 構成比(%)	合計 企業数	合計 構成比(%)
鉱業，採石業，砂利採取業		2009	24,877	84.9	13,913	47.5	4,439	15.1	29,316	100.0
		2012	20,303	91.8	10,807	48.9	1,806	8.2	22,109	100.0
		2014	18,168	85.2	9,423	44.2	3,150	14.8	21,318	100.0
建設業		2009	3,799,618	89.7	2,631,336	62.1	435,943	10.3	4,235,561	100.0
		2012	3,398,423	89.1	2,338,163	61.3	416,141	10.9	3,814,564	100.0
		2014	3,390,493	89.2	2,237,415	58.8	412,522	10.8	3,803,015	100.0
製造業		2009	6,417,905	65.0	2,173,127	22.0	3,455,691	35.0	9,873,596	100.0
		2012	6,550,429	65.6	2,130,081	21.3	3,441,424	34.4	9,991,853	100.0
		2014	6,486,389	66.4	1,998,167	20.5	3,279,571	33.6	9,765,960	100.0
電気・ガス・熱供給・水道業		2009	34,528	16.9	4,456	2.2	169,571	83.1	204,099	100.0
		2012	29,502	14.9	3,432	1.7	167,968	85.1	197,470	100.0
		2014	34,590	17.3	4,608	2.3	165,874	82.7	200,464	100.0
情報通信業		2009	775,921	49.5	136,321	8.7	791,964	50.5	1,567,885	100.0
		2012	961,057	63.4	113,956	7.5	555,510	36.6	1,516,567	100.0
		2014	979,521	62.8	113,266	7.3	579,402	37.2	1,558,923	100.0
運輸業，郵便業		2009	2,212,471	65.4	412,600	12.2	1,172,429	34.6	3,384,900	100.0
		2012	2,172,982	68.8	387,135	12.3	987,234	31.2	3,160,216	100.0
		2014	2,284,186	73.5	380,199	12.2	824,350	26.5	3,108,536	100.0
卸売業，小売業	卸売業・小売業計	2009	7,542,984	66.9	2,535,888	22.5	3,725,309	33.1	11,268,293	100.0
		2012	6,911,424	66.1	2,191,498	21.0	3,540,778	33.9	10,452,202	100.0
		2014	7,303,086	66.5	2,008,511	18.3	3,675,997	33.5	10,979,083	100.0
	卸売業	2009	2,635,710	74.1	610,899	17.2	919,620	25.9	3,555,330	100.0
		2012	2,397,968	73.3	562,523	17.2	871,421	26.7	3,269,389	100.0
		2014	2,557,628	74.5	541,928	15.8	876,683	25.5	3,434,311	100.0
	小売業	2009	4,907,274	63.6	1,924,989	25.0	2,805,689	36.4	7,712,963	100.0
		2012	4,513,455	62.8	1,628,975	22.7	2,669,357	37.2	7,182,813	100.0
		2014	4,745,458	62.9	1,466,583	19.4	2,799,314	37.1	7,544,772	100.0
金融業，保険業		2009	226,133	17.7	124,371	9.7	1,050,748	82.3	1,276,881	100.0
		2012	200,011	16.4	110,336	9.1	1,018,792	83.6	1,218,803	100.0
		2014	222,123	17.9	112,145	9.0	1,021,775	82.1	1,243,898	100.0
不動産業，物品賃貸業		2009	1,251,811	84.8	865,029	58.6	224,145	15.2	1,475,956	100.0
		2012	1,162,155	84.4	789,931	57.4	214,345	15.6	1,376,500	100.0
		2014	1,209,578	84.0	772,029	53.6	230,379	16.0	1,439,957	100.0
学術研究，専門・技術サービス業		2009	1,102,041	77.3	498,970	35.0	324,327	22.7	1,426,368	100.0
		2012	1,002,971	75.1	451,941	33.8	332,976	24.9	1,335,947	100.0
		2014	1,043,067	73.5	440,702	31.0	376,867	26.5	1,419,934	100.0
宿泊業，飲食サービス業		2009	3,535,761	70.5	1,535,858	30.6	1,477,752	29.5	5,013,513	100.0
		2012	3,463,871	71.7	1,504,546	31.1	1,367,785	28.3	4,831,656	100.0
		2014	3,801,986	73.4	1,394,749	26.9	1,378,825	26.6	5,180,811	100.0
生活関連サービス業，娯楽業		2009	1,912,306	81.0	805,865	34.1	448,511	19.0	2,360,817	100.0
		2012	1,836,429	81.1	833,626	36.8	429,362	18.9	2,265,791	100.0
		2014	1,923,886	82.2	800,893	34.2	415,270	17.8	2,339,156	100.0
教育，学習支援業		2009	539,748	82.2	218,275	33.2	116,973	17.8	656,721	100.0
		2012	544,758	82.4	209,656	31.7	116,002	17.6	660,760	100.0
		2014	603,498	84.1	205,170	28.6	113,926	15.9	717,424	100.0
医療，福祉		2009	1,328,302	91.5	486,466	33.5	123,192	8.5	1,451,494	100.0
		2012	1,425,122	88.4	470,131	29.2	186,185	11.6	1,611,307	100.0
		2014	1,687,240	89.9	471,474	25.1	190,517	10.1	1,877,757	100.0
複合サービス事業		2009	9,026	5.3	8,877	5.2	160,372	94.7	169,398	100.0
		2012	9,589	5.8	9,047	5.4	156,664	94.2	166,253	100.0
		2014	9,450	2.3	9,067	2.2	407,019	97.7	416,469	100.0
サービス業（他に分類されないもの）		2009	2,431,097	66.8	365,946	10.1	1,207,481	33.2	3,638,578	100.0
		2012	2,478,458	70.5	368,994	10.5	1,038,487	29.5	3,516,945	100.0
		2014	2,612,549	67.6	310,748	8.0	1,250,208	32.4	3,862,757	100.0
非1次産業計		2009	33,144,529	69.0	12,817,298	26.7	14,888,847	31.0	48,033,376	100.0
		2012	32,167,484	69.7	11,923,280	25.8	13,971,459	30.3	46,138,943	100.0
		2014	33,609,810	70.1	11,268,566	23.5	14,325,652	29.9	47,935,462	100.0

出所：2017年版　中小企業白書　P.528。

8　第Ⅰ部　中小企業論

大企業で働く人のようにある分野に特化して働くことは許容されず，幅広い分野の仕事を任されることが多くなる。仕事の成果が目に見えやりがいを感じられやすくなる一方，何でも屋になる可能性も低くない。

成長の余地が大である

事業内容が特定分野，また，ニッチな分野であることが多く，IT 関係の新しい発想や技術をテコに大きく成長することもある。

外部の資源・人材への依存度が高い

例えば，大企業であると，経理部門の人が専門化していって，税務対応のプロのようになることも可能であるが，中小企業ではそういったことは難しく，外部の税理士事務所に税務対応は一括して委託するとかになる。

特許に関しても同じようなことが言える。大企業なら，社内に特許部門を置いて専門的に対応することもできるが，中小企業では特許専門要員を置くほどの人的ゆとりはなく，案件発生時には，外部の弁理士事務所・特許事務所を活用することになる。検査関係も同様で，中小企業では高額な検査装置を自社に保有することは困難で外部の検査機関に検査を依頼するなどである。

資金調達力が弱い

大企業と比べると，資金調達における社会的信用力が低いことが多い。したがって，社債発行等の直接金融も難しく，また銀行借り入れ等の間接金融における金利面でも大企業と比べ不利となることが多い。

この他にもいろいろあるが，主なものを挙げた。

②　オーナー経営

個性的な経営が可能

中小企業では，良くも悪くも経営者で引っ張られていることが多い。大企業にない経営者の個性を生かした経営が可能である。

経営の自由度が高く，経営判断が迅速

株主意見等に縛られることが少なく，経営者が自らの判断で経営意思決定を行いやすい。環境が激変する中では，中小企業は大企業のように安定していな

いので，経営者の判断が企業の存亡に大きく影響することも多い。

事業承継が重要

オーナー経営であるため，よく見られるのは自分の子供たちに事業を承継していくことである。なお，子供が事業承継を嫌う場合もあるし，また，適任でない場合もある。大企業のように多数の社員の中から長い期間をかけて適任者を選抜していくような体制を取れず，中小企業にとっては事業承継のあり方が大きな課題となることが多い。

この他にもいろいろあるが，主なものを挙げた。

1.2　中小企業の存在意義，役割，課題

(1) 中小企業の役割
① 企業数，雇用，付加価値の大半を担う存在

中小企業は，国内企業数全体の99.7％を占め，雇用の7割，付加価値の過半数を担っている。大都市以外の大半の地域では，8割以上の従業者が中小企業・小規模企業に勤務している（**図1.3**）。ただし，従業者数の変化を見ると，

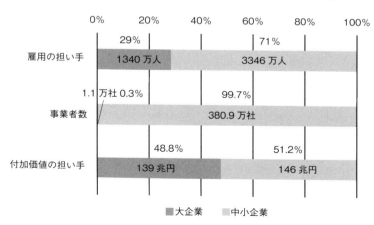

出所：法人企業統計年報　平成26年度。

図1.3　雇用と付加価値の担い手としての中小企業

10　第Ⅰ部　中小企業論

中小企業から大企業へ，業種別に製造業からサービス業へと労働力が移動している。

②　企業の成長プロセスの一部

　第一の役割は，企業の成長プロセスの一部であることである。企業が誕生し，成長し，成熟する過程で，多くの企業は当初小規模な事業からスタートする。企業には，創業当時からの大企業と，創業時は中小企業・ベンチャー企業だが，大企業に発展するものの2つの種類がある。

　創業時からの大企業の例としては，国内鉄鋼最大手の新日鉄住金がある。同社の起源は1901（明治34）年に操業を開始した官営八幡製鉄所を起源とする。その後，第一次大戦後の不況に対応するため官民合同の日本製鉄が設立された。第二次大戦後の分割，合併を経て現在に至る。

　日本の産業を代表する自動車産業はどうだろうか。国内自動車最大手のトヨタ自動車（1937年創業）の創業者は豊田喜一郎である。同社は，発明王豊田佐吉が創業した豊田自動織機の自動車部から独立した。豊田自動織機で培った鋳物の技術が自動車のエンジン開発などに生かされている。日産自動車は1933（昭和8）年，戸畑鋳物自動車部から事業を引き継いだ自動車製造株式会社を原点とする。創業者の鮎川義介は日産コンツェルンの総帥であり，その意味で最初から大企業といえる。自動車メーカーでも，本田技研工業（以下「ホンダ」）は，戦後の1946（昭和21）年に，本田宗一郎が創業したベンチャー企業から発展し，世界的な大企業となった。ホンダは原動機付自転車からスタートし，オートバイ，四輪自動車，さらに現在では航空機の製造も行っている。

　京セラ（1959年創業）も，創業者の稲盛和夫によって設立されたベンチャー企業であり，現在では1兆4,000億円の売上高を誇る大企業に成長している。国営企業を源流とする企業や，大企業からの一部門から独立した企業を除けば，その多くは当初中小企業・ベンチャー企業であるといえる。

③　大企業の補完者

　中小企業には，大企業では吸収しきれない変動のバッファとしての側面があ

る。例えば，顧客からの多品種少量の注文に応じるために中小企業に発注する。大企業は高い賃金構造にあるため，自社で過剰な人員を抱えないように，中小企業に業務を発注することで年間を通した繁忙期と閑散期の需要量の変動に対応している。

日本は，垂直統合型の米国とは異なり，企業間分業による生産システムのため下請け企業の比率が高く，外注依存度が高い構造となっている。これは，下請けの中小企業での低賃金，長時間労働，低労働環境を是としてしまっている構造でもあり，多くの矛盾ははらんでいる。中小企業の労働環境については第3章で述べる。

④　サプライチェーンの担い手

単に大企業のバッファとしてではなく，中小企業自体が，サプライチェーンの重要な一部を担っていることは少なくない。サプライチェーン（供給連鎖）とは，商品が消費者に到達するまでの供給プロセスにおいて，多くの独立起業

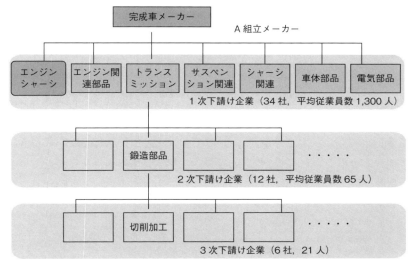

出所：1995年版中小企業白書を修正。

図1.4　完成車メーカーの産業構造

12　第Ⅰ部　中小企業論

が受発注のサイクルを繰り返す鎖の輪のように連なっていることを表す。2011年の東日本大震災においては，このサプライチェーンが寸断され，部品や原材料の調達に大きな影響が発生した。被災地には自動車や電気などの部品，素材メーカーが集積しており，海外企業の生産にまで影響を与えた。

　下記の**図1.4**は自動車メーカーの産業構造である。完成車メーカー（組立）１社を支えるために，いくつもの階層の協力会社が存在する。こうした企業の多くは中小企業であり，完成品を製造する大手企業において必要不可欠な存在である。サプライチェーンについては第6章で詳しく見ていく。

⑤　活力ある日本経済の担い手

　1970年代までは，中小企業は明治以来の高度成長の基盤であった。低コスト・高品質・小回りという特徴を生かして下請け型産業構造の中で，大企業の補完的役割として，「大企業の輸出競争力の源泉」に貢献してきた。1970年代以降は，中小企業基本法第3条にあるように「我国経済の基盤を形成し，その活力の維持及び強化に重要な役割を有する」ものとされてきた。現在では，地域活性化の中核的存在として，「地域における経済の安定並びに地域住民の生活の向上及び交流の促進に寄与」することが求められている。中小企業には新しい産業分野での，独創性・成長性の高い事業を展開することが求められる。

　また中小企業は，日本経済の国際化・グローバル化の担い手として期待されている。従来は元請けである大企業に随伴する形での海外進出が主流であったが，今日では，中小企業自身が販路開拓や生産拠点確保のために積極的な海外展開を行っている。中小企業庁は，「JAPANブランド育成支援事業」において，地方の中小企業や商工会が独自ブランド展開による海外を支援している。2017年度には，飛騨牛の販路拡大プロジェクトや，最高級シルクのブランド構築などの事業が採択されている。

⑥　イノベーションの担い手としての中小企業

　中小企業はイノベーションの担い手として期待されている。シュンペーター（Schumpeter 1926）は「新結合」という概念を提唱し，イノベーションは技

第1章　中小企業とその経営課題　　*13*

術面だけではなく，組織や販売などの面についても応用されるとする。中小企業間のネットワークがそうした新結合を促進することが期待されている。

(2)　中小企業の課題
①　設備投資の減少と設備の老朽化

　中小企業の設備投資は足下では増加傾向にあるものの，リーマン・ショック前の水準には戻っていない。設備を新設してからの経過年数を示す設備年齢の上昇度合いを1990年と比較すると，大企業で約1.5倍，中小企業で約2.0倍と，特に中小企業で設備の老朽化が進んでいる。

　一方で，中小企業のソフトウェア投資額はここ10年程度横ばい傾向にある。全体の設備投資額に占めるソフトウェア投資比率を見ても，大企業では10%弱，中小企業では4%程度と，大企業のほうがソフトウェア投資割合は高い。このように設備の老朽化も大企業より進んでおり，またソフトウェア投資も進んでいない。

②　中小企業の海外展開の遅れ

　中小企業のうち，海外に直接輸出をする製造業は増加傾向にあり，2014年では6,553社である（**図1.5**）。中小製造業全体に占める割合は6年連続で増加しているものの，水準としては，2014年で3.7%にとどまる。輸出額も中小企業の輸出額は2001〜2014年度で3.1兆円増加しているが，大企業の輸出額は同期間で25.6兆円増加しており，売上高に占める比率で見ても，大企業のほうがここ15年で売上高輸出比率を高めている。

　中小企業の直接輸出が伸びない理由としては，国内市場優先の企業が多いこと，知識や人材，資金などの不安から消極的な姿勢を取っている企業が多いことが考えられる。少子高齢化による国内市場の縮小に対応するため，中小企業も海外に目を向けることが重要と言えるだろう。

③　中小企業の人手不足

　中小企業の各ライフステージに影響を及ぼす人手不足の状況を見てみる。ま

14　第Ⅰ部　中小企業論

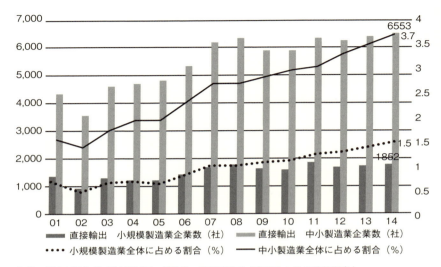

出所：経済産業省「工業統計表」，総務省・経済産業省「経済センサス活動調査」。

図1.5　企業規模別直接輸出製造企業数の推移

ず，新規求人数は従業者規模別に見ると，2009年以降，特に29人以下の事業所の求人数が大幅に増加している。次に，実際の雇用者数について従業者規模別に見ると，ここ20年で，500人以上の従業者規模の企業では約382万人増加しているのに対し，29人以下の従業者規模の企業の従業者数は約215万人減少している。中小企業では2013年以降，全業種で人手不足となっており，特に，建設業およびサービス業で不足感が強まっている。中小企業の労働問題については第3章で詳しく見ていく。

④　大企業との待遇格差

賃金などの待遇においては，大企業と中小企業で格差が存在する。2015年のデータによれば大企業100に対して，中小企業は74の水準にとどまっている。昇給のペースも大企業に比べてゆるやかである。そのため，50～54歳の年齢層において最も格差が拡大している。こうした待遇格差は人員の確保の点においても，大企業との格差となって現れており，対策が必要である。背景には中小

企業の低い生産性がある。詳細については第3章で見ていく。

⑤　事業承継

　中小企業においては，経営者の高齢化が進み，多くの経営者が次世代への承継を検討する場面に直面している。中小企業の後継者については，親族に事業承継しようとするほか，第三者への事業譲渡，売却，統合を行う経営者もいる。その一方で，高齢化や後継者難を理由に，廃業を選択するケースも増えている。事業の引継ぎは，中小企業・小規模事業者にとって，創業以来の大きな節目の1つであり，円滑に行うことが求められる。中小企業は「事業承継ガイドライン」で必要なプロセスについて提示している。中小企業の事業継承については，第15章で見ていく。

⑥　新技術への対応

　近年，IoT（Internet of Things）やAI（人工知能），ロボット等の技術革新が注目されている。あらゆる情報がデータ化，ネットワーク化され連携することでリアルタイムでの情報のやり取りが可能となっている。大量のデータを分析することで，これまでになかった新しいサービス，新しい価値が生まれている。こうした技術革新は「第4次産業革命」などと呼ばれ，新たな成長と産業・就業構造の変革を生み出そうとしている。

　第4次産業革命では，人に求められる仕事の内容，役割が変化し，1人ひとりの働き方や社会全体の就業構造にも大きな影響を及ぼす。AIやロボットの活用によって，定型労働だけでなく，非定型労働においても省力化が進み，人手不足解消の手段となることが期待される。急激な産業構造の変化が起こる可能性がある一方で，中小企業にとってもグローバルに成長する新たなチャンスにもなり得る。

〔第1章参考文献〕
・安達明久，中小企業論　講義資料

16　第Ⅰ部　中小企業論

・中小企業白書2016年度版，2017年度版
・中小企業庁ホームページ「JAPAN ブランド育成支援事業」http://www.chusho.
　　meti.go.jp/shogyo/chiiki/japan_brand/
・中小企業庁ホームページ「中小企業・小規模事業者の現状と課題平成28年10月」
　　www.meti.go.jp/committee/chuki/kihon_mondai/pdf/006_04_00.pdf

中小企業の産業集積

2.1 産業集積

(1) 産業集積の意味

　大企業に対して売上規模や経営資源ではかなわない中小企業であっても，大企業に劣らぬ経済的成果を確保することは可能である。中小企業でも，一定の条件の下で，大量生産型の大企業に対して，競争優位を確保できる。一定の条件とは，①地理的な「集積」の形成と，②「ネットワーク」の形成，③「競争と協調」を行うことの3つである。

　従来の競争戦略論では，同業他社は競合と捉えられていた。近年では，競合企業とできるだけ競争をしないで共存を図る協調戦略の重要性も唱えられるようになってきた。特定の地域に関連する企業が集積し，ネットワークを構築し，競争をしつつ，協調を行う産業集積は国内外にその事例を見ることができる。

　マイケル・E・ポーター（Porter, 1998）は，そうした視点から，「産業クラスター」を提唱する。クラスターとは本来「（ぶどうの）房」を意味する。すなわち，ぶどうの房のように企業や大学，研究機関，自治体などが，地理的に集積し，相互の連携・競争を通じて新たなイノベーションを生み出して行く状態を指している。本章では，ポーターの提唱した産業クラスター論を中心に，産業集積の考え方と実態について概観していく。

18　第Ⅰ部　中小企業論

(2)　産業集積論

　産業集積論には，旧くはアルフレッド・マーシャル（Marshall, A., 1890）や，アルフレッド・ウエーバー（Weber, A., 1909）などの古典的集積論がある。マーシャルは，集積の利点として，円滑な技術伝播や技術革新の可能性，特殊な技能をもった労働者が集めやすいことなどを挙げる。「工業立地論」で有名なウエーバーは，費用の最小化の視点から産業集積を捉えた。原料と製品の総輸送費が最小となり，かつ低賃金の労働力が確保できる地点を指標とする。まとまった生産を１つの場所で集中して行うことで，生産あるいは販売が低廉化できるかが集積のカギとなる。

　1980年代以降の産業集積論は新産業集積論と呼ばれる。ピオリとセーブル（Piore&Sabel, 1984）は著書『第２の産業分水嶺（The Second Industrial Drive）』で，「柔軟な専門化（Flexible Specialization）」という概念を唱えた。産業分水嶺とは，「技術的発展がどのような経路をとるかを決定する短い瞬間」のことであり，第１の産業分水嶺では，従来の熟練工が多種多様な製品を生み出す「クラフト的生産」が，産業革命における大量生産技術の登場によって成長を押さえられた。第２の産業分水嶺では，その大量生産を見直した，「柔軟な専門化」による多品種少量生産が進んだ。この背景としては，NC工作機（numerical control machining）やFMS（flexible manufacturing system）など，コンピュータ制御機械の普及がある。

　柔軟な専門化の４つの形態は，①独立した小企業の地域的な集合体（コングロマリット），②ゆるやかな結びつきをもつ大企業の連合体，③中心企業とそれと安定した関係をもつ小企業，④独立した作業場からなる工場の４つとされる。フォードシステムに代表される大量生産・大量消費のシステムでは，先進国の成熟した市場変動には対応できなくなっている。

　今後は，新しい技術を応用した職人的生産である「柔軟な専門化」によって，「職人が活躍する新しい領域が広がり，オリジナルな個性，あるいは固有価値のある商品が世界市場で評価されるようになる」ことが期待されている（佐々木2012）。

(3) サードイタリーにみる産業集積

　柔軟な専門化の第1形態である地域的な集合体の例として挙げられるのが，「サードイタリー（Third Italy：第三のイタリア）」である。サードイタリーとは，イタリア北東から中部地域の伝統工業の歴史をもつ小企業の集積地である。大資本による近代工業化が進んだ北部工業地域とは異なる産業構造を有している。

　サードイタリーの地域の1つのエミリア＝ロマーニャ州周辺はもともと共産党色が強く，大企業の雇用主に反発して工場を追われた職人が1950年代に始めた事業の小工場が中心となっている。サードイタリーでは，職人間のネットワークが緊密であり，市場動向にも迅速かつ柔軟に対応する傾向が強い。ピオリとセーブルは，地域的な集合体生き残るには，「コミュニティ的な結びつきが，民族的，政治的，宗教的のいずれかの形であれ不可欠」と指摘する。コミュニティの道徳律を守ることで，競争と協調を実現している。

　これら小企業からなる多数の産業集積が北部に散在し，イタリア経済を実質的に支えているとされる。そこで生産されたファッション製品や機械が欧州をはじめ世界に輸出されている。イタリア製品はデザインやファッションで知られるが，それがものづくりに体現されている。

① プラートの毛織物産業

　プラートの毛織物産業は中世以来の伝統を継承している「柔軟な専門化」の代表例の1つである。プラートは欧州最大の毛織物の産業集積だが，1950年代に，労働コストの上昇および発展途上国との競争の中で，量産品の競争力を失った。その際，それまで大企業内部で垂直統合していた生産システムは，職人の独立，起業によって分散し，分業体制へと移行した。

　そうした小企業による分業を管理統合する役割を担ったのが，「インパナトーレ」である。インパナトーレは独立した存在であり，製品の企画・デザイン，生産管理，販売の全体を統制・調整する役割を担っている。企業の選択は固定的ではなく，必要に応じて組み替えることができる。典型的な「ネットワーク型」の産業集積であり，集積地は「場」として存在する。

20 第Ⅰ部　中小企業論

②　ボローニャの包装機械産業

　ボローニャは，エミリア＝ロマーニャ州にある今世紀に入ってから形成された産業集積地で，包装機械産業が有名である。別名「パッケージングバレー」と呼ばれる。1924年にボローニャで初めて設立された食品用包装メーカーがACMA社である。このACMA社から，戦後の復興期に熟練工が次々と独立起業し多数の企業が生まれた。

　同社から独立した会社には，タバコの包装機械，ティーバッグ機械，医薬品の粉末包装機やカプセル充填機，真空パック機，ダンボール包装機など，さまざまは包装機械を作るメーカーが存在する。これらの企業は親会社の技術は使うが，異なる製品を作ることで共倒れを防いできた。元請け―下請けの上下関係ではなく，あくまで平等な関係としての独立起業「スピンオフ」である。1970年代にはこれらの専門分野に特化したスピンオフ企業がお互いの足りないところを補完しあうさまざまな形の協調関係を構築してきた。熟練技術者は「プロジェッティスタ」と呼ばれ，企業内で製品の企画・開発を行う。こうしたプロジェッティスタが独立し，機械を設計し，サプライヤーを組織して，生産を委託することで，サプライチェーンが構成されてきた。

　スピンオフ企業が集積し，競争しながら協調する「3C（cluster＝集積，competition＝競争，collaboration＝協力）」と呼ばれる産業再生のモデルは「ボローニャ方式」と呼ばれる。ボローニャでは，地元工業高校やボローニャ大学が人材供給元となって発展してきた。また，地元産業に対する支援を目的とした各種公社が存在し，技術や市場情報に関する各種支援サービスを行っている。

③　サードイタリー：コモ

　コモはロンバルディア州の北部，ミラノの北に位置する絹織物の産業集積地である。コモ湖に面しており，中世期からのイタリア有数のリゾート地として栄えた都市である。かつては養蚕業が盛んであった。絹織物の世界的な産地で，絹織物に携わる撚糸，製織，精練・染色・プリント，デザイン，商社等の企業が数多く存在している。絹糸や原料布は中国からの輸入だが，オートク

チュールで使用する絹生地のほとんどはコモ産である。

コモ市には「コンバーター」と呼ばれる企業が存在し，製品企画やマーケティング，関係企業への発注により製造工程を統括している。こうした企業が1,000以上あるとされる。コンバーターは，規模は数名の零細からあり，生産設備を保有しないものやデザインを外注に依存しているものもある。これら多種多様なコンバーターがシーズンごとの商品の方向性を設定し，商品企画を行っている。

コンバーターに加えて，これらと連動したデザインオフィスなどが加わり，製造企業の熟練技術と結びついて高い品質とデザイン性のある豊富な繊維製品を提供している。近年は中国，東欧とのコスト競争が激化し，海外生産も進んできているが，絹織物の品質保証ブランドを作り，海外の生産拠点にも品質基準を適用するなどして，競争力を維持している。

⑷ プラットフォーム・ビジネス論から考えるサードイタリー

サードイタリーにみるオープンネットワーク型の産業クラスターは，プラットフォーム・ビジネス論で説明することが可能である。プラットフォームとは，「第三者の相互作用を促す基盤を提供するような財やサービス」のことであり，それを民間のビジネスとして提供するのがプラットフォーム・ビジネスである。

國領（2006）は，プラットフォーム・ビジネスの提供機能を，①取引相手の検索，②信用情報の提供，③経済性価値評価，④標準取引手順，⑤物流など諸機能の統合の5つと定義する。標準取引手順（プロトコル）とは，「主体間で商業行為を行うにあたってのコミュニケーションの語彙，文法，文脈，規範」であり，これが存在することで，第三者間の取引が活性化する。また，このプラットフォーム・ビジネスが機能するには，遠く離れた取引主体の間に信頼関係が成立していることが前提になるとする（國領1999）。

この「プロトコル」は独立企業間で共通の認識をもつために重要な概念と考える。企業間での「信頼関係」が構築されていなければ，価値の共有は不可能である。その信頼関係を醸成する「場」を設定し，そこに参加することによる

22　第Ⅰ部　中小企業論

メリットを提供できなくてはならない。また，こうしたネットワークでは企業間のコンフリクトが生じがちであり，全体を見通し企業間のすりあわせを行う「調整者」の存在が重要となる。そうした調整者の役割を果たすのが，プラートの「インパナトーレ」や，ボローニャの「プロジェッティスタ」，コモの「コンバーター」である。

2.2　産業クラスター

(1)　ポーターの産業クラスター論

　従来の産業集積論では，企業間の「取引費用の削減」という点に重点が置かれていた。スコット（Scott, 1988）は，「新産業空間論」において，組織内部の取引費用が，企業の外部にある市場を通じた取引費用を下回る場合は「垂直統合」が進み，内部取引費用が外部取引費用よりも大きくなる場合は「垂直分割」が進むとする。

　これに対して，ポーター（Porter）が唱えたのが「産業クラスター論」である。ポーターは，著書『競争戦略論Ⅱ』で，クラスターについて，「企業と関連機関とが相互に関係しつつ地理的に集中したもの」と定義している。クラスターは一般的に，「最終製品あるいはサービスを生み出す企業，専門的な投入資源・部品・機器，サービスの供給業者，金融機関，関連産業に属する企業」といった要素で構成される。

　ポーター（1998）は，立地がビジネスの競争に与える影響を4つの相互に関連する影響からなるモデルで説明した（『国の競争優位』）。4つの要因とは，①要素条件，②需要条件，③関連・支援産業，④企業戦略及び競争環境であり，これを「ダイヤモンドモデル」と呼ぶ。

①　要素条件：競争に必要な熟練労働またはインフラストラクチャー
②　需要条件：製品またはサービスに対する市場の需要の性質
③　関連・支援産業：競争力をもつ供給業者，関連業者の存在
④　企業戦略及び競争環境：企業の設立，組織，管理方法を支配する条件及び競争環境

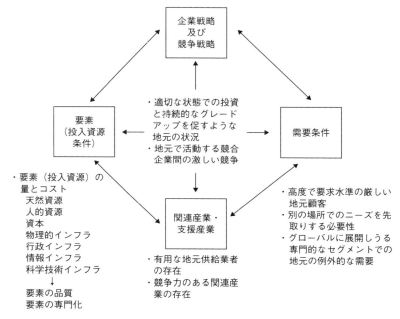

出所：Porter (1998), 訳書『競争戦略Ⅱ』p.85。

図2.1 立地の競争優位の源泉（ダイヤモンドモデル）

ポーターは，競争におけるクラスターの意義について，①生産性の上昇，②イノベーションへの影響力，③新規創業における産業障壁の低さや顧客確保の有利さの3点で説明している。

(2) 日本の産業クラスター
① 産業集積の類型

経済地理学で有名なアン・マークセン（Markusen, 1996）は，産業集積地を次の3つに類別している。

① マーシャル型：中小企業の水平的結合関係
② ハブ・アンド・スポーク型：大企業と関連下請け企業群：企業城下町
③ サテライト型：外部の本社や同一企業の他の工場との関係が密接な「分

工場経済」

　前述のサードイタリーは，①のマーシャル型に相当する。これを日本の産業集積地に当てはめると，大田区や東大阪の大都市型産業集積，浜松・諏訪・岡谷などの地方都市型産業集積，繊維や陶器などの地場産業地域が挙げられる。②のハブ・アンドスポーク型に相当するのが豊田市における自動車産業である。

　経済産業省では，イノベーションの促進とベンチャー育成を目的に，2001年度から地域における産業クラスターの形成を目指す「産業クラスター計画」を推進してきた。全国18のプロジェクトで，地域の経済産業局と民間の推進組織が一体となって，新事業に挑戦する地域の中堅・中小企業約10,200社，延べ560校を超える大学と緊密に連携，協力してきた。

②　事例１：東京都大田区の機械金属産業の集積

　大都市型の産業集積として有名なのが，東京都大田区で，4,000を超える事業所数を抱える日本屈指の製造集積地である。大田区の産業集積は機械，金属加工が全体の85％を占めており，切削，研磨，プレス，熱処理，めっき，鍛造，鋳造など製品製造の基盤工程を得意とする。従業員10名以下の事業所が約8割を占めるなど，家族経営の小規模企業が大半である。

　企業規模は小さいが，金属加工の分野では，世界トップクラスの技術力を有する企業が数多く存在する。近くの工場同士が協力して，お互いの専門技術を生かした仕事をしているほか，急ぎの仕事を互いに融通しあい対応するなどの柔軟性をもっている。2010年に国際空港となった羽田空港に代表される高い交通利便性に加えて，教育機関や支援機関の充実という特徴がある。一方で，事業所数，従業員数は昭和60年頃をピークに減少が続いている。

　大田区の中小企業に共通する課題としては，①後継者不足による事業継続の困難，②発注元である大企業の生産拠点の海外移転，③近隣の住宅増加による苦情などがある。同地域は現在，生き残りのため，①製品の高付加価値化，②新市場開拓（環境，医療福祉，航空機など），③海外市場（アジア市場など）開拓，④人材育成などに取り組んでいる。

③ 事例2：新潟県燕の磨き屋シンジケート

　新潟県燕市は地場産業地域型の産業集積の代表例の1つである。信濃川流域にあるのどかな地域にあり，江戸時代から続く金属食器製造で有名である。国内の金属洋食器の90％以上を生産しており，金属研磨技術では世界的に高い評価を受けている。この燕市にある金属研磨職人のグループが「磨き屋シンジケート」である。APPLE社のiPodの鏡面研磨を請け負ったことで有名になった。磨き屋シンジケートが，独自ブランドとして売り出したステンレスビアマグカップは，ビールの味が美味しくなるとの評判で最終消費者に大きな人気となり，品薄となった。

　燕市の金属加工の歴史は江戸時代の和釘の生産に始まり，鍋などの金属製食器の生産へとつながった。大正時代にはヨーロッパからスプーンやフォークなどのカテラリー（金属洋食器）の生産を受注し，主力産業となる。プラザ合意（1985年）以降の円高で，海外の安価な製品との競争が難しくなったことから，職人による磨きの技術を前面に打ち出すようになった。「磨き屋シンジケー

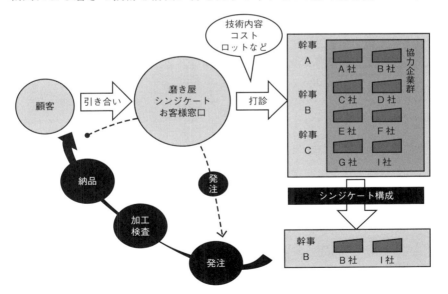

出所：磨き屋シンジケートホームページ　http://www.migaki.com/shikumi.html

図2.2　磨き屋シンジケートの仕組み

26 第Ⅰ部 中小企業論

ト」は金属研磨のスペシャリストの集団であり，顧客からのあらゆる要望に応えることを目指している。ロットは１個から100万個，価格は数百円から数億円まで可能とする。顧客との取引は幹事企業１社が担当し，注文に応じて協力企業に仕事を振り分ける。

④ **事例３：岐阜県関市の刃物産業**

　岐阜県・関市は世界的に有名な刃物の産地で，700年以上に及ぶ歴史と伝統をもっている。関市に刀鍛冶が誕生したのは鎌倉時代で，室町時代には刀匠が300人を超えた。特に関を有名にしたのは「関の孫六」で知られる「二代目兼元」で，その後日本一の名刀の産地として繁栄した。日本刀の製造工程においては，刀匠や研師，鞘師，白銀師，柄巻師，塗師などの職人による分業体制により造られていた。

　現在（平成26年度）の関市の刃物の製造品出荷額は369億円で，製品別にはカミソリ・替刃が刃物製品全体の約３分の１を占める。この他にツメキリ，包丁，ポケットナイフなどが製造・販売されている。刃物関係の事業者数は400で，うち刃物メーカーが約100社，小規模刀剣製造事業者が40社存在する。関市では，多くの部品製造業者，工程加工業者により分業体制をとっており，メーカーのほとんどは，自社工場で一貫生産をせずに外注に依存している。プレス・熱処理・メッキ・研磨・刃付け・仕組みなど，それぞれの工程によって分業している（**図2.3**）。

　海外製品との競合が厳しい中，切れ味，デザイン性など品質向上の研究や，新しい時代に適合したエコロジー，ユニバーサル，リサイクルの分野での新製品開発などに取り組んでいる。近年では医療用刃物などの高付加価値分野にも進出している。2008年には地域団体商標として「関の刃物」を登録し，伝統に裏づけされた地域ブランドとして PR を進めている。

⑤ **事例４：多治見・土岐の陶器産業**

　多治見・土岐・瑞浪などを中心とする東濃地域の一帯は，美濃焼で知られる国内最大の陶磁器産地である。同地域の陶磁器産業は1000年以上の歴史があ

第 2 章　中小企業の産業集積　　27

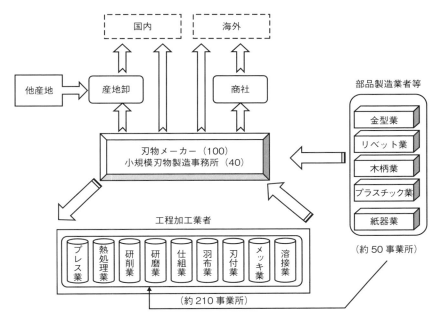

出所：平成28年度関市の工業。

図2.3　関の刃物産地の社会的分業体制

る。食器やタイルなど，古くから地域ごとの工程分業が進み，特色をもった製品が作られてきた。タイルの生産では全国1位であり，主要製品はモザイクタイル，外装タイル，内装タイル，床タイルなどさまざまである。大手タイルメーカーやゼネコンの下請けも多く，製品の多角化が課題となっている。

　近年では，地域全体としての付加価値を高めるための基盤として，工業試験場や研究所が設立されている。2000年代に文部科学省の都市エリア産学官連携促進事業が実施され，地域イノベーションシステムが構築されてきた。高度な研究機関がもつ先端技術と，熟練した職人のもつ伝統技術を組み合わせていこうとする試みである。素材の基礎技術開発やデザインの開発支援，産地の販売支援としてのセラミックパークやタイルミュージアムなどが設立されている。

28　第Ⅰ部　中小企業論

〔第2章参考文献〕

・Markusen, A.R., 1996, Sticky Places in Slippery Space: A Typology of Industrial Districs, Economic geography72-3 : 293-313

・Marshall, A., 1890, *Principles of Economics*, London: The Macmillian Press（マーシャル，馬場啓之助訳『経済学原理』東洋経済新報社，1996）

・Piore M.J. and Sabel, C.F., 1984, The Second Industrial Divide, New York: Basic Books Inc.（ピオリ＆セーブル，山之内靖・永易浩一・石田あつみ訳『第二の産業分水嶺』筑摩書房，1993）

・Porter, M.E.,（1998）*On Competition*, Boston: Harvard Business School Publishing（ポーター，竹内弘高訳『競争戦略論Ⅰ，Ⅱ』ダイヤモンド社，1999年）

・Scott, A.j., 1988 *Metropolis: from division of Labor to Urban Form*, Berkley: University of CaliforniaPress,（スコット，水岡不二雄監訳『メトロポリス—分業から都市形態へ』古今書院，1996）

・Weber, A., 1909, *über den Standort der Industrien*, 1, teil.Tubingen: Verlag von J.C.B.Mohr,（ウエーバー，篠原泰三訳『工業立地論』大明堂，1986）

・國領二郎（1999），『オープンアーキテクチャ戦略』ダイヤモンド社

・國領二郎（2006），「情報社会のプラットフォーム：デザインと検証」，情報社会学会誌 Vol.1 No.1

・佐々木雅幸（2012），『創造都市への挑戦』岩波書店

・磨き屋シンジケートホームページ：http://www.migaki.com/

・関市市役所，『平成28年度関市の工業』：http://www.city.seki.lg.jp/0000004761.html

中小企業と労働問題・金融問題

3.1　中小企業と労働問題

(1)　「働き方改革」が目指す社会

　安倍首相の私的諮問機関「働き方改革実現会議」は，2017年3月にその検討結果を「働き方改革実行計画」にまとめた。この計画では，日本経済は，少子高齢化，生産年齢人口減少，イノベーション欠如による生産性向上の低迷という困難に直面しているとし，その再生のためには「投資やイノベーションの促進を通じた付加価値生産性の向上と，労働参加率の向上を図る必要がある」とする。そしてそれを通じて，誰もが生きがいをもって，その能力を最大限発揮できる「一億総活躍社会」を実現するとしている。

　そして一億総活躍社会の実現には，「一人ひとりの意思や能力，そして置かれた個々の事情に応じた，多様な働き方を選択可能とする」ことが必要とする。日本の労働生産性の向上を阻む問題の1つとして，「正規」「非正規」の2つの不合理な処遇の差がある。また長時間労働は，健康の確保，仕事と家庭生活の両立し，少子化や，女性のキャリア形成などに悪い影響を与えており，その是正が必要である。

　「働き方改革実行計画」は，①同一労働同一賃金による非正規雇用の処遇改善，②賃金引き上げと労働生産性向上，③罰則付き時間外労働の上限規制など長時間労働の是正，④柔軟な働き方がしやすい環境整備，⑤女性・若者の人材育成など活躍しやすい環境整備，などをうたっている。こうした動きは，中小

30   第Ⅰ部　中小企業論

企業を含めた全ての経営にも大きな影響を与えることになる。

(2)　中小企業の労働の実態

以下では，中小企業における労働の実態について概観していく。

①　正規雇用・非正規雇用

従業員を雇用形態は大きく，正規社員（正社員）と非正規社員の2つに分類される。正規社員は一般的には，期間の定めのない雇用契約で働いている労働者を指し，勤務時間はフルタイムであり，事業主から直接の指揮命令を受ける。これに対して，非正規社員とは，一般的にはパートタイマーやアルバイト，派遣社員のように期間を定めた雇用契約により，正規社員に比べて短い時間で働く社員を指す。

パートタイマーやアルバイトは直接雇用だが，派遣社員は間接雇用となる。これとは別に請負契約による労働者は，指揮命令の対象外となる。なお非正規社員であっても，一定の要件を満たしていれば社会保険（健康保険・厚生年金保険）や雇用保険に加入する必要がある。派遣社員においては，派遣会社において加入する。

総務省「就業構造基本調査」によると，2007年時点での中小企業の雇用者は2,081万人，大企業の雇用者は1,876万人となっている。正社員・非正社員比率を見た場合，中小企業の正社員比率は2007年時点で62.9％，大企業で63.5％と大企業のほうが正社員比率は高いが，2002年から2007年にかけての推移を見ると，大企業のほうが非正社員比率の伸びが大きくなっている（**図3.1**）。正規社

表3.1　正規社員と非正規社員

		契約期間	雇用形態	勤務時間
正規社員		無期限	直接雇用	フルタイム（会社で定める始業・就業時間）
非正規社員	パートタイマー	有期	直接雇用	契約により定めるが通常は正規社員よりも短い
	アルバイト	有期	直接雇用	
	派遣社員	有期	間接雇用	

第3章　中小企業と労働問題・金融問題　　*31*

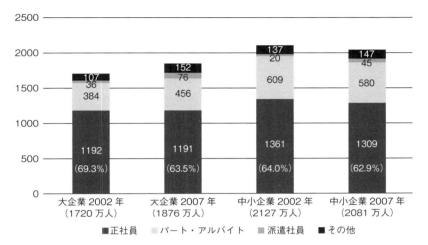

出所：総務省「就業構造基本調査」。

図3.1　中小企業の雇用形態

員と非正規社員との間には賃金格差が存在する。働き方改革で検討されている「同一労働同一賃金」が実施され，非正規社員の賃金を正規社員並みに底上げするとした場合，中小企業の負担が過大となることも懸念される。

② **法定労働時間**

　近年，しばしば問題となるのが，長時間労働や残業代不払いによるサービス残業である。長時間の労働は過労死や過労自殺などの深刻な労働災害をもたらすだけでなく，労働者の生活の質の低下を招く。労働基準法32条では，労働時間を原則として1日8時間，週40時間を超えてはならないとする。法定労働時間を越える場合は，36（さぶろく）協定の提出と割増賃金の支払いが必要となる。

　36協定とは，労働基準法36条に基づく労使協定で，会社が法定労働時間を超えた時間外労働を命じる場合，労働組合などと書面による協定を結び，労働基準監督署に届け出ることが義務づけられている。これに違反すれば労働基準法違反となる。時間外労働と休日労働については割増賃金の支払いが必要であ

る。割増賃金は，残業が25％増し，休日が35％増しとなっている。36協定で設定できる延長時間の限度は，一般労働者の場合1週間で15時間，1カ月で45時間，1年間で360時間と上限が決められている。

　そもそも「労働時間」について，労働基準法では明確な定義は示されていない。ただし，裁判所の判例の解釈では，「使用者の指揮命令下に置かれている時間」とされている。この基準によれば，定時外の清掃なども，使用者に義務づけられたものであれば労働時間に該当することになる。一方で，通勤時間などの上司の指揮命令が及ばない移動時間については，法律上労働時間にはならないという解釈が一般的である。

　判例では，オフィスビルの管理会社において，深夜勤務時にとった仮眠時間が労働時間として認められた。また，自動車メーカーにおいて，就業時間後に実施された QC（品質管理）サークル活動が労働時間と認められ，残業代の支払いが命じられたケースがある（2002年最高裁）。QC サークルなどの自主活動や研修会への参加などは，「本来業務」ではないという解釈がそれまで一般的だったが，「使用者の指揮命令下に置かれている時間」である場合は労働時間に相当すると判断される。

　工場の製造現場や店舗販売現場など労働時間を測定しやすい職場に対して，研究開発やシステムエンジニアなど専門性の高い職場では，労働時間だけでは労働の成果を図りづらい。また，公認会計士や弁護士などの専門職も，労働時間に左右されない働き方が求められる。労働者側にとっても，仕事の進め方や時間配分について主体性をもって働きたいというニーズがある。そこで，法定労働時間の対象外となる労働形態として，裁量労働制が認められている。

　裁量労働制とは，業務の遂行方法が大幅に労働者の裁量に委ねられる一定の業務に携わる労働者について，労働時間の計算を実労働時間ではなく，みなし時間によって行うことを認める制度である。裁量労働制には，専門的な職種の労働者について労使協定によりみなし時間制を実施する「専門業務型」（19種）と，経営の中枢部門で企画・立案・調査・分析業務に従事する労働者に関し，労使委員会の決議によって実施する「企画業務型」の2種類がある。問題となるのは，いわゆるブラック企業において，残業代を減らすために裁量労働制が

悪用されているケースがあることである。

③　中小企業における解雇

　安易な解雇が行われないために，労働契約法は16条で「解雇は，客観的に合理的な理由を欠き，社会通念上相当であると認められない場合は，その権利を濫用したものとして，無効とする」と規定している。労働契約法17条は「使用者は，期間の定めのある労働契約について，やむを得ない事由がある場合でなければ，その契約期間が満了するまでの間において，労働者を解雇することができない」と規定する。解雇はその理由によって次の3つの種類に分かれる。

① 　普通解雇：労働者の能力不足を理由とした解雇。病気やケガなどによって業務を遂行できない，勤務成績の不良，協調性の欠如など勤務態度の不良などを理由とする。

② 　懲戒解雇：労働者の業務命令違反，服務規程違反などに対する懲戒手段としての解雇。労働者が，着服や横領などの法に抵触する犯罪行為，経歴詐称，長期の無断欠勤などの著しく重大な違反行為をした場合の懲罰で，就業規則上の最も重い懲戒処分を科される。

③ 　整理解雇：倒産の回避などを目的とした人員整理など，経営上の必要性に基づいて行われる解雇。いわゆる「リストラ」による解雇である。

　整理解雇を行うには，①必要性，②回避努力，③誠実な協議，④合理的基準の4つの条件を満たす必要があり，これを「整理解雇の4案件」（東洋酸素事件東京高判昭54.10.29，あさひ保育園事件最高裁小法廷判昭58.10.27）と呼ぶ。

① 　必要性：部門の閉鎖，大幅赤字

② 　回避努力：出向転籍，希望退職

③ 　誠実な協議：組合との協議，説明会開催

④ 　合理的基準：年齢，勤務年数，技能資格

④　中小企業の賃金水準

　戦後の復興期，中小企業は近代化の遅れから付加価値生産性が低く，賃金水準も低かった。1960年代の高度経済成長期に中小企業の賃金は上昇し，大企

34　第Ⅰ部　中小企業論

表3.2　賃金水準の比較

（単位：千円／月）

年	大規模事業所（1000人以上）①	小規模事業所（10-99人）②	比率②／①
1960	23.3	13.9	59.7%
1965	34.6	28.9	83.5%
1970	64.5	56.0	86.8%
1975	152.3	126.2	82.9%
1980	219.3	181.7	82.9%
1985	276.0	219.9	79.7%
1990	331.1	262.7	79.3%
1995	375.9	298.4	79.4%
2000	392.8	298.5	76.0%
2005	398.7	291.3	73.1%
2010	382.9	285.3	74.5%
2015	387.7	288.5	74.4%

出所：「賃金構造基本統計調査」，男性，全年齢学歴計，所定内賃金。

業との差は急速に縮小した。しかし，近年は差が拡大する傾向にあり，2015年時点においては，大企業38.8万円に対して，中小企業は28.8万円にとどまっている（**表3.2**）

　大企業と中小企業の正社員の給与水準は，年齢階層ごとにどのように変化するだろうか。**図3.2**は，大企業と中小企業ごとに正社員の給与水準の中央値を年齢階層別に算出したものである。大企業も中小企業も給与水準が30～34歳から50～54歳にかけて年齢が高くなるほど上昇しているが，中小企業は大企業に比べて上昇のスピードが緩やかである。大企業の賃金が年功序列の性格が相対的に強い一方，中小企業の賃金が年功序列よりも成果給の性格が強いことを示している。

⑤　中小企業の人材確保と定着

　中小企業では人手不足が常態化していると言われる。日本商工会議所の調査では，「人手不足」だと回答した企業は6割にのぼる。人員を充足できない理

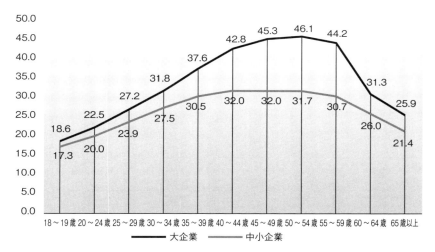

出所:「賃金構造基本統計調査」, 中小企業白書。

図3.2 賃金水準の推移

由は「応募がなかった」が6割超で,「求めていた人材ではなかった」「入社したものの,定着しなかった」が続く。人手不足のため営業時間の短縮など経営に影響が出ている企業の少なくない。**図3.3**は, 人手不足によって倒産した件数であり, 近年増加傾向にある。

今後中小企業での人手不足はいっそう深刻化することが懸念される。女性や高齢者, 外国人を積極的に労働力として活用することはもちろん, 省力化のための投資を進めていくことも重要となるだろう。

⑥ 中小企業の生産性

業規模別に従業員1人当たり付加価値額(労働生産性)の推移をみると, 大企業は2003年度から2007年度にかけて緩やかな上昇傾向にある(**図3.4**)。リーマン・ショックの影響で2008年度, 2009年度と落ち込んだものの, 以降は再び上昇傾向にある。一方, 中小企業の労働生産性は, 過去13年間でほぼ横ばいであり, 大企業と中小企業とでは労働生産性の水準に開きがある。

中小企業の中にも, 生産性の高い稼げる企業は存在する。こうした企業は,

36　第Ⅰ部　中小企業論

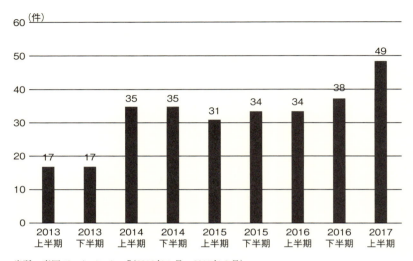

出所：帝国データバンク：「(2013年1月～2017年6月)」。

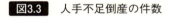　人手不足倒産の件数

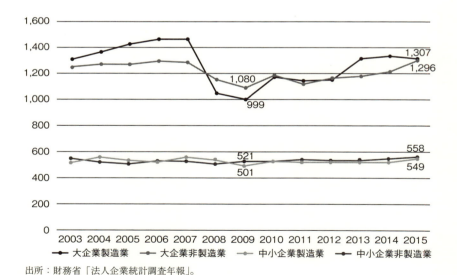

出所：財務省「法人企業統計調査年報」。

図3.4　企業規模別従業員1人当たり付加価値額（労働生産性）の推移

成長投資に積極的に取り組んでいる。製造業では，約1割の中小企業が大企業の平均以上で，非製造業では，約3割の中小企業が大企業の平均以上である。生産性の高い中小企業は，設備投資やIT投資に積極的で，1人当たりの賃金が高い傾向にある。

3.2 中小企業と金融問題

企業においては，例えば，製造業であると，材料を仕入れ，製品を作り，出荷・販売するサイクルをとる。モノを作るには設備が必要である。設備投資の資金，資材を購入する資金，働く従業員への給与の支払い等，資金が必要となる。一方で，販売代金で資金を回収する。新製品を開発するには研究開発資金が必要となる。したがって，お金を媒介として企業が運営されていると言っても過言ではない。

企業が急速に成長しているような場合，必要な資金は多いが，回収するのにはタイムラグが生じる。その間，資金繰りがショートするケースも発生する。いわゆる黒字倒産ということも過去では生じていた。近年では，経営者や関係者の意識も向上し，必要な手配が行われることにより，そういった事態はあまり聞かれなくなっている。このように資金繰りは，企業活動において非常に重要な役割を果たす。

それでは，そういった資金はすべて売上げで回収した資金を活用して材料購入等の金額に充てているのであろうか。一部の超優良企業は余裕資金を銀行に預け，必要なキャッシュフローはそれを用いて無借金経営をしているところもあるが，むしろそういう企業は極めて稀であると言えよう。

一般的には，銀行等金融機関からの借入れで設備投資をしたり，ボーナス時の支払いをしたりする。一方で，資本金の増資をして新工場建設に取り組んだりする。

キーワードとして，内部金融と外部金融，直接金融と間接金融が挙げられる。内部金融とは，内部留保や減価償却費などがそれに相当する。当期純利益から株主配当と利益剰余金とに分けられ，後者が内部留保となる。

設備などの資産が経年使用で劣化・減耗するが，それを減価償却費として，費用計上される。ただし，これは実際の支払いはともなわないので，内部留保となる。その累計額が減価償却累計額として，次回の設備購入に充てられる。

外部金融は，社内でなく社外からの金融調達を指す。大きくは，借入金，企業間信用（支払手形，買掛金），有価証券（株式，社債，コマーシャルペーパー（CP））に大別される（**図3.5**）。借入金は金融機関から借入を行うもので，間接金融である。一方，有価証券は直接金融である。

間接金融とは，銀行や信用金庫・信用組合など，預金の形で個人から資金を集めて，企業や個人に貸し付ける金融機関から資金を調達する方法を指す。

直接金融とは，企業が直接投資家から資金を調達する方法を指す。

以下，個別にみてみよう。まず，間接金融を行う金融機関を整理すると，**図3.6**のようになる。大別すると，政府系金融機関と民間金融機関とに分かれる。後ほど，中小企業庁　金融機関別中小企業向け貸出残高（**表3.3**）を示すので，その分類に合わせて示すことにする。

さて，企業間信用とは，どういうものであろうか。消費者がスーパー等で買い物すると，商品と引き換えに現金を支払う。なお，企業間で定常的に資材を仕入れるような場合，こういうやり方はせず，月間で発注・購買したものを月末に締めて，翌月20日などにまとめて支払うことが多い。支払い時に現金で決済されるケースもあるが，手形で支払われることが多い。手形を用いると，支払期日を30日，60日，90日，120日等設定できるので，60日サイトの場合，支

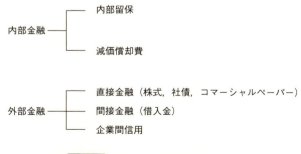

図3.5　企業の主な資金調達方法

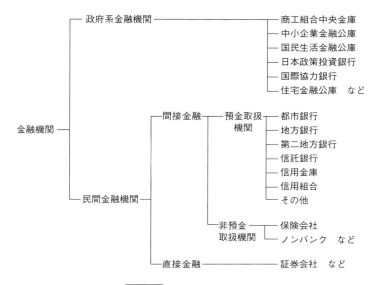

図3.6 金融機関の分類

払手形決済は月末〆の場合，2カ月後となる。

　このようにしていくことで，一種の支払い猶予期間が与えられることになる。これらは，購入側は買掛金，販売側は売掛金となる。これでは，販売側が現金を手にするのが遅くなるということになるが，期日前に一定の手数料を支払えば，銀行で現金化することができる。これを手形割引と呼ぶ。資金にゆとりのある企業はこういうことはせずに現金決済する。そのほうが，購入条件が良くなるケースがある。また，逆に信用力が低い場合，現金取引を求められることもある。

　次に，直接金融について見てみよう。まずは，社債とコマーシャルペーパーについて説明する。社債は，有価証券を発行して，債券市場を通じて資金調達する方法である。一定期間後に償還することになるが，償還日までに支払いが繰り延べられるのが，発行側企業にとってメリットとなる。コマーシャルペーパーは，短期資金調達向けの有価証券である。これらを購入する側に立つと，信用度の高い企業でないと購入しづらいであろう。一般の中小企業では，この

40　第Ⅰ部　中小企業論

表3.3　金融機関別中小企業向け貸出残高

(単位：兆円)

金融機関 \ 年月	2001				2002				2003			
	3月	6月	9月	12月	3月	6月	9月	12月	3月	6月	9月	12月
都市銀行	102.7	96.4	97.5	93.9	93.9	92.8	89.9	90.0	89.3	83.4	83.1	79.2
地方銀行	75.6	72.6	72.9	72.9	71.5	68.8	68.2	68.8	67.8	66.0	66.4	66.8
第二地方銀行協会加盟行	28.9	27.1	27.1	27.2	26.3	25.4	25.2	25.5	24.4	23.2	23.2	23.7
その他	22.3	21.0	21.5	20.3	20.7	13.0	13.3	12.7	12.5	11.1	11.9	10.7
国内銀行銀行勘定合計	229.5	217.1	218.9	214.4	212.4	200.0	196.6	197.0	194.0	183.7	184.6	180.5
国内銀行信託勘定他	3.9	3.5	3.1	2.9	2.7	2.4	2.6	2.4	2.6	2.1	2.0	1.9
信用金庫	45.9	45.0	45.1	45.2	43.5	42.4	42.3	43.0	41.6	41.0	41.3	41.8
信用組合	13.4	12.9	12.8	12.4	11.9	10.5	9.7	9.3	9.2	9.1	9.2	9.2
民間金融機関合計	292.7	278.5	280.0	274.9	270.5	255.5	251.1	251.6	247.4	235.8	237.1	233.4
民間金融機関合計（信託勘定他を除く）	288.8	275.0	276.9	272.0	267.8	252.9	248.5	249.5	244.7	233.7	235.1	231.5
商工組合中央金庫	10.9	10.7	10.7	10.6	10.5	10.4	10.2	10.3	10.1	9.9	9.9	10.0
中小企業金融公庫	7.5	7.5	7.5	7.6	7.5	7.5	7.5	7.6	7.5	7.5	7.6	7.6
国民生活金融公庫	9.8	9.8	9.8	9.9	9.6	9.5	9.4	9.5	9.2	9.2	9.1	9.2
政府系金融機関合計	28.2	28.0	28.0	28.1	27.6	27.4	27.1	27.3	26.8	26.6	26.7	26.8
中小企業向け総貸出残高	320.9	306.5	308.0	302.9	298.1	282.6	278.3	279.0	274.1	262.5	263.7	260.5
中小企業向け総貸出残高（信託勘定他を除く）	317.0	305.0	304.9	300.0	295.4	280.2	275.7	276.6	271.5	260.4	261.7	258.4

金融機関 \ 年月	2004				2005				2006			
	3月	6月	9月	12月	3月	6月	9月	12月	3月	6月	9月	12月
都市銀行	―	―	―	―	―	―	―	―	―	―	―	―
地方銀行	―	―	―	―	―	―	―	―	―	―	―	―
第二地方銀行協会加盟行	―	―	―	―	―	―	―	―	―	―	―	―
その他	―	―	―	―	―	―	―	―	―	―	―	―
国内銀行銀行勘定合計	183.2	173.5	176.2	175.6	176.4	168.6	172.8	174.6	178.6	174.7	179.5	180.3
国内銀行信託勘定他	1.8	1.6	1.6	1.7	1.6	1.7	1.6	1.9	1.9	1.9	1.6	1.6
信用金庫	40.6	40.0	40.5	41.1	40.5	40.1	40.8	41.5	40.8	40.5	41.5	42.1
信用組合	9.1	9.0	9.1	9.2	9.2	9.1	9.2	9.3	9.3	9.3	9.4	9.4
民間金融機関合計	234.7	224.2	227.5	227.7	227.7	219.5	224.4	227.3	230.6	226.4	232.0	233.4
民間金融機関合計（信託勘定他を除く）	232.9	222.6	225.9	226.0	226.1	217.8	222.8	225.4	228.6	224.5	230.4	231.8
商工組合中央金庫	9.8	9.7	9.7	9.8	9.6	9.5	9.5	9.6	9.4	9.3	9.3	9.4
中小企業金融公庫	7.6	7.6	7.6	7.6	7.5	7.4	7.3	7.2	7.0	6.9	6.8	6.7
国民生活金融公庫	8.9	8.9	8.8	8.8	8.4	8.3	8.2	8.2	7.8	7.7	7.6	7.5
政府系金融機関合計	26.3	26.1	26.1	26.2	25.5	25.2	25.0	24.9	24.3	23.9	23.7	23.5
中小企業向け総貸出残高	261.0	250.3	253.5	253.9	253.2	244.7	249.4	252.3	254.9	250.3	255.6	256.9
中小企業向け総貸出残高（信託勘定他を除く）	259.2	248.7	251.9	252.2	251.6	243.0	247.8	250.3	252.9	248.4	254.0	255.3

資料：日本銀行「金融経済統計月報」他より中小企業庁調べ。
出所：中小企業庁。

方法による資金調達は困難であると言える。

　次に株式について述べる。株式は，上場している株式と，上場していない株式（未公開株）とがある。日本の株式市場には，東京証券取引所（東証），名古屋証券取引所（名証）がある。東証では，市場第1部，市場第2部，JASDAQ，マザーズがある。市場第1部に取引銘柄として上場することを1部上場，市場第2部の場合，2部上場と言い慣わされている。

第3章　中小企業と労働問題・金融問題　*41*

　第1部は，主として大企業向け，第2部は，主として中堅企業向けであり，JASDAQ は新興企業向け，マザーズはベンチャー企業向けとなっている。上場された企業がすぐに経営不振に陥るようでは多くの投資家にとって困ることになるので，上場基準は厳しく制定されていた。しかし，ベンチャー企業では，安定した収益に恵まれているケースは多くない。このため，上場基準を緩和した形でベンチャー向けのマザーズが設定されるなどしている。例えば，東証市場第2部では，"最近2年間の経常利益などが5億円以上"などの上場公開基準があるが，マザーズに対しては，その制約は課せられていない。

　このように，中小企業・ベンチャー企業でも資金調達の道は広がっているのであるが，とりわけ政府系金融機関の果たす役割は大きい。各種中小企業活性化施策とタイアップ融資されるケースも多い。**表3.3**に，金融機関別中小企業向け貸出残高を示す。

　中小企業向け総貸出残高に占める比率は，都市銀行30.4％，地方銀行25.7％，第二地方銀行9.1％，信用金庫16.1％，信用組合3.5％，商工組合中央金庫3.8％，中小企業金融公庫2.9％，国民生活金融公庫3.5％となっている。

　これまで見たように，中小企業における金融問題は，経営課題として大きなものの1つである。本節最後に，起業後の安定成長型企業の成長段階ごとの資金調達における諸課題を見てみることにする。2017年版　中小企業白書によれば，起業後の成長タイプのイメージを**図3.7**のように3タイプに分類して調査している。高成長型，安定成長型，持続成長型である。

　ここでは安定成長型のタイプについて見てみよう。**図3.8**は安定成長型企業の成長段階ごとの資金調達における課題が示されている。

　総じて，出資の受け入れにおける課題よりも，借入における課題が大きいことがわかる。**表3.4**で，安定成長型企業が成長段階ごとに利用した資金調達方法を示している。

　創業期には，第1位は経営者本人の自己資金，第2位は家族・親族，友人・知人等からの借入，第3位は民間金融機関からの借入となっている。やはり，創業期は信用がないので，自らや家族・親族，知人等が中心となっていることがわかる。一方，安定・拡大期となると，民間金融機関からの借入が第1位，

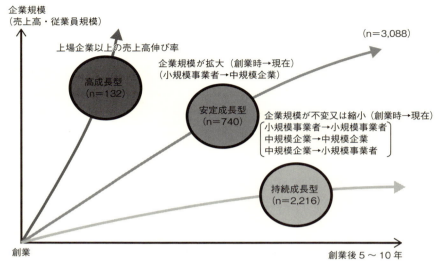

出所：2017年版中小企業白書　P.146。

図3.7　起業後の成長タイプのイメージ

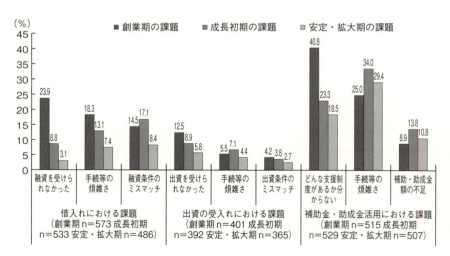

出所：2017年版中小企業白書　P.200。

図3.8　安定成長型企業の成長段階ごとの資金調達における課題

第３章　中小企業と労働問題・金融問題　*43*

表3.4　安定成長型企業が成長段階ごとに利用した資金調達方法

	第1位	第2位	第3位	第4位	第5位
創業期に利用した資金調達方法（n＝677）	経営者本人の自己資金（82.3％）	家族・親族，友人・知人等からの借入れ（39.3％）	民間金融機関からの借入れ（39.3％）	政府系金融機関からの借入れ（28.2％）	公的補助金・助成金の活用（12.6％）
成長初期に利用した資金調達方法（n＝646）	民間金融機関からの借入れ（72.9％）	経営者本人の自己資金（46.4％）	政府系金融機関からの借入れ（40.9％）	家族・親族，友人・知人等からの借入れ（22.0％）	公的補助金・助成金の活用（19.8％）
安定・拡大期に利用した資金調達方法（n＝546）	民間金融機関からの借入れ（78.4％）	政府系金融機関からの借入れ（42.6％）	経営者本人の自己資金（40.2％）	公的補助金・助成金の活用（22.9％）	家族・親族，友人・知人等からの借入れ（13.8％）

出所：2017年版中小企業白書　p.201。

表3.5　安定成長型企業が成長段階ごとに利用したかった資金調達方法

	第1位	第2位	第3位	第4位	第5位
創業期に利用したかった資金調達方法（n＝179）	民間金融機関からの借入れ（45.3％）	政府系金融機関からの借入れ（41.3％）	公的補助金・助成金の活用（36.9％）	ベンチャーキャピタル，投資組合・ファンド等からの出資（34.6％）	民間企業，基金，財団その他の団体からの出資（31.8％）
成長初期に利用したかった資金調達方法（n＝126）	公的補助金・助成金の活用（44.4％）	民間企業，基金，財団その他の団体からの出資（43.7％）	ベンチャーキャピタル，投資組合・ファンド等からの出資（42.9％）	個人投資家からの出資（39.7％）	クラウドファンディングの活用（38.1％）
安定・拡大期に利用したかった資金調達方法（n＝110）	ベンチャーキャピタル，投資組合・ファンド等からの出資（44.5％）	クラウドファンディングの活用（44.5％）	公的補助金・助成金の活用（42.7％）	民間企業，基金，財団その他の団体からの出資（40.0％）	個人投資家からの出資（37.3％）

出所：2017年版中小企業白書　p.202。

44　第Ⅰ部　中小企業論

政府系金融機関からの借入が第2位となっている。

　表3.5には，安定成長型企業が成長段階ごとに利用したかった資金調達方法を示している。

　安定・拡大期に利用したかった資金調達方法として，第1位はベンチャーキャピタル，投資組合・ファンドからの出資，第2位はクラウドファンディングの活用等，**表3.4**には出ていなかった項目が出ており，希望と実際との差が如実に出ている。これらが，資金調達の際の社会的制度のあり方としての今後の課題とも言える。

〔第3章参考文献〕
・中小企業白書2017年度
・厚生労働省ホームページ：「時間外労働の限度に関する基準」
・http://www.mhlw.go.jp/stf/seisakunitsuite/bunya/koyou_roudou/roudoukijun/
　　roudouzikan/040324-4.html
・厚生労働省ホームページ：「裁量労働制の概要」
・http://www.mhlw.go.jp/stf/seisakunitsuite/bunya/koyou_roudou/roudoukijun/
　　roudouzikan/sairyo.html
・厚生労働省ホームページ：働き方改革実現会議「働き方改革実行計画」
・http://www.kantei.go.jp/jp/singi/hatarakikata/
・総務省統計局ホームページ：「平成29年就業構造基本調査」http://www.stat.go.jp/
　　data/shugyou/2017/index.htm
・日本経済新聞　2010/09/29「日航，整理解雇へ折衝，希望退職応募未達で強硬措
　　置，来月面談，11月にも実施へ」

経済のグローバル化・サービス化と中小企業

4.1 経済のグローバル化

(1) グローバル化とは何か

経済のグローバル化が進展し,大企業のみならず,中小企業も数多く海外に進出している。さて,グローバル化とは何か。2004年度 経済白書では,こう定義されている。

「資本や労働力の国境を越えた移動が,活発化するとともに,貿易を通じた商品・サービスの取引や,海外への投資が増大すること」

ここで,グローバル化の歴史を振り返ってみよう。

1970年代	米国多国籍企業の急成長	
1985年	プラザ合意(円高の容認)	
1989年	ベルリンの壁崩壊	
1992年	欧州	EUの発足
	ロシア	ソビエト連邦の消滅
	中国	中国改革開放政策の本格化
	アジア	AFTA(ASEAN自由貿易協定)の締結
2001年	中国	WTO加盟
	日本	小泉構造改革スタート
	:	官から民へ(規制から競争へ)

	：	グローバルスタンダードへの対応
2008年	リーマンショック後の急激な円高の進行	
	：	海外への生産拠点移転
2012年	アベノミックスによる円安	
	：	インバウンド政策による訪日客急増

出所：安達明久　中小企業論　講義資料。

　ちなみに，この間の主要国のGDP推移は**図4.1**のようになっている。

　バブル後の「失われた20年」で日本は伸び悩んでいるが，中国の躍進は著しく，欧米，アジア6カ国（韓国，台湾，香港，タイ，インドネシア，シンガポール）等はインドも含め順調に伸びている。米国紙 Fortune Global 500で，国別ランクイン企業数推移（**表4.1**）を見ても，その動静が読み取れる。

　中国の著しい経済成長とともに，中国へ進出する企業も増大してきた。**表**

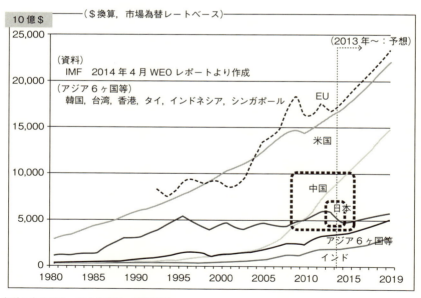

出所：安達明久　中小企業論　講義資料。

図4.1　主要国の GDP 推移

第4章　経済のグローバル化・サービス化と中小企業　*47*

表4.1　米国紙 Fortune Global 500国別ランクイン企業数推移

	1995年	2005年	2014年
日本	141	81	57
米国	153	176	128
EU 4 国	126	119	95
中国	3	16	91
韓国	不詳	11	17
その他とも世界計	500	500	500

（注）ランキング基準＝売上高
　　　EU 4 国＝英，仏，独，伊，中国＝台湾，香港を除く
　　　中国は，1995年に初めて Global500にランクイン
出所：安達明久　中小企業論　講義資料。

表4.2　アジアの日系企業の国別進出時期別法人数

	法人数（社）	同左進出時期別内訳（社）		現地従業員数（万人）
		～1999年	2000～2012年	
中国	6,088	1,770	4,318	117（192）
インド	581	125	456	12
タイ	1,853	1,071	782	49
インドネシア	862	502	360	25
ベトナム	612	203	409	27（441）
マレーシア・フィリピン	1,291	1,018	273	23
韓国	815	353	462	7
台湾	988	641	347	9
香港	1,219	789	430	10
シンガポール	1,111	771	340	5
その他ともアジア計	15,576	7,140	8,436	288（185）

（資料）東洋経済「海外進出企業総覧」2009年版，2013年版等より作成。（　）内は 1 社当たり平均値
出所：安達明久　中小企業論　講義資料。

4.2にアジアの日系企業の国別進出時期別法人数を示す。

　中国やインドへの進出が目覚ましいことが見て取れる。なお，近年は中国における人件費が高騰してきたことから，ベトナム等，別のアジア諸国に進出す

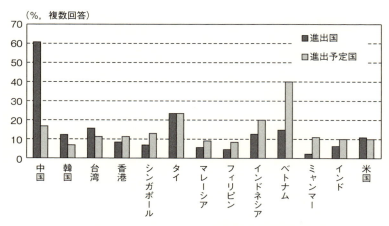

出所：商工中金　情報メモ No.27-2　「中小企業設備投資動向調査」付帯調査。
中小企業の海外進出に対する意識調査。

図4.2　現在の進出国，今後の進出予定国

る動きも多くみられる（図4.2）。

(2) 中小企業のグローバル化の現状と課題

次に，中小企業のグローバル化の現状と課題を見てみよう。中小企業の海外進出状況（直接投資）を**図4.3**に示す。

2000年ごろから拡大しているのが見て取れる。なお，進出相手先構成比は，中国45％，アジア34％，その他21％となっている。多少のタイムラグはあるものの，**図4.1**と比較すると，中国のGDPが急伸した時期とおおむね軌を一にしていると言えよう。

中小企業の海外直接投資の目的を調査した結果を**図4.4**に示す。

"現地の製品需要が旺盛又は今後の需要があると見込まれる"という理由がほぼ一貫して一番多い。

次に，海外展開と企業経営について見てみよう。2014年　中小企業白書によると，海外展開をしている企業としていない企業とでは，海外展開をしているほうが国内従業者数が増大している（**図4.5**）。

第4章 経済のグローバル化・サービス化と中小企業

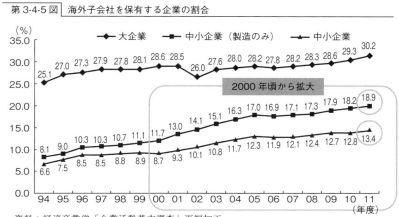

図4.3 中小企業の海外進出状況（直接投資）

　また，静岡県中東部地区にある長寿企業95社に対して調査をしたところ，企業業績と海外展開の間に正の相関が確認できた（**表4.3**）。

　一方，海外展開も決して順調なものばかりでなく，さまざまな障壁・障害があるのも事実である。それらを**表4.4**に示す。

　図4.6に直接投資を開始するための最も重要な課題についてアンケート調査した結果を示す。

　「販売先の確保」や「採算性・事業の見通しの確保」，「必要資金の確保」，「信頼できる提携先・アドバイザーの確保」，「海外展開を主導する人材の確保」，「現地人材の確保・育成・管理」などが上位に並んでいる。

　表4.4にも示したが，経営スタイルの転換も必要である（**表4.6**）。国内型から

50 第Ⅰ部 中小企業論

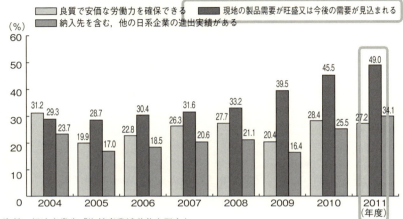

図4.4 海外直接投資の目的（中小企業）

●一般論として－2014 年「中小企業白書」

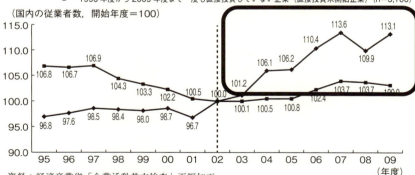

●長寿企業（95 社）における海外展開
  ：企業実績と，海外展開の間に正の相関が確認できる
出所：安達明久　中小企業論　講義資料．

図4.5 海外展開と国内従業者数

第4章　経済のグローバル化・サービス化と中小企業　*51*

表4.3　グローバル化対応戦略と企業業績

(静岡県中東部　95社)

各社 HP より作成

(社)

	区分	長寿高業績企業		長寿低業績企業	
調査対象社数		48	100%	47	100%
1．海外展開	○	11	23%	2	4 %
①海外展開（生産シフト）	△	5	10%	1	2 %
②海外展開（市場開拓）	△	6	13%	1	2 %
2．国内市場の深耕		23	48%	19	40%
③QCD		2	4 %	5	11%
④統合サービス		9	19%	9	19%
⑤ニッチ		5	10%	5	11%
⑥地域性	○	4	8 %	0	0 %
⑦特定企業との関係構築	△	3	6 %	0	0 %

（注）長寿高業績企業＝社歴50年以上，TSR 評点61点以上，従業員数50人以上
　　　長寿低業績企業＝社歴50年以上，TSR 評点49点以下，従業員数50人以上
　　　区分欄＝○　統計上有意の差あり（危険率５%）　△　同（危険率10%）
出所：安達明久　中小企業論　講義資料。

表4.4　海外展開における障壁・障害

「中小企業特有」の制約要因等
● リスクやコストを吸収する「体力」 　　　　例　投資資金，派遣人材，情報（法制度，商慣行等） ● 「販売先・市場」の確保 ● 信頼できる「現地パートナー」 ● 「人材」の確保と，「経営スタイル」の転換 　　：「国内指向型」から「グローバル型」へ

資料：経済産業研究所等を基に改訂。
出所：安達明久　中小企業論　講義資料。

第 I 部　中小企業論

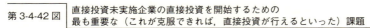

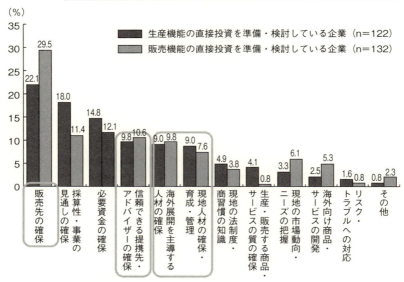

資料：中小企業委託「中小企業の海外展開の実態把握にかかるアンケート調査」（2013 年 12 月，損保ジャパン日本興亜リスクマネジメント（株））。
（注）ここでは，企業が最も有力と考えている直接投資先の拠点機能について，「生産機能」，「販売機能」と回答した企業をそれぞれ集計している。
出所：安達明久　中小企業論　講義資料。

図4.6　直接投資を開始するための最も重要な課題

表4.6　経営スタイルの転換

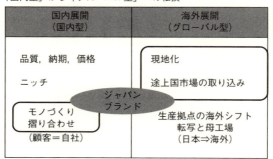

出所：安達明久　中小企業論　講義資料。

第4章　経済のグローバル化・サービス化と中小企業　*53*

表4.7　人的資源管理の転換

「同質型」から「異文化共存型」への転換

国内展開 （同質型）	海外展開 （異文化共存型）
年功序列，終身雇用 同質社会	多様性，能力主義 現地化
協調性	異文化対応力
阿吽の呼吸	経営理念・戦略の 再構築，明示，共有

出所：安達明久　中小企業論　講義資料。

グローバル型への転換が要される。人的資源管理も転換が要される（**表4.7**）。
同質型から異文化共存型への転換と言える。

4.2　社会のサービス経済化

社会のソフト化・サービス化が進展している。それをまず数値的にマクロに
把握してみよう。産業別の分類を**表4.8**に示す。

表4.8　産業別分類

第一次産業	農林水産業
第二次産業	鉱業
	建設業
	製造業
第三次産業	電気・ガス・熱供給・水道業
	運輸・通信業
	卸売・小売業・飲食店
	金融・保険業
	不動産業
	サービス業
	公務

54　第Ⅰ部　中小企業論

表4.9　サービス業の業種分類

産業中分類	産業小分類	産業中分類	産業小分類
72　洗濯・理容・浴場業	721　洗濯業	78　機械・家具等修理業	781　機械修理業
	722　洗張・染物業		782　家具修理業
	723　理容業		783　かじ業
	724　美容業		784　表具業
	725　公衆浴場業		789　他に分類されないその他の修理業
	726　特殊浴場業	79　物品賃貸業	791　各種物品賃貸業
	729　その他の洗濯・理容・浴場業		792　産業用機械器具賃貸業
73　駐車場業	731　駐車場業		793　事務用機械器具賃貸業
74　その他の生活関連サービス	741　家事サービス業（住み込み）		794　自動車賃貸業
	742　家事サービス業（住み込みでないもの）		795　スポーツ・娯楽用品賃貸
	743　写真機		799　その他の物品賃貸業
	744　衣類裁縫修理業	80　映画・ビデオ製作業	801　映画・ビデオ製作・配給業
	745　物品預り業		802　映画・ビデオサービス業
	746　火葬・墓地管理業	81　放送業	811　公共放送業（有線放送業を除く）
	747　冠婚葬祭業		812　民間放送業（有線放送業を除く）
	749　他に分類されない生活関連サービス業		813　有線放送業
75　旅館・その他の宿泊所	751　旅館	82　情報サービス・調査業	821　ソフトウェア業
	752　簡易宿所		822　情報処理・提供サービス業
	753　下宿業		823　ニュース供給業
	759　その他の宿泊所		824　興信所
76　娯楽業（映画・ビデオ製作業を除く）	761　映画館	83　広告業	831　広告代理業
	762　劇場，興行場		839　その他の広告業
	763　興行団	84　専門サービス業（他に分類されないもの）	841　法律事務所，特殊事務所
	764　競輪・競馬等の競走場		842　公証人役場，司法書士事務所
	765　競輪・競馬等の競技団		843　公認会計士事務所，税理士事務所
	766　スポーツ施設提供業		844　獣医業
	767　公園，遊園地		845　土木建築サービス
	768　遊戯場		846　デザイン業
	769　その他の娯楽業		847　著述家・芸術家業
77　自動車整備業	771　自動車整備業		848　個人教授所

第4章 経済のグローバル化・サービス化と中小企業　*55*

産業中分類	産業小分類	産業中分類	産業小分類
			849　その他の専門サービス業
85　協同組合（他に分類されないもの）	851　農林水産業協同組合	91　教育	911　小学校
	852　事業協同組合		912　中学校
	861　速記・筆耕・複写業		913　高等学校
	862　商品検査業		914　高等教育機関
	863　計量証明業		915　特殊教育諸学校
	864　建物サービス業		916　幼稚園
	865　民営職業紹介業		917　専修学校，各種学校
	866　警備業		918　社会教育
	869　他に分類されない事業サービス業		919　その他の教育施設
87　廃棄物処理業	871　一般廃棄物処理業	92　学術研究機関	921　自然科学研究所
	872　産業廃棄物処理業		922　人文・社会科学研究所
	879　その他の廃棄物処理業	93　宗教	931　神道系宗教
88　医療業	881　病院		932　仏教系宗教
	882　一般診療所		933　キリスト教系宗教
	883　歯科診療所		939　その他の宗教
	884　助産所	94　政治・経済・文化団体	941　経済団体
	885　療術業		942　労働団体
	886　歯科技工所		943　学術・文化団体
	887　医療に附帯するサービス業		944　政治団体
	889　その他の医療業		949　他に分類されない非営利的団体
89　保健衛生	891　保健所	95　その他のサービス業	951　集会場
	892　健康相談施設		952　と畜場
	893　検疫所（動物検疫所，植物防疫所を除く）		959　他に分類されないサービス業
	899　その他の保健衛生	96　外国公務	961　外国公館
90　社会保険，社会福祉	901　社会保険事業団体		969　その他の外国公務
	902　福祉事務所	97　国家公務	971　立法機関
	903　児童福祉事業		972　司法機関
	904　老人福祉事業		973　行政機関
	905　精神薄弱・身体障害者福祉事業	98　地方公務	981　都道府県機関
	906　更生保護事業		982　市町村機関
	909　その他の社会保険，社会福祉	99　分類不能の産業	999　分類不能の産業

　この内，サービス業は**表4.9**のように分類されている。

　経済活動別実質国内総生産の推移は，**表4.10**のようになっており，第三次産

56   第Ⅰ部　中小企業論

表4.10　経済活動別実質国内総生産の推移

（単位：％）

	構成比						
	1960	1970	1980	1990	2000	2010	2015
第一次産業	16.2	6.0	3.7	2.5	1.7	1.1	0.9
第二次産業	27.3	37.8	39.2	38.4	28.5	25.1	25.6
第三次産業	56.5	56.2	57.1	59.1	69.8	73.8	73.5

出所：経済企画庁「国民経済計算年報」より作成。

表4.11　経済活動別就業者数の推移

（単位：％）

	構成比					
	1970	1980	1990	2000	2010	2015
第一次産業	19.7	12.9	9.2	5.9	4.5	3.9
第二次産業	35.3	34.3	32.7	28.9	24.0	22.9
第三次産業	45.0	52.8	58.1	65.2	71.5	73.2

出所：経済企画庁「国民経済計算年報」より作成。

業は70％を超えるまでになっている。

　経済活動別就業者数の推移は，**表4.11**のようになっており，第三次産業は，2015年73.2％となっている。

　なお，国際比較をすると，第三次産業就業者数の比率が全体の60％を超えるのは，米国が1960年代前後，英国が1970年代半ば，フランスが1980年代半ば，日本が1990年代前半となっている。ちなみに，ILO他[3]によれば，2014年の時点で各国の第三次産業就業者数比率は，米国が80.0％（2015年），英国が80.0％，フランスが76.7％，ドイツが70.5％となっている。

　社会のソフト化・サービス化の進展の原因として次のようなことが考えられる。

　・自動化が進んで，従来よりも少ない人数でより多くの生産ができるようになったこと

第4章　経済のグローバル化・サービス化と中小企業　　*57*

・第2次産業のうち，労働集約型産業は円高の影響もあって，国内の競争力
がなくなり，どんどん海外に進出していること
・顧客のニーズが多様化・高級化しているため，サービス的側面の機能が拡
大していること
・製品の高度化に伴い，付随するサービスも重要性が高まってきていること
・サービス業は人による顧客へのサービス提供が基本であるため，製造業の
ように生産性が劇的に向上しないという性質があること

など。

4.3　中小企業とマーケティング

近年のITの進化は著しく，マーケティング分野でも，ITを活用したone to
one marketingがしやすくなってきている。SNS（Social Networking Service）
を活用して，その組合わせによる新しいマーケティング手法を開拓して成功し
ている企業は多い。これは，言ってみれば，大企業も中小企業もあまり差がな
い。

インターネットを活用して，中小企業も大企業に遜色なく活躍できる場が広
がってきている。インターネットを活用したマーケティングの革新が起こって
いる。

インターネット接続携帯電話（ケータイ・スマートフォン：以下簡便的に「ケー
タイ」と略称）の普及によって，マーケティングのあり方が激変している。イ
ンターネットは時空間を超越した存在とも言えるが，それがいつでもどこでも
活用できるという，言ってみれば夢のような世界が拡がりつつある。携帯パソ
コンでもできなくはないが，持ち運びの容易さ，誰でも操作できる簡便さ，音
声コミュニケーションの可能性等を考えると，ケータイの比ではない。

いつでも，どこでも情報が活用できるというのはユビキタス社会として理解
が拡がりつつある。ケータイは一種のユビキタス端末の先駆けのような位置づ
けにある。これらは，総じてモバイル・マーケティングという新しい分野が切
り拓かれつつあると言えよう。その可能性，応用を考える前に，マーケティン

58　第Ⅰ部　中小企業論

グの過去の展開を確認しておこう。

　簡単に振り返ると，

　物財マーケティング

　　　　　↓

　サービス・マーケティング

　　　　　↓

　サイバー・マーケティング

　　　　　↓

　モバイル・マーケティング

という流れである。

　サービス・マーケティングの理論が登場してきたときは，社会のソフト化・サービス化が進展してくると，確かにその対応の仕方も全く異なるものであるとの印象をもった。以下，まずサービス・マーケティングの概要を見てみよう。

(1)　サービス・マーケティング

　サービスはその性格が物財とは著しく異なる。それゆえにサービスに関しては，それ特有のマーケティングが必要である。物財マーケティングは昔からあるが，近年，サービス・マーケティングの研究が続々と出てきている。

①　サービスの特徴

　サービスとは「○○すること」を提供するものである。

　物は物自体で存在するが，サービスは行為を対象とするため，サービス主体からサービス対象への働きかけで両者に依存する。したがって，当然，時間・空間が特定される。例えば，理髪店に言ったときのことを考えてみよう。理髪店は"散髪"という物を売っているわけではない。客が来れば髪の毛をカットし，洗髪したり，ひげをそったりする。"散髪"というサービスはこれらの「○○すること」の行為で成り立っている。したがって，客がいないのに散髪する（サービスする）ことはできないし，また客が来たからといって半年分の散髪

サービスのまとめ提供をすることはできない。物だったら，例えば，毎月電池1個使用するのであれば，半年分6個まとめ買いするということもできる。

また，基本的に客がその店に来ないとサービスすることができない。生産と消費が同時進行することがサービスの基本的な特徴である。物でないため在庫しておくことができない。これは次のようなことを意味する。

・事前に準備しておくことができない

・在庫や輸送ができない

・消費者がサービスを受けるとき，サービス提供行為と同時になる

つまり生産過程に消費者が参加する。また，物でないため，それが終わると消えてなくなる。これらは次の4つの視点で整理することができる。

1つは，形がない（無形性）ということである。サービスは行為，運動，機能として捉えられ，物のように固定的な形をなさない。

2つ目は，終わると消えてなくなる（一過性）という特性をもつことである。ただし，サービス行為の結果は証拠として残る場合もある。しかし，サービス行為は1回で消滅し，反復使用したり，転売したりすることはできない。

3つ目は，先ほどのと裏腹の関係にあるが，不可逆性，つまり元に戻せないということである。いったん行われたサービスは復元できない。また買戻しもできない（物は差替えられる）。

4つ目は，無形性により認識がしにくいということである。サービスは形がなく，すぐに消えてしまうので認識がしにくい。

② サービスの特徴から生ずる課題

サービスは以上のような特性をもっているため，物とは異なった下記のような課題が生じてくる。以下に6点挙げてみよう。

まず最初は，生産の管理がしにくいということである。サービスの生産過程には需要者が参加するので，コントロールがしにくい。例えば，美容院で客が居眠りしていると，サービスも顧客に受容されずに，あるいはそれに気づいてくれずに終わってしまうこともありうる。演劇で客が一向に乗らず，拍手もなければ，提供側の意図に即さない結果となってしまう。旅行ツアーで時間を守

60　第Ⅰ部　中小企業論

らない一部の客がいると，全体としてのサービスレベルが低下してしまう。

　また，需要が時間的・量的に偏在しがちということも生産の管理がしにくくなる一因となる。例えば，土曜日や日曜日のレジャーランドはものすごく混み合っているが，普段はガラガラであることが多い。サービス提供側の観点からすれば，土曜日・日曜日は過剰需要で，そのほかのウイークデイは供給過剰ということになる。

　2つ目は，スケールメリットが生かしにくいということである。物は貯蔵することができ，ある意味では時間・空間を超越することができるのであるが，サービスは生産と消費が同時進行するためそれができにくい。サービスの生産拠点は需要立地型である。美容院にせよ弁護士にせよ学校にせよ，地域密着型である。大きくするとしたら多店舗展開しかない。生産性を上げるには限度がある。また，需要の時間的，量的偏在に合わせた生産をするしかない。これは大量生産ができないことを意味する。

　3つ目は品質管理が困難ということである。サービス対象が人やシステムであるとき，客観的測定がしにくい。つまり，品質を客観的に測定しにくい。また，生産過程への需要者の参加が品質のバラツキを生む。そうでなくともサービスは人的スキルに依存することが多く，サービス提供要員のレベルのばらつきにより品質がばらつきやすいのである。

　4つ目はコスト管理が困難ということである。人や機械の稼働時間が不連続なため，物の生産時における品種別原価といったような計算がしにくい。また，接客部分は人手に頼ることが多く，人件費アップがコスト増につながる。

　5つ目は顧客のクレームが生じやすいという点である。サービスの質や内容を客に伝達しにくいため，不安と誤解を生みやすい。また，一度実施したサービスは取り替え・復元ができない（あるいは，しにくい）ため，失敗時のリカバリーが困難である。消費者から見ると，とにかく店に入って食べたり，散髪をしてもらったりと，体験しないことにはそのサービスの品質・レベルがわからないし，提供側は元に戻せない形での提供であるだけにクレームを受けやすいものとなる。さらに悪いことに，消費者が生産過程に参加するため需給両者の相互依存性があり，そのため責任の所在が不明確となってしまうという性質

第4章　経済のグローバル化・サービス化と中小企業　*61*

をもつ。

　また，クレームが出されやすい原因の1つとして，客側の事前期待レベルが
まちまちという点もある。同じサービスを提供しても，あまり期待していな
かった客には予想外のできに写るし，過剰な期待をしていた人にとっては提供
されたサービスに不満を感ずるであろう。これは一見サービス提供側の責任で
はなさそうであるが，サービス品質の事前可視化などの課題がサービス提供側
につきつけられているのである。

　最後にサービス要員のストレスの問題が挙げられる。企業目標からは早く処
理し，回転率を高め，利益率アップを要請されるが，顧客目標からは親切・丁
寧ということを要請される。このギャップにサービス要員は悩まされストレス
がたまりがちとなる。

　以上6点，サービスの特徴から生ずる課題を述べたが，それでは，それらを
踏まえたマーケティング戦略はどうあるべきであろうか。次下に展開しよう。

③　マーケティング戦略

　サービスのもつ特徴とそれから生ずる課題を踏まえて，以下マーケティング
戦略を6項目あげる。なお，詳細は参考文献[7]を参照されたい。

　1）ストック化

　消えてなくなるので，消えてなくならないようにする。例えば，講演であ
る。講演は1回話せば消えてなくなる。これを事前原稿化しておく。そうする
と何度でも使える。内容をよく練ることで品質の向上も図られる。高品質のも
のを何度でも提供できるようになるのである。

　2）証跡化

　サービスは一過性で，時が過ぎれば目にすることができない。したがって，
サービスの証を有形化する工夫が大切となる。例えば，ホテルでコップなど消
毒済の表示をしている。単に洗って置いてあるだけでは消毒済で新しい物なの
か，前の人が使った後そのまま置いてあるだけなのかわからないためである。

　3）バックヤードの効率化

　労働集約度が高いところは，プロセスの機械化による省力化，すなわち過程

工業化が課題となり，顧客対応では個別対応によるサービスレベルの維持，すなわち産出多様化が要求される。バックヤード（これはサービスのデリバリ・システムの一部であるが）で工業化して省力化・合理化を追求する。一方，サービス業であるから顧客接点は必ずともなうので，そこは万人一律では顧客に見放されてしまう。顧客接点では個別化を図る。つまり標準化された中での個別調整のよさがサービスの満足度を高める。

(2)　モバイル・マーケティング
①　モバイルの特徴

モバイルというと正確には携帯 PC や PDA 等が含まれるが，本書ではインターネット接続携帯電話（ケータイ）を対象として議論を進める。

サイバースペースの特徴を前節で述べたが，ケータイはインターネットを活用しているので基本的に同じことが言える。しかし，ケータイは，入力に制約があること，音声を取扱うのが本務であったこと等でケータイならではの特徴もあり，各項目における強弱の相違がある。

文字入力が弱い点，サイバースペースにおける特徴を十分生かしきれない部分もあるが，逆に音声が使える，軽くて可搬性に優れていることにより，従来のパソコンで十分し難かったことがいとも容易にクリアできるという部分もある。

それでは，ケータイなりの強み・弱みはどういうところにあるか。次にみてみよう。

軽量・コンパクトで可搬性に優れ（というより可搬が当然の前提），安価であることから，文字どおりいつでも，どこでも通信ができ，インターネット内容を持ち運んでいるのと同じことになる。この活用の可能性は無限大といってよいほど大きい。

ただし，オールマイティというわけではなく，複雑な入力には不向きである。ただこれも，パソコンからケータイ向にデータ転送するなどしたら，その欠点を補うこともできる。要は，長所と欠点をおさえ，いかにうまく使いこなすかである。

第4章　経済のグローバル化・サービス化と中小企業　*63*

　ケータイは，前記のような特徴をもっているので下記のような使い方にその強みを発揮する。

1）場所，時間に制約されず，簡易に情報検索および入力
　　　------- 辞書検索
　　　------- レシピ情報検索
　　　------- 地図情報検索
　　　------- 最終電車時刻検索
　　　------- 銀行残高確認・振込指示入力
2）場所，時間に制約されず，時々刻々と変化する情報検索および入力
　　　------- 株価情報検索，売買指示入力
　　　------- レストラン情報検索，予約
　　　------- 航空機情報検索，座席予約
　　　------- ホテル情報検索，予約
3）携帯を前提とするマーケティングが有効
　　　------- タイム・マーケティング
　　　------- クーポン・マーケティング
　　　------- トリガーメール*による告知
　　　------- 店舗誘導の容易性
　　　------- 告知から決済までのシームレス化
　　　　　　*特定の株の株価が，指定された範囲あるいはレベルの株価になったらユーザに知らせる，特定の商品の価格が指定された価格になればユーザに知らせるといった，ある指定された条件にあった事項が発生したときにユーザに知らせるもので，ユーザはこれにより常にマーケットをウォッチしていなくてもすむようになるし，また，タイミングを逃さずにキャッチすることができる。
4）ダウンロードによるソフトの活用
　　　------- ゲームソフト

64   第Ⅰ部　中小企業論

　　　−−−−−−− 音楽

　　　−−−−−−−ASP（Application Service Provider）

　5）e −コマースの容易化

　　　−−−−−−− 告知から決済までのシームレス化

②　モバイル・マーケティング

　先節でみたように，ケータイは基本的にサイバーマーケティングの内容を継承するものであるが，モバイルならではの特性もある。ここではそれを中心に述べる。

　ケータイの特徴は，通常の一般的なインターネット接続パソコンと異なり，

　・携帯が前提である

　・音声の取扱いが容易にできる

の2点に集約できよう。

　このため，

　1）タイム・マーケティングが可能

　2）新たなクーポン・マーケティングが可能

　3）店舗誘導が容易

　4）告知から決済までのシームレス化が可能

　5）時・空間に制約されず，情報検索・活用が可能

となる。

　これらを有効活用することにより，中小企業も大企業と互角に，あるいは大企業以上に戦えることになると言える。

　この項の最後に，スマートフォン経由の市場規模の前年比較を見てみることにする。その前に，**表4.12**にB to C-EC市場規模及び各分野の構成比率を示す。次いで，**図4.7**にB to C-EC市場規模及びEC化率の経年推移を示す。**表4.13**に，B to C-EC（物販）におけるスマートフォン経由の市場規模，**図4.8**にスマートフォン経由の市場規模の前年比較を示す。高成長が続いている。

第4章 経済のグローバル化・サービス化と中小企業　65

表4.12　B to C-EC 市場規模および各分野の構成比率

	2015年	2016年	伸び率
A．物販系分野	7兆2,398億円 （EC化率4.75%）	8兆43億円 （EC化率5.43%）	10.6%
B．サービス系分野	4兆9,014億円	5兆3,532億円	9.2%
C．デジタル系分野	1兆6,334億円	1兆7,782億円	8.9%
総計	13兆7,746億円	15兆1,358億円	9.9%

出所：経済産業省 「平成28年度我が国経済社会の情報化・サービス化に係る基盤整備（電子商取引に関する市場調査）」調査結果要旨。

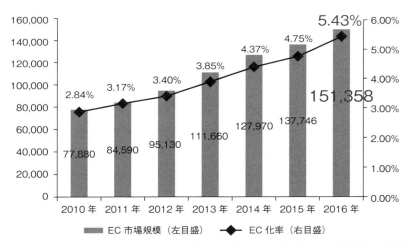

出所：経済産業省 「平成28年度我が国経済社会の情報化・サービス化に係る基盤整備（電子商取引に関する市場調査）」調査結果要旨。

図4.7　B to C-EC 市場規模および EC 化率の経年推移

表4.13 BtoC-EC（物販）におけるスマートフォン経由の市場規模

2016年の物販の BtoC-EC 市場規模……（A）	8兆43億円
うち，スマートフォン経由……（B）	2兆5,559億円
スマートフォン比率（B）÷（A）	31.9%

出所：経済産業省「平成28年度我が国経済社会の情報化・サービス化に係る基盤整備（電子商取引に関する市場調査）」調査結果要旨。

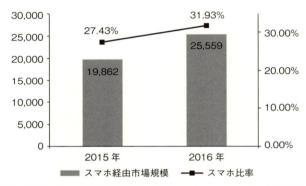

出所：経済産業省「平成28年度我が国経済社会の情報化・サービス化に係る基盤整備（電子商取引に関する市場調査）」調査結果要旨。

図4.8 スマートフォン経由の市場規模の前年比較

〔第4章参考文献〕

・安達明久，中小企業論　講義資料
・2017年版中小企業白書
・https://www.teikokushoin.co.jp/statistics/world/index05.html（〔3〕）
・金沢尚基，『現代流通論』，慶應義塾大学出版会，2005年
・竹安数博・甲斐荘泰生・小野彰，『バーチャル・ビジネス』，中央経済社，1995年
・田中滋監修・野村清，『サービス産業の発想と戦略』，電通
・佃純誠・松村健児・竹安数博，『新しい経営工学』，中央経済社，1997年（〔7〕）
・経済産業省「平成28年度我が国経済社会の情報化・サービス化に係る基盤整備（電子商取引に関する市場調査）」調査結果要旨

IT革新とその対応

　ITの進展が著しい。ITを活用した業務革新，新規事業参入などが各所に見られる。

　ここでは，まず，経営戦略と情報化戦略について述べ，次いで中小企業における情報化の取組み状況について見てみる。

5.1　経営戦略と情報化戦略

　現代においては，経営戦略と情報化戦略が不可分に結びついている。経営戦略立案時に情報化技術を検討しないと，経営戦略立案にならない。ビジネス構築の流れを**図5.1**に示す。

　経営理念の確認から始まって，市場環境，経営資源を分析し，市場戦略を立てていく。ここで事業コンセプトと目標を設定し，業務構想を立て，同時に情報システム構築も立案してゆく。次いで，目標達成のための展開方針を具体化し，ここでは業務設計を行い，あわせ表裏一体の形で情報システムを設計してゆく。

　管理システムでは，実行段階を管理統制する仕組みであり，情報システムについて言えば，前段階で設計されたものを実際に狙いどおりに機能するものを開発するフェーズに当たる。

　このように現代におけるシステム開発は，業務の部分的な機械化ではなく，経営戦略と密接に絡み合った形で展開する。したがって，ビジネス・システムを構築し，情報システムに落とし込んでゆくプロセスは，全社プロジェクトと

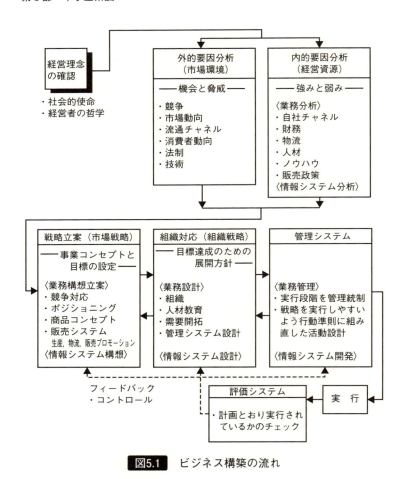

図5.1 ビジネス構築の流れ

しての位置づけで，関係各部門からの参画を得たものでなければならない。これを統括していくのがCIO（情報統括役員）の果たすべき役割である。

5.2 情報化戦略

掲題内容は，"市場ニーズとシステム対応"と言い換えてもよい。市場ニーズへの対応は，最終的には，"より早く，より安く，よりよい物をよりよい環

第5章　IT革新とその対応　　*69*

表5.1　市場ニーズとシステム対応

	製造	卸	小売
より早く	情報ネットワーク 物流センターの構築 受注～納入時間の短縮化	情報ネットワーク 物流センターの構築 受注～納入時間の短縮化	情報ネットワーク POS 品切れ防止
より安く	多品種少量向設備 多品種少量向技術 （含生産計画システム） コストダウン ・在庫圧縮 ・省力 ・省エネなど	コストダウン ・在庫圧縮 ・省力など	仕入先の開拓 売れ筋の把握とタイムリーな仕入 コストダウン ・在庫圧縮 ・省力など
よりよい物を	新商品開発 クレーム対応	商品の鮮度管理 クレーム対応	商品の鮮度管理 顧客ニーズの吸上げ クレーム対応
よりよい環境で	公害・環境対策	商物分離	アメニティ ストアコンセプトの明確化

境で"ということになるが，業種，業態で対応は異なる。

　これらをまとめたものを**表5.1**に示す。

　この中で重要なポイントを以下に示す。

(1)　情報ネットワーク化

　上流から下流まで情報ネットワーク化することにより，大きな価値連鎖の再構築が図られ，業務の迅速化，省力化に大きく寄与する。

　・受注から納入までの時間の短縮

　・品切れ防止

　・納入情報の提供等情報サービスの強化

(2)　生産計画システム

　POSの売り上げ情報を製造側が吸い上げるようにしておくと，計画システ

ムより，多品種少量生産設備に生産指示を出すことができ，市場ニーズに短時間で，特殊な仕様にも対応できる生産システムを構築することができる。このとき，生産計画システムはその実現に重要な役割を果たす。

(3) クレーム対応システム

これは，市場の声を新製品の開発，既存製品改良，生産・物流システム改善などに反映する仕組みである。

このように，コストダウンを図りつつ，サービスレベルを向上していく仕組みに情報化戦略は不可欠のものとなっている。ニュービジネス・システム構築においても，これらの技術をうまく活用して組み込んでいく必要がある。

5.3 情報システムの発展段階

ここで，情報システムの発展段階について簡単に触れておこう。大きな流れで見ると，バッチ・オンライン。・ネットワークの視点で，

部門内バッチ
↓
部門間バッチ
↓
部門内オンライン
↓
部門間オンライン
↓
社外ネットワーク

という流れが指摘できよう。一方，社内外，システム化レベルの視点から見ると，**図5.2**のように示される。

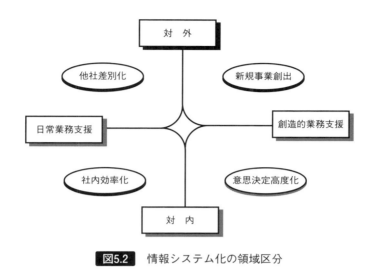

図5.2 情報システム化の領域区分

5.4 システム化投資の分類と方法

　システム化投資にはどんな種類のものがあり，どういった特徴があるのであろうか。ここでは，システム化レベルでさまざまなステージにあるものをまとめて整理してみた。

　従来は，例えば，コンピュータ投資と言えば，省力化がメインテーマであったが，昨今は，コンピュータ投資は何度目かのスクラップ＆ビルドとなってきており，狙いも，他社との差別化を図るための業務領域の拡大対応とか，知的生産性を向上させるため，あるいは新規事業の創出への対応など，内容が多彩になってきている。

　ここで，投資というものの内容を分類してみると，次の4つに整理される。
　① 社内効率化投資
　② 他社差別化投資
　③ 意思決定高度化投資
　④ 新規事業創出投資

72 第Ⅰ部　中小企業論

表5.2　システム化投資の分類と特徴

	社内効率化投資	他社差別化投資	意思決定高度化投資	新規事業創出投資
システムの特徴	・競争力を高めるための基礎体力の強化 ・効率化の追及 ・顧客サービスの向上	・他社差別化 ・競争優位 ・経営資源（入・金）の集中投資	・知的増力化 ・意思決定支援 ・エンドユーザー・コンピューティング—使う人が作る	・組織内に蓄積されたシステム・ノウハウと技術を凝縮して新規事業を創出 ・大きなリスクを伴う
システム例	・受発注システム ・生産管理システム ・物流管理システム ・原価管理システム	・CRM システム ・SFA システム ・AI を用いた株価予測システムetc.	・経営情報システム ・意思決定支援システム ・シミュレーション・システム ・エキスパート・システム	・異業種参入新システム構築
投資目的	・競争力を維持するための効率化の追求	・市場競争におけるシェアの拡大	・増力化 ・知的生産性の向上 ・最適化	・新規事業創出
評価尺度	・原価低減効果 —省力・省人 —在庫圧縮 —能力向上	・売上増（収益増）	・省時間 ・最適化による機会損失防止	・機会収益 ・将来のリスク負担能力
費用の性質	基盤整備コスト	収益部門コスト	管理部門コスト	ビジネス・コスト

　各々の投資の特徴や目的を**表5.2**に示す。

　ニュービジネス・システムは，必ずしも新規事業創出ばかりではない。どちらかと言えば，他社差別化投資が主であるといえようが，社内効率化投資や意思決定高度化投資も密接に絡んで必要であることが多い。

　情報システム化の流れとしては，個別には重複したり，順序が逆転している場合もあろうが，大きく見ると，

社内効率化

↓

他社差別化

↓

意思決定高度化

↓

新規事業創出

の流れと言えよう。

5.5　中小企業における情報化取組み状況

　さて，中小企業における情報化の取り組み状況はどうであろうか。以下，経済産業省　情報処理実態調査　平成28年調査関係資料を中心に見てみよう。

　図5.3はIT戦略の策定状況であり，全企業では39.7％，つまり約4割の企業が策定している。

　図5.4は資本金規模別に見たものであり，1億円超～3億円以下で34.2％5000万円超～1億円以下で21.6％　5000万円以下で15.3％が策定している。産業別・資本金別ではないので，中小企業の特定は困難な面もあるが，おおむね傾向は見て取れると言えよう。

　次に，**図5.5**にIT戦略に関する認識について見てみる。全産業で，36.2％が非常に重要な解決手段である，50.8％がある程度重要な解決手段である，と回答している。

　IT活用の今後の意向については，**図5.6**にあるように，全産業で，19.9％が大幅に強化したい，62.7％がある程度強化したい，と考えている。

　前向きに考えているのは，いずれも全体の8割を超えており，ITに関する重要性は共通認識されていると言えよう。

　さて，IT投資の状況，IT投資の効果の状況はどうであろうか。**図5.7**に，取組み別のIT投資の状況を示す。

　既存の業務の効率化やコスト削減の推進，既存業務の管理（会計・人事・生

74　第Ⅰ部　中小企業論

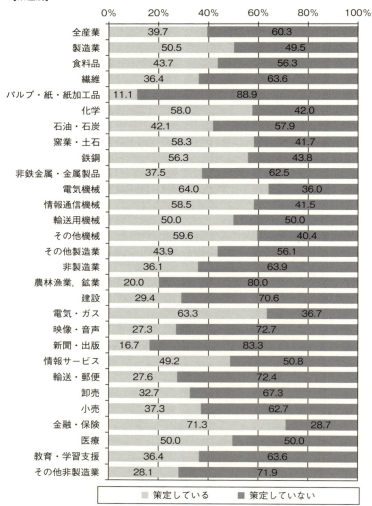

図5.3　IT戦略の策定状況

第5章　IT革新とその対応

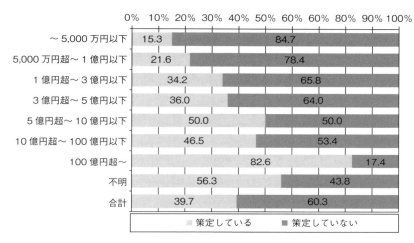

出所：平成28年度我が国におけるデータ駆動型社会に係る基盤整備（情報処理実態調査の分析及び調査設計等事業）調査報告書　平成29年3月　経済産業省。

図5.4　資本金規模別

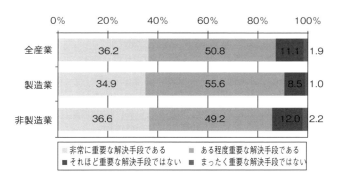

出所：平成28年度我が国におけるデータ駆動型社会に係る基盤整備（情報処理実態調査の分析及び調査設計等事業）調査報告書　平成29年3月　経済産業省。

図5.5　IT戦略に関する認識

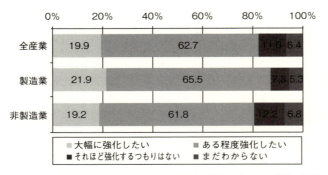

出所:平成28年度我が国におけるデータ駆動型社会に係る基盤整備(情報処理実態調査の分析及び調査設計等事業)調査報告書　平成29年3月　経済産業省。

図5.6　IT活用の今後の意向

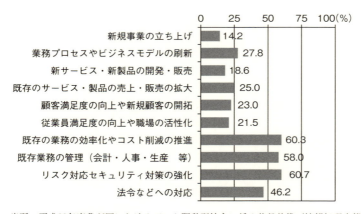

出所:平成28年度我が国におけるデータ駆動型社会に係る基盤整備(情報処理実態調査の分析及び調査設計等事業)調査報告書　平成29年3月　経済産業省。

図5.7　取り組み別のIT投資の状況

産等),リスク対応やセキュリティ対策の強化,法令などへの対応が上位を占める。

新規ビジネスへの取り組みよりは,既存業務の管理,業務効率化への投資が主体であることがわかる。

図5.8に,IT投資の効果の状況を示す。

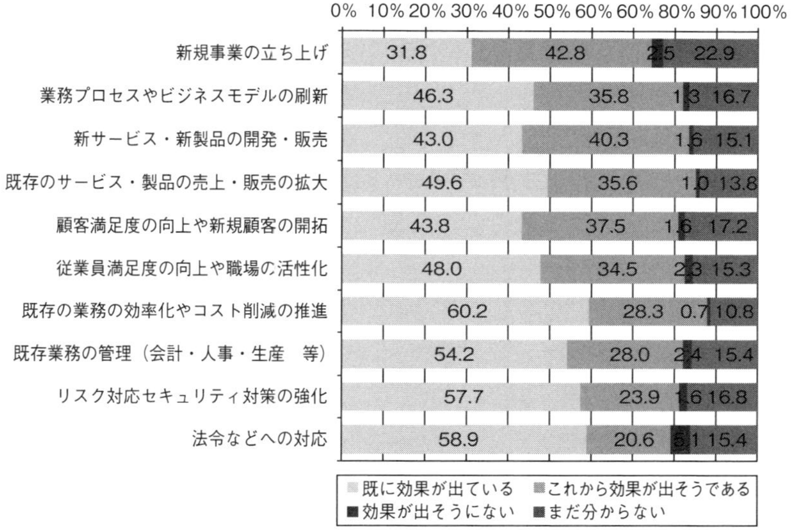

第5章　IT革新とその対応　　77

0%　10% 20% 30% 40% 50% 60% 60% 80% 90% 100%

	既に効果が出ている	これから効果が出そうである	効果が出そうにない	まだ分からない
新規事業の立ち上げ	31.8	42.8	2.5	22.9
業務プロセスやビジネスモデルの刷新	46.3	35.8	1.3	16.7
新サービス・新製品の開発・販売	43.0	40.3	1.6	15.1
既存のサービス・製品の売上・販売の拡大	49.6	35.6	1.0	13.8
顧客満足度の向上や新規顧客の開拓	43.8	37.5	1.6	17.2
従業員満足度の向上や職場の活性化	48.0	34.5	2.3	15.3
既存の業務の効率化やコスト削減の推進	60.2	28.3	0.7	10.8
既存業務の管理（会計・人事・生産　等）	54.2	28.0	2.4	15.4
リスク対応セキュリティ対策の強化	57.7	23.9	1.6	16.8
法令などへの対応	58.9	20.6	5.1	15.4

出所：平成28年度我が国におけるデータ駆動型社会に係る基盤整備（情報処理実態調査の分析及び調査設計等事業）調査報告書　平成29年3月　済産業省。

図5.8　IT 投資の効果の状況

　"既に効果が出ている"と"これから効果が出そうである"を合わせると，ほぼ全項目で8割を超す数値となっている。

　今後ともITの重要性は増すことと考えられる。

〔第5章参考文献〕

・平成28年度我が国におけるデータ駆動型社会に係る基盤整備（情報処理実態調査の分析及び調査設計等事業）調査報告書　平成29年3月　経済産業省

中小企業の流通革新とSCM

6.1 流通革新

(1) 流通の基本機能・基本構造

　自給自足の社会では、生産者と消費者は同一だが、分業化が進んだ現代社会においては、生産者と消費者が分離するため、両者を結びつける機能が必要となる。生産者と消費者を結びつけるためには、①所有（所有権者）、②空間（生産地と消費地）、③時間（生産と所有のタイミング）、④情報の4つのギャップを埋める必要がある。④の情報のギャップとは、消費者が「自分の欲しいものが見つからない」、あるいは生産者が「買い手となる消費者がどこにいるかわからない」状態を意味する。

　これらのギャップを埋める機能が「流通」である。流通は生産者と消費者を結びつけ、取引機会を創造する「需要結合機能」を有している。生産者と消費者とを結びつける流れには、①所有権の流れ（商流）、②商品の流れ（物流）、③お金の流れ（資金流）、④情報の流れ（情報流）が存在する。流通を担う存在である「商業者」は、できるだけ多くの生産者から商品を集めて、できるだけ多くの消費者に商品を販売する。これを「社会的品揃え」という。

　例えば、カレーライスの材料となる肉や野菜、カレー粉などはいずれも生産者が異なる。消費者はそうした生産者すべてと直接取り引きすることはできないので、それを替わって行うのが商業者である。社会的品揃えにより消費者は関連購買、比較購買が可能となる。また、商業者を介在した取り引きを行うこ

とによって，取引コストの節約が可能となる。

　生産者と消費者が直接に取引した場合，その組合わせは［生産者数 × 消費者数］となるが，間に商業者が介在する場合，［生産者数＋消費者数］に削減することができる。これを「取引数削減の原理」と呼ぶ。取引数が削減できることで，それにともなう物流や情報の集約が可能となる。

　こうした商業者は，さらに卸売業者と小売業者に垂直的分業をしている。生産者と小売業者が直接取引するよりも，間に卸売業者を介在することで取引が効率化できる。卸売業者は一次卸，二次卸など数段階に渡る場合もある。流通が多段階になるのはそうした理由である。

(2) 流通業における中小企業の位置づけ

　全事業者の98％，全従業者の約70％を中小企業が占めている。その中小企業全体の事業者のうち，流通業の割合は，小売業が18％，卸売業が6％である（図6.1）。

　次に，小売業の規模別の増減について見ていく。売場面積100㎡未満，売場

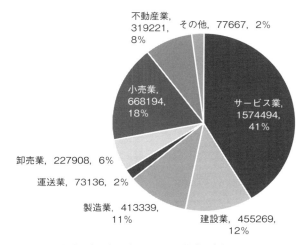

出所：総務省「平成26年経済センサス―基礎調査」。

図6.1　中小企業の業種別事業者数

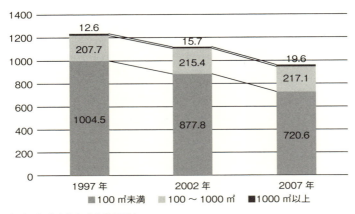

出所：経済産業省「商業統計」。

図6.2 小売業事業所数推移（売場面積階層別）

面積100㎡～1,000㎡未満，売場面積1,000㎡以上の3つの階層に分けて，事業所（店舗）数，年間商品売上高の推移をみると，売場面積100㎡未満の店舗数が大きく減少しているのに対し，売場面積100㎡～1,000㎡未満および売場面積1,000㎡以上の店舗数は増加している（**図6.2**）。小規模な店舗が減少し，大型店舗の比率が増加していることがわかる。

(3) 流通経路の短縮化の進行

従来から，日本の流通システムは欧米に比べて多段階かつ複雑であるとされてきた。この指標として用いられるのが，W/R比率，すなわち卸売業の販売額を小売業の販売額で割った値である。この値が大きければ大きいほど，流通経路は長いとされる。

例えば，ある製品において多段階の流通経路が形成されている場合，卸売業者間での販売が繰り返される。計算式上の分子が大きくなり，W/R比率は大きくなる。**図6.3**を見るとW/R比率は1994年以降一貫して低下している。この間，小売業の販売額が横ばいで推移する一方で，卸売業の販売額は減少傾向が続いており，流通経路の短縮化が進んでいると言える。その背景としては，

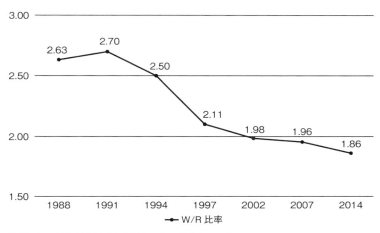

出所：商工総合研究所「中小卸小売業の現状」2016年。

図6.3 流通経路の多段階性の実態（W/R 比率，W/W 比率の推移）

1990年代においては卸売業者間の多段階取引の縮小や再編が，2000年以降は，小売業者と生産者の直接取引の拡大の影響が大きいとされる。

(4) 流通システムの時代的変遷

　第二次大戦（1939～1945）中の統制経済を経て，敗戦後の混乱期には，食料をはじめとする物資の欠乏から，都市部の物価は急激に上昇するハイパーインフレとなった。これは戦争被害による各種生産力の低下に加えて，鉄道，船舶など物インフラの破壊による流通システムの崩壊もその要因であった。

　その後，朝鮮戦争後の1950代後半から1960年代前半には，急速な経済発展にともない空前の消費ブームが起きる。そうした中で，生産規模を拡大したメーカーが自ら商品流通に乗り出す。松下電器産業（現パナソニック）がその典型例であり，大量生産した自社製品を優先的に取り扱う店舗に対して高いリベートを支払った。これによりメーカーによる流通系列化が進んだ。このようなメーカーが流通網をコントロールする閉鎖型のチャネルでは，小売が商品を消費者にいくらで販売するかという価格決定権はメーカー側がもつ。メーカー都合で大量生産した商品を，リベートを原資に売りさばく方法は，売れ残りによ

82　第Ⅰ部　中小企業論

る在庫の滞留を招いた。

　1960年代後半には，メーカーによる流通支配に対抗する形でGMS（General Merchandising Store）などの組織小売業が急速に発展していく。米国から伝わったチェーン・オペレーションは，本部が集中して大量に安く仕入れた商品を，多数の店舗で販売するという考え方である。GMSは商品の総合的品揃えにより消費者のワンストップ・ショッピングを可能とする新業態であり，価格の安さと商品の品揃えを武器に急速に普及していく。特に，中小小売店保護のために規制された百貨店を尻目に，大きく売上を伸ばした。その典型例がダイエーであり，1973年には三越百貨店を抜いて売上日本一になった。GMSチェーンの大規模化にともない，流通の主導権は小売へと移った。価格決定権や商品供給における主導権は小売がもつこととなった。

(5)　実需対応型の流通システムの構築

　商品別に分業した業種別小売から，組織型小売チェーンの業態別小売へのシフトにともない，流通システムの変革も進むことになる。それまでのメーカーが作った物を流通に押し込む「プッシュ型」と異なり，実需に対応して，売れ残りが出ないように必要な物しか仕入れない，配送しない，生産しない「プル型」の生産・販売体制が主流となる。

　その流れを決定づけたのは，GMSの後を受けて，小売の主流的業態となったコンビニエンスストア（CVS）の発展である。大きな変化の1つは，「商流と物流の分離」と業態別小売に適した物流システムの変革である。売れる物だけを仕入れて販売するCVSは，その登場時に，納入業者に対して「小口多頻度配送」を要求したものの，当初は卸を中心に大きな反発を受けた。そこで，商流は残しつつ物流のみを変える「配送の共同化」を行った。納入業者は卸や小売が運営する物流センターに一括納入し，そこから個店向けに仕分けをして，タイムリーな配送を行う仕組みである。CVSは一地域に集中して出店するドミナント方式を採用することで，共同配送による小口多頻度配送を普及させていった。

(6) 中小小売業の CVS への業態転換

　CVS の進展は，中小小売業の業態転換を促すことになる。CVS は，高度経済成長から安定成長の時代へ移る過程で，社会環境の変化にいち早く対応した。CVS は，消費の即時化，すなわち「欲しいものを，欲しいときに，欲しい量だけ」必要とする消費者のニーズ，女性の社会進出による購買時間の変化，嗜好の洋風化などを背景に急速に伸びていった。

　大店法（大規模小売店舗法）による規制を嫌ったスーパー各社が相次いでコンビニを設立した。本格的な CVS の 1 号店はセブンイレブン豊洲店であり，最初のフランチャイズ（以下「FC」）店とされる。当時の中小小売店（食料品店，酒販店，米穀店など）は価格と規模で優位に立つスーパーマーケットとの厳しい競争に苦しんでいた。こうした小売店から CVS の FC 店への業態転換が進んだ。本部（フランチャイザー）側の都合では，既存店舗を加盟店にすることで直営店の場合よりもはるかに少ない投資負担で多店舗展開が可能となる。また当時，本部側には，中小商店との摩擦を繰り返していた総合スーパーと同じ轍を踏まないという狙いもあった。中小小売店の生産性向上の策として，「フレンドリーサービス」，「クレンリネス」，「品揃え」，「鮮度管理」といった概念が導入され，変革が進められた。

(7) 特約店制度と建値制・リベート制の見直し

　ディスカウンターは多数の店舗と大きな販売量を背景に，メーカーや特約店卸に対して，有利な条件での仕入れを行い，既存の中小小売店の経営を圧迫した。

　日本の流通システムの特徴の 1 つの特約店制度とは，メーカーが各地の卸売業者を選定し，契約によって商品の販売を任せる制度で，酒や医薬品などの業界で採用されてきた。メーカーは，卸売業者を組織化することで販売力を強化できる一方，卸売業者は経営の安定化や，新製品情報の早期入手などのメリットがある。ビールメーカー各社は，日本全国に特約店網を張り巡らした。酒類業界には商品を多く売ってくれた小売店にメーカーが「リベート」と呼ぶ販売奨励金を，卸を通じて支給する商習慣がある。

84 第Ⅰ部 中小企業論

しかし，この特約店制度は形骸化していく。酒類消費の伸びが鈍化するにしたがって特約卸店間の競争が激化したこと，小売業が大規模化し上位集中化したことがその背景にある。きっかけは酒税法改正（1989年）での規制緩和による酒量販店（ディスカウンター）の急増である。その後，酒類小売免許の需給調整要件の緩和（1998年）によるスーパーマーケット，CVSの酒類販売の急増がそれに拍車をかけた。

2004年にアサヒビールは，メーカーが希望小売価格と希望卸売価格を提示する，いわゆる「三段階建値制度」を廃止し，価格設定を小売にゆだね，リベート制度も見直した。その一方で，2016年成立した酒税法と酒類業組合法の改正法では，酒類の公正取引基準を新たに設けてメーカーや小売店の取引への監視を強化することになった。仕入れ値に人件費や運送費などの販管費を加えた原価を下回る価格で販売するなどした小売店に，国税庁が行政指導できるようになった。，メーカーもリベートの支払い基準を厳格化しなければならなくなった。この影響で酒類の安売り規制が強化され，ビール類の店頭価格の上昇が起きている。中小小売店の保護と，規制緩和による消費者の利益が必ずしも一致しない1つの例といえよう。

⑻ 製販同盟による流通革新

GMSやコンビニなどの組織型小売チェーンが流通の支配権をもつにしたがい，大手メーカーと量販店の戦略的連携「製販同盟」が進んでいく。背景には，ディスカウンターの台頭により，NB商品の値崩れが進み，メーカーおよび流通の利益が圧迫されてきたことがある。

アメリカでは1980年代後半以降，プロテクター・アンド・ギャンブル（P&G）とウォルマートの製販同盟が進められた。両社の連携は紙おむつから始まった。通信衛星を利用したジャスト・イン・タイムの自動発注システムを構築し，在庫回転率を70％向上させた。両社は協力して，各店舗の売上情報の常時把握や最適な棚割システムを整備していった。その後，両社はその対象を他の主力商品へと拡大した。こうした仕組みはECR（Efficient Consumer Response：効率的な消費者対応）と言われる。両社が進めた電子データによる情報交換の

仕組み EDI（Electronic Data Interchange）は，競合関係にある企業も取り込んだ業界標準作りへと発展していく。これを受けて，日本では1990年代に花王がリテールサポート（小売支援）サービスを強化し，小売店に対して売場活性化や発注の効率化，POS データの加工分析，購買促進やシステム化の支援に乗り出している。製販同盟の動きは受発注システムの開発に限らず，小売主導のPB 商品の開発にも及ぶ。

　製販同盟が進むと，従来中間流通を担ってきた卸売商は「中抜き」されてしまう危険性が高くなる。中抜きをされないための方策としては，品揃え調整能力やロジスティクス能力を向上させることが有効である。食品卸大手の菱食は，仕分け機能を高度化させることで，小売に対して小ロットでのタイムリーな配送を行っている。

⑼　中小小売業と商店街の再生

　商店街を構成する中小商業者の経営を保護する目的で1956年に制定されたのが「百貨店法」で，百貨店の新規出店や増床などに通産大臣の許可を必要とし，営業時間や営業日数の規制を行った。

　しかし，スーパーマーケットの増加，巨大化にともない，この法律は実態に合わなくなった。そこで業態ではなく売り場面積で大型小売店を規制する法律として，1973年に「大規模小売店舗法（大店法）」が制定された。この法律では，大規模小売店舗の新規出店に当たっては，事前の届出により，各地区の商工会議所等の意見に基づいて，通産大臣は，店舗面積，開店日，休業日数，閉店時刻などを勧告や命令によって調整できる。1978年の改正によって規制対象面積が引き下げられ，新たに500㎡以上の店舗面積も規制対象に加えられた。

　1985年のプラザ合意以降の円高の定着にともなって，日本経済の構造改革としての規制緩和が論議され，日米構造協議を踏まえて，1991年に大店法が改正された。その後，大型店の出店手続きの簡素化，出店調整期間の短縮，売場面積の引き上げなど，大店法の規制が一層推進された。1994年には，1,000㎡未満の出店は原則調整が不要となり，大型店の営業時間の延長や休日日数の削減も認める改正が行われた。1998年には「大規模小売店舗立地法」が成立し，

86　第Ⅰ部　中小企業論

2000年の施行で大店法は廃止された。

　大店法の規制強化にもかかわらず，駅前を中心とした市街地の商店街の衰退は止まらなかった。いわゆる「シャッター商店街」である。市街地への大型店の出店規制を嫌って，GMSは郊外の幹線道路沿いに大型店を次々と建設した。こうした大型店は，モータリゼーションの発達と住宅地の郊外化とともに発展した。その一方で，先に市街地に出店していた大型店は保護されたものの，増床できないことから狭い売り場と，駐車場不足などから，郊外大型店との競争に負けて閉店してしまった。市街地の大型店目当ての顧客が離れたことで，一層商店街の衰退に拍車がかかった。

　商店街の再生と，少子高齢化社会に適合した「コンパクトシティ」の形成を目指して制定されたのが，「まちづくり関連三法」である。まちづくり関連三法とは，土地の利用規制（ゾーニング）を図るための「都市計画法」，大規模小売店が出店する際の地域との調整の仕組みを定める「大規模小売店舗立地法（大店立地法）」，中小市街地の再活性化を支援する「中心市街地活性化法」のことである。大型店の郊外の出店を規制する一方で，市街地の規制緩和を進めて利便性を高め，住居や商業施設などを誘導しようとする狙いがあった。

　中心市街地の空洞化に歯止めをかけ，活性化を促すための「まちづくり三法」であったが，その後も中心市街地の商店街の衰退は止められなかった。大店立地法では，大店法では必要だった地元業者との調整が不要なため，郊外での大型店出店に拍車がかかった。そこで2005年に大店立地法が改正され，大型店が配慮すべき指針の改定と深夜営業への配慮や大型店の社会的責任などを求めることになった。また，2006年には中心市街地活性化法が改正され，中心市街地活性化本部の創設と中心市街地活性推進協議会の法制化が決められた。都市計画法では，延べ床面積10,000㎡を超える大規模集客施設の立地を商業・近隣商業・準工業地域に制限する改正が行われた。一方で，これによって郊外の大型商業施設の出店が困難になったとの批判もある。

6.2 中小企業と SCM

(1) SCM の重要性

　企業が抱える課題を**図6.4**に整理してみよう。

　販売の見込みがうまくいかないと，端的には在庫過多，欠品という現象が生じる。各社とも以下のようなことで悩んでいると言ってもよい。

　＜企業が抱える課題＞

　・在庫が多すぎる

　・欠品が多い

　・多品種・少量・短納期の顧客ニーズに十分対応しきれない

　・販売の見込みがうまくいかない

　時代は遷り技術もインフラストラクチャーも充実してきているが，それですべてが問題解決するほど，世の中は甘くない。次のようなテーマで困ったり，苦しんだりしているところが多い。ベーシックなテーマであったり，一歩進んでシステム化しにくいテーマであったりする。

　まず最も基本的なものと言える在庫管理の問題である。受注が入れば，在庫引き当てをして出荷する。これらがオンライン化することによって受注から納品までのリードタイムが著しく短縮される。ところが肝心の在庫情報の精度が悪く，苦労しているところが多いのである。

> **★ 環境変化への迅速な対応**
> ・市場の成熟化
> ・顧客ニーズの多様化
> ・短納期対応が求められる
>
> **★ 効率的な経営**
> ・コスト削減の必要性
> ・迅速な生産
> ・生産部門と販売部門との緊密な連携の必要性
>
> **★ 部門最適から全体最適へ**
> ・部門間での情報の共有化
> ・会社全体での見通しを持つ情報の必要性

図6.4 企業が抱える課題

88　第Ⅰ部　中小企業論

　緊急出荷でセールスマンが物品を持ち出したまま，出荷実績の入力をし忘れたり，現品が不良になっているにもかかわらず，格下げ処理確認を怠ったりするなどの理由から実在庫とコンピュータ上の在庫の数が合わなくなっているのが大なり小なり見受けられる。

　コンピュータ上に在庫が２個あったので出荷指示をかけたが，倉庫に行くと在庫がなく，出荷できなかった，といった問題を引き起こす。

　もう一歩いくと，次は生産計画の問題が出てくる。従来，生産計画，その中でも実行計画を立案するスケジューリングについてはベテランの経験と勘に頼っていることが多かった。ところが，多品種・少量・短納期を要求されるようになると，コンピュータの力を借りる必要がある。市場動向が変動したら，それに柔軟に対応できるよう，以前立てた計画を変更して生産しなければならない。ただ，ある品番を早めて生産すると，他の品番が逆に納期遅れや欠品になることもある。これらは，生産計画シミュレーターを活用することによって，全般の状況を見極めながら最適な計画を立案することが可能となる。しかし，現実の問題は制約条件が多く，これはシステム化しにくい代表例のように言われていた。昨今はコンピュータ技術も発達してきているので，ある程度普及のきざしを見せつつある。

　もう一歩進むと何が出てくるであろうか。それは販売予測である。全件受注生産ならともかく，見込み生産の場合であると販売予測が欠かせない。販売計画の精度が悪く，それに基づき製造するとたちまち在庫の山となってしまうであろう。これは極端な言い方かもしれないが，大なり小なりこの問題に悩んでいる企業は多いのである。

　そんなに重要な販売計画であるのに現実には，精確な販売予測を立てて，販売計画におろしているところは，むしろ少ないと言えるほどである。

　なぜこんなことになっているのであろうか。考えられるのは，１つは予測をしてもあまり当たらないと一般通念的に考えられていること，１つは最終は売上金額であって売上数量ではないということ，が背景にあると思われる。ただ，それでは在庫は減らない。

　予測してもあまり当たらないと最初からあきらめている向きもあろうが，科

学的手法を応用することによって予測精度を引き上げることができる。販売データで全くのランダムウォークというのはほとんどなく，ある程度の周期性や規則性が見られるものである。

これらを包括的に見ると，部門間の連携強化には SCM（Supply Chain Management）が不可欠であることがわかる。SCM とは，資材の調達，製造，物流，販売，サービスに至る商品の生産から供給までのすべてのプロセス（サプライチェーン）を最適化することを指す。情報の流れをコンピュータ等を用い，統合的に管理する経営手法である。SCM は，製品を市場に「迅速に」「必要な数量を」供給することで顧客満足の最大化を図り，同時に在庫削減やリードタイムの縮小などでトータルコストを最小化することを目的としている。

一方，サプライチェーンを起動するのはデマンドチェーンである。**図6.5**にサプライチェーンとデマンドチェーンの関係を示す。

SCM には販売予測が起点となる。それを図解したものを**図6.6**に示す。

(2) 販売予測
① 販売予測の位置づけ

メーカーにとっては，顧客のニーズに対応した商品を安定供給することが，その企業の長期的な繁栄につながることは言うまでもない。ただ，いつでも顧客のニーズに対応できるように品種を多くすると，在庫が膨れ上がったりする。あるいは，生産能力の関係で，ある品種の在庫量を一定量保持すると，他の品種が欠品になるといったことも生ずる。販売動向をうまく見極めながら，在庫状況を考慮にいれ，タイムリーな生産をしていく必要がある。

生産の方式は受注生産と見込み生産の2つの方式があるが，ここでは後者の

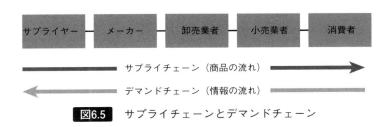

図6.5 サプライチェーンとデマンドチェーン

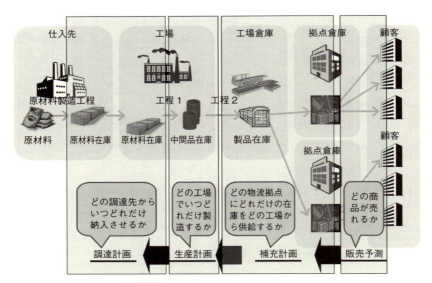

図6.6 SCMに予測が必要な理由

ケースを想定しよう。その場合，販売計画が以降の生産計画や物流計画の大元になるわけであるが，重要であるべき販売計画がきちんと立てられていない企業が，実は多い。

理由は，①品種数が多いので個別に立てられず，品種グループ単位で販売目標を設定するに止まる，②販売予測を正確に行いたいが，やり方がよくわからないし，仮にやっても予測はあまり当たらないことが多い，③現在庫数が正確に把握できないので，販売計画のみ精度を上げても，以降の計画が正確になってゆくわけではない……などさまざまである。

とは言っても，在庫精度の向上を図るなどの方策を講ずるとともに，大元の販売予測精度の向上を図ることも重要なこととして取り組まねばならない。

② **販売予測精度**

販売予測の精度が低いと下記のようなことが発生する（**図6.7**）。
一方，予測精度を上げると**図6.8**のようになる。

第6章　中小企業の流通革新と SCM

図6.7　販売予測の精度が低い場合

図6.8　販売予測精度を向上させた場合

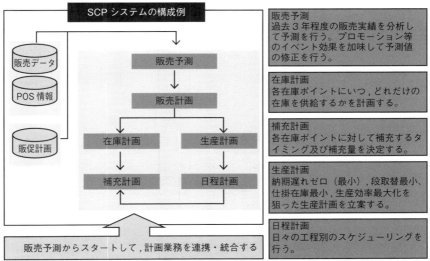

図6.9　サプライチェーン・プランニングシステムの構成と目的

92　第Ⅰ部　中小企業論

　販売予測からスタートして，計画業務を連携・統合するサプライチェーン・
プランニングシステムの構成と目的を**図6.9**に示す。

　これらは，大企業，中小企業を問わず必要かつ重要なことであると言える。

〔第6章参考文献〕

・石原武政・石井淳蔵（1996）『製販統合　変わる日本の商システム』日本経済新聞
　　社
・嶋口・竹内・片平・石井（1998）『マーケティング革新の時代4：営業・流通・革
　　新』有斐閣
・田島義博，原田英生（1997）『ゼミナール流通入門』日本経済新聞社
・（財）商工総合研究所（2016）「中小卸小売業の現状―商業統計調査を中心とした
　　分析」
・大阪商工会議HP　http://www.osaka.cci.or.jp/Chousa_Kenkyuu_Iken/Sonota/
　　machizukuri-1.html

第7章 中小企業の業務改革とものづくり革新

7.1 中小企業における業務改革

(1) 中小企業の生産性

　近年，日本の生産性の低さが問題となっている。日本の労働生産性の水準は，米国の7割程度であり，G7やOECDの平均と比べても低い水準にあるとされる。これには，長年続いたデフレ経済による物価の安さと，おもてなしに代表される過剰サービスが労働生産性の低さとなって現れている点も否定できない。しかし，今後の少子高齢化，人口減少の時代に企業が今後も成長していくためには，生産性向上に取り組むことが不可欠である。

　なお，労働生産性は，産出量を付加価値額とした場合，［労働生産性＝付加価値額／労働投入量］と定義される。労働生産性を上げるためには分子の付加価値額を増大させる方法と，分母の労働投入量を減らす方法の2つがある。付加価値額を増大させるには，企業が製品やサービスの開発等を通じて，新たな付加価値を生み出すことが必要となる。一方，労働投入量を減らすには，企業が業務の合理化や生産効率の高い設備への切替え等により，同じ水準の付加価値額を産み出す必要がある。

　一般に設備の規模などで大企業に劣る中小企業は，労働生産性が低いとされる。**図7.1**は大企業と中小企業の生産性について，業界別に比較したものである。製造業，情報通信業等の6業種すべてにおいて，中小企業の労働生産性の水準が大企業よりも低いことがわかる。

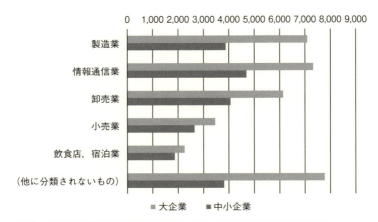

出所：経済産業省「企業活動基本調査」，厚生労働省「毎月勤労統計調査」。

図7.1 労働生産性の比較

　業種別に比較すると，設備の規模に差がある製造業や情報通信業での差が大きい。一方で，人手に頼るサービス業の飲食や小売業ではそこまでの差はない。だが，今後は人口減少が進む中で，いっそう少ない人数で多くの仕事をこなしていくのは中小企業も同様であり，大企業以上に自動化やIT化を進めていくことが必要となる。

(2) 中小企業における業務改革のポイント
① 生産性向上におけるITの活用の留意点

　生産性の向上に果たすITの役割は大きい。これまで人手に頼っていた定常作業を効率化することで，人間は判断業務などより付加価値の高い仕事に注力することができる。しかしながら，中小企業は大企業に比べてITの活用が遅れている。近年はクラウドコンピューティングの発達などで，従来よりも初期投資額を抑えられる環境があるにもかかわらず，企業のITへの意識が低い。
　ただし，IT化を進めれば生産性が向上するという単純なものではない。仕事のムダをそのままにIT化を進めても，業務が複雑化，硬直化し，情報システムの肥大化を生む。それは多くの例外処理とムダな仕事を生み出し，結果と

して生産性を低下させる。近年は，既存のパッケージソフトやデータベース・システムを導入する企業が多い。中小企業では，IT に詳しい内部人材が不足しており，肝心の業務設計が IT ベンダーのコンサルタント任せになってしまうことが少なくない。個々の企業が目指すビジネスモデルは千差万別であり，コンサルタントが喧伝するような，どの会社にも当てはまるベストプラクティスなど存在しない。実際に仕事をする人自身が自分の仕事を分析し，より良い方法を考えていく過程が重要である。

　以下では，IT 導入を契機に，業務効率化をどのような視点で進めていくべきかについて考えていく。

②　IE の視点から見た仕事のムダ

　IE（Industrial Engineering）では，作業研究，すなわち仕事（作業）を要素単位に分解し（動作研究），作業時間を定量的に測定し（時間研究），そこから作業のムダを見つけて，より良い作業のあり方を検討していく。現代ではビデオ機器や分析ソフトが発達したことで，生産現場だけでなく，外食などのサービス産業でも IE は広く活用されている。要素単位に分解された作業は，付加価値を生む動きと生まない動きとに分けられる。付加価値を生まない動きは排除ないし削減することによって，付加価値を生む動きの比率を増やしていく。

　作業改善を実行するための ECRS の原則は，排除（Eliminate），結合（Combine），入替（Rearrange），単純化（Simplify）の頭文字を取ったもので，一般に E → C → R → S の順番で検討される。その仕事が「なくせないか」，「いっしょにできないか」，「かえらえないか」，「もっとかんたんにならないか」という問いかけを通じて，仕事の見直しを行っていく。

(3)　業務改革の視点～もの・こと分析

　従来の IE の考え方では，仕事を細かく要素作業に分解し，個々に付加価値を生んでいるかを検証するのが一般的であるが，この方法では現行の仕事の進め方が検討のベースとなるため，抜本的な作業改善のアイデアが生まれにくい。そこで生まれたのが，「もの・こと分析」という改善技術である。

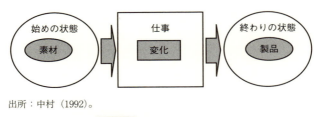

出所：中村（1992）。

図7.2 もの・こと分析

　もの・こと分析とは，「目的の達成に適した単純で少ない"もの"と"こと"とで構成されるスリムな仕事の構想案を見出すための考え方と分析方法」である。仕事の目的を終わりのもの（製品）を得ることと捉え，そのために必要なもの（素材）と，必要不可欠な変化は何かを考える。この必要不可欠な変化のことを，「要の変化（基本変換）」と呼ぶ。要の変化だけが付加価値を付与している変化であり，これ以外の変化はムダな変化として可能な限り排除する（中村1992）。

　もの・こと分析では，終わりの状態と始めの状態という形で，考察する範囲を区切る。範囲を区切ることで仕事の真の目的が明確になるし，範囲を広くすることで，その間を一足飛びにつなぐ良い方法が得られる（中村2003）。もの・こと分析では，現行の仕事のやり方や手段に制約されることなく，抜本的な作業改善ができるとされる。

　基本変換は付加価値をつける変化を意味する。仕事の基本変換では，仕事のプロセスにおいて，状態が安定した時間軸で区切り，始めの状態と終わりの状態を設定する。次に，仕事の始めの状態（＝素材）との違い（差異）を見つけ，その必要最小限の変化（基本変換）のみで構成される作業とは何かを考える（中村1992）。そして基本変換以外はすべてムダとして捉え，基本変換のみで構成されるスリムな仕事を設計しようとする。

(4) もの・こと分析の視点から見るスリムな仕事の例

　段取り時間短縮の事例を「もの・こと分析」の視点から考えてみる。事例として，改善前は型替えを人手で行っているとする。型を置き場から設備まで運

ぶ時間がかかることと，型の位置決めが難しく，時間と手間がかかってしまう

　初めの状態と終わりの状態を比較し，必要最小限の変化のみで構成される仕事を考えてみる。始めの状態は型 A が設備に付いている状態で，終わりの状態は型 B が設備に付いている状態である。この場合の，両者をつなぐ要の変化は，①設備と A を「切り離す」と，②設備に B を「付着させる」の 2 つだけであり，それ以外の玉掛けや搬送，各種調整はすべてムダな変化として「へらす」，「なくす」ことを考える。

　ものを外す，付けるという作業は，一方向の単純な力をかけるだけですませるのが理想である。押す，あるいは引き抜くだけで外れる，あるいはラフに位置合わせをして，押すとガイドで止まって付くなどの機構を考える。段取り替え改善の基本的考え方は，①一体化と②直線移動である。そこで考えられた改善案では，型置き場にレールを設置し，スイッチを押すだけで型替えがワンタッチで行えるようになる。

　この考え方に沿って，タイルメーカー R 社が行った段取り改善について見ていく。タイルのプレス工程において金型交換が必要なケースの大半は面状変更である。タイルの面状はフラット，石面，スジ付きなどさまざまであるが，これらを構成するのは上型である。そこで下型を共通化させ，上型のみの交換ができないか検討された。従来からタイル業界では，金型は上下一体で作成されていた。同社は，上型の工夫で製品の変化をつけることで上下型のすりあわせを不要とし，下型の共通化を進めた。段取り時間の多くは作業時に発生する各種調整作業であり，これを排除した。**図7.3**は金型交換の手順を図式化したものである。プレス機本体と上型は電磁石で付いているため，ワンタッチの脱着が可能であり，調整作業は不要となった。また，重量のある上型を左右 2 分割することにより，重筋作業をすることなく交換できるように工夫した。また，特殊な治具の開発により，上型を下型から外す作業がワンタッチで可能となった。こうした改善活動により，金型交換時間はそれまでの45分から最終的には10分以内に短縮され，シングル段取りが実現した。

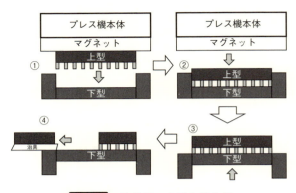

図7.3 改善後の金型交換作業

(5) 情報の流れに着目した業務改革の視点

　業務改革のもう1つの視点として，「情報の流れ」について見ていく。仕事とは"流れの連続"である。川瀬（1995）によれば，「モノの流れは情報の流れの結果」である。モノと情報は同じルートを反対方向に流れるのが基本であり，正確な情報をスムーズに流すことを目標に，情報の滞留する部分を正すことで業務の改善が行えるはずと考える。

　モノと情報の流れは1対1で対応し，反対方向に流れているのが基本である。しかし，実際には多くの企業では，モノと情報の流れの乖離が発生している。例えば，顧客と工場との間に入る本社が情報を加工してしまうことがある。また，モノと情報が最終目的とは関係のないやり方でまとめられていたり，仕分けされたりしているケースもある。現物とは関係のない離れた場所にある伝票やノート，情報システムにデータが記録されている場合，情報がモノに変換される過程で複雑な処理が入るため，本来必要のない業務が発生してしまう。情報とモノの流れにおいて乖離を発生させる流れは大きく次の4つに分類できる。

　① ［情報の流れの多段階化］：管理部門などの中間組織が介在するために，情報の流れが複数のステップにわたって伝達されている場合。具体的には，受注部門と製造部門との間で納期調整を生産管理スタッフが行うこと

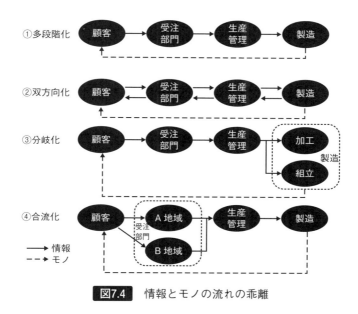

図7.4 情報とモノの流れの乖離

などが挙げられる。モノと情報の流れの乖離を生み出すだけでなく、情報の流れを滞留させ、リードタイムを長くする。

② ［情報の流れの双方向化］：確認や催促のために情報が後戻りし、双方向化しているケース。情報の流れが錯綜し、業務の非効率が生じる。

③ ［情報の流れの分岐化］：管理部門などの中間組織により情報が仕分けされ、複数の部門にわたって伝達されている場合。生産管理部門が生産指示情報を各製造部門に仕分けして伝達しているなどのケース。情報の滞留や情報管理の複雑化による業務増大の原因となる。

④ ［情報の流れの合流化］：中間組織により情報が一箇所に収集され伝達されている場合。顧客からの注文情報を各地域の受注担当スタッフが受け、集計された後に生産管理部門に伝達されることなどが挙げられる。データ集計確認作業などで情報の滞留を引き起こす。

こうした情報とモノの流れの乖離は、至る所で仕事の滞留をもたらす。そうした滞留ポイントを把握し、流れを整流化することで、業務のムダを減らし、リードタイムを短縮することが、業務改革においては重要となる。

100 第Ⅰ部　中小企業論

7.2　中小企業における生産改革

(1)　市場優先型のものづくり

①　コスト競争からの脱却

　国内市場の縮小，コモディティ化による商品価格の下落，人件費の安い新興国メーカーとの国際競争の激化など，製造業を取り巻く経営環境は厳しい。1990年代後半以降，消費者のニーズは多様化，複雑化し，売れ筋商品はめまぐるしく変わった。多くの商品が新たに発売されては消えていく "超多産多死型" の商品開発が当たり前となった。

　しかし，いまだ多くの企業は大量生産によるコスト競争の意識から完全には抜け出せないでいる。流通の主導権は価格決定権を含め，メーカーから小売に移った。顧客は必要なものを必要なときに必要な量しか購入しない。これに対応するためには，市場優先型のものづくり，すなわち，リードタイムを短縮し，在庫を含むムダを徹底的に排除することで，変動する市場に迅速かつ柔軟に反応できる俊敏で筋肉質な仕組みを早期に確立しなくてはならない。

②　プル型生産

　従来の大量生産方式が，作ったモノを市場に押し込む「プッシュ型」の生産であるのに対して，トヨタ生産方式に代表される市場優先型のものづくりは「プル型」の生産方式と呼ばれる。最終工程が必要とする分のみを前工程に引き取りにいくという考え方で，作り過ぎの防止をその主たる目的とする。生産指示などの情報伝達の手段として「かんばん」を使用することで「かんばん方式」とも称される。

　かんばん方式には，生産量・品種の平準化が不可欠である。ただし，自動車メーカーは，同一車種をモデルチェンジまでの数年間作り続けること，販売会社での在庫がバッファーとなっていることなども，平準化生産を可能とする要因である。一方で，自動車以外の多くの製品は，多品種かつ小ロット化が進んでおり，その対応として「変種変量生産」が取り組まれている。

③　セル生産システム

　変種変量生産に対応した生産システムとして，2000年代以降脚光を浴びたのが，セル生産システムである。セル生産とは，従来のコンベア式の生産方式に変わって，U字型に作業台を配置するなどして，1人ないし数人で最初から最後まで組み立てる自己完結性の強い生産方式のことである。

　セル生産は，コンベアラインなどの大型設備を前提としていないため，ライン変更が容易で，セルごとに違う製品をつくるなど，多品種少量生産に柔軟に対応しやすい特徴をもつ。また，分業に比べて全体の作業が見えること，現場の小改善をすぐに反映させやすいことなどから，作業者のモチベーションの促進が期待できる。一方で，作業者個人の技量差が出やすいこと，多能工が前提のため教育・訓練に時間がかかること，などのデメリットがある。

　セル生産は登場から20年近くが経ち，さまざまな進化を遂げている。個人の技量差や，多能工の教育育成という課題に対して，ローランド・ディー・ジー（株）（静岡県浜松市）は，作業手順をデジタルマニュアル化するなどして，作業者の技能や注意力に依存せずに工程で高品質を作り込む方法を構築した。この「デジタル屋台」は，大幅な生産性の向上をもたらし，大きな注目を浴びた。

　セル生産の考え方の基本には，変化への柔軟な対応は機械よりも人間の方が向いているという考え方がある。一方で，人間の能力を超えた精密組立作業，調整，検査作業は機械に頼らなくてはならない。この点でセル生産は，そうした高額な機械をセル分用意しなくてはならず，コスト増につながる。また，人間が作業することが前提のため，省力化，省人化が進めにくいという点もある。ソニー（株）は早くからセル生産を導入してきたが，セルにおける精密デバイスの組立・調整工程に，人ではなく，小型のロボットを導入している。”ROBOKIDS” と呼ばれるロボットの特徴は，省スペースで安価なことに加え，ティーチングが簡単なうえ，高精度がでることである。最小投資による部分自動化を実現している。

④　極少量生産への対応

さらに多品種かつ小ロットの注文に対応しているのが，鍋屋バイテック（株）（岐阜県各務原市）である。同社の主力商品は鋳鉄製のVプーリと呼ばれる電導機器部品である。同社の生産システムのキャッチコピーは「寿司バーコンセプト」である。これは，「カウンターに腰掛けて好きなものを注文する寿司屋のように，注文を受けるつど（多頻度），さまざまな（他種），新鮮な（スピード）ネタの寿司を，1個2個（微量），その場で握って出す形態」を意味する。

同社は製品マスターデータ数が12〜13万種類，製品の出荷ロットが最小1個から最大でも500個と，極端な多品種少量生産となっている。同社は1個づくりが可能なコンパクトで，安くできる専用機を自社内で作成している。この自前設備は，価格が1/5〜1/8と安く，元をとるために設備稼働率を高める必要がない。段取りがゼロであればどんなモノでも1個から対応できる。

⑤　変種変量生産とは何か

現在，変種変量生産が注目を浴びているのはなぜか。従来型の大量生産の製品は，コスト競争から，人件費の安い新興国の海外工場へと移転してしまった。このため国内に残っている製品は，いずれもロットが小さく，品質要求レベルの高い難しい製品ばかりである。また，納期や数量も頻繁に変更されることから，工程の切り替えも頻繁で，生産効率は非常に悪い。しかし，そうした難しいものづくりを実現できるかどうかが，日本の製造業の生き残りのカギを握る。

変種変量生産を高桑（2001）は，「生産形態としては多品種少量生産であるが，短納期であり，受注後の納期・数量など注文内容の変更に対処しうる生産様式」と定義する。これまで生産量の大きい品目は，数量・納期の変動が少なく安定していると見られてきた。しかし，現在では，大口需要の品目でも頻繁な数量・納期の変更が発生している。変種変量生産は，単なる多品種少量生産の一形態ではなく，これまで一部にとどまっていた数量・納期の変更が，企業の製品の大半に広がった結果と言える。

第 7 章　中小企業の業務改革とものづくり革新　　*103*

(2)　生産改革の事例：タイルメーカー R 社

①　事例企業の概要

　以下で取り上げるのは，大量生産モデルが一般的であったタイル製造業における変種変量生産の取り組みである。

　タイル製造業は，大型設備による生産が前提の装置産業であり，大量生産によるコスト低減によってその市場を拡大してきた。しかし，バブル崩壊後の国内市場の縮小，中国産などの安価な海外製品の流入に対応するため，同社は「変種変量生産」による競争力強化に取り組んできた。

②　改善 1 ：金型交換時間の短縮

　最初の取り組みはプレス工程の金型交換時間短縮であった。金型交換と施釉機の色換えは個別あるいは同時に実施。金型交換が45分，施釉機の色換え時間は25分かかるため，同時に作業する場合金型交換がボトルネックとなっていた。これを施釉機の25分に近づけることが目標とされた（取り組んだ内容は前述7.1(4)の事例参照）。

③　改善 2 ：色換えの段取り改善

　図7.5は，施釉ラインの概略である。同社では施釉機が 6 機あり，最大 6 色までの多色掛けが可能であるが，大半の注文は 2 色掛けである。そこで通常は設備 1 および 2 号機のみ使用し 3 ～ 6 号機は使用しない。色換えのためには稼働を停止し，洗浄，準備，各種調整が必要で，その時間は最大で25分かかっていた。遊休設備である 3 号機および 4 号機を利用し，内段取りの外段取り化を行った。 1 ， 2 号機は洗浄のみですむようになり，色替え時間は10分以内に収まるようになった。改善(1)と改善(2)により，段取り時間が短縮されたことで，多品種変量生産の実現に大きく貢献することになった。

③　改善 3 ：焼成工程の混合生産

　トンネル窯は本来，同一製品の大量生産に適しており，それがタイルのコスト競争力の大きな部分を占めている。同社のトンネル窯の生産能力は同業他社

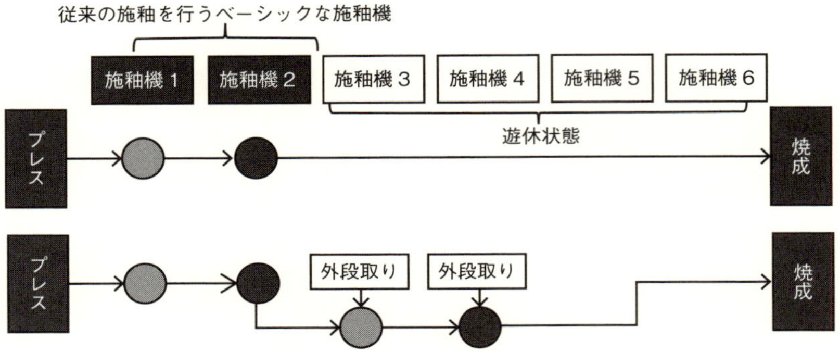

104　第Ⅰ部　中小企業論

従来の施釉を行うベーシックな施釉機

| 施釉機1 | 施釉機2 | 施釉機3 | 施釉機4 | 施釉機5 | 施釉機6 |

プレス　　　　　　　　　　　　　　遊休状態　　　　　　　　焼成

プレス　　　　　　　　外段取り　外段取り　　　　　　　焼成

図7.5　色換えの段取り改善

の数倍ある。安価なモザイクタイルだけでなく，少量だが付加価値の高い製品
についても，同じロットで焼成している。業界でも珍しいトンネル窯の混合生
産を実現している。

　変種変量生産が可能となったことで，下記のような経営上の大きな効果が生
まれた。①コスト競争力の向上，②製品開発力の向上，③営業力，受注力の向
上，④情報収集機能の向上である。さまざまなデザインの製品を他社が不可能
な少量でかつ低コストで受注できるようになったため，受注力が大幅に向上し
た。見本作成部門である製品開発部の強化を行った。こうした活動により市場
ニーズの情報収集力が格段に向上した。

(3)　中小企業のIoT
①　IoTが中小企業に与える影響

　IoT（Internet of Things）とは，あらゆるモノがネットワークを通じてつな
がる状態である。IoTによる第4次産業革命の時代には，生産工程もインター
ネットでつながり，工場同士をつなげる「スマート工場」が実現されようとし
ている。IoTというと，大企業に限定されたものと考える人もいるだろうが，
むしろ中小企業にとって，重要な技術となると言えよう。

　日経流通新聞2016年9月23日の記事によれば，中小企業がお互いの工場の稼

働の情報を共有し，共同受注につなげようという試みが紹介されている。神戸市長田区の工業団地では，大手企業の発注を受けて，航空部品の生産を行っている。従来は，発注企業が協力企業に個別に発注し，部品を送って加工済みの部品を受け取り，また次の工程を担当する企業に回す「のこぎり型発注」であった。この方法では，業務が煩雑化しリードタイムが長期化する。そこで，サプライチェーンを構成する町工場を，IoT によって1つの工場の生産ラインのようにつなぐ。加工済みの部品は発注企業に戻さずに，次工程である工場に送る。完成した製品は最終工程を担当する工場から発注企業に送る。工場間はセンサーやクラウドなどで設備の稼働や生産の進捗情報を共有する。これによって部品納期を2割短縮しようとしている。

こうしたスマート工場は，他の地域でも始まっており，企業の壁を越えて，町工場による共同受注の仕組みを構築しようとしている。個々の企業ではなく，中小企業が連携し，水平統合することで，市場の動きにリアルタイムに柔

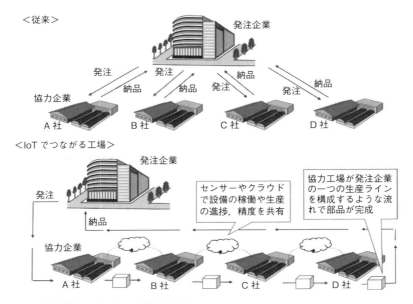

出所：日経流通新聞2016年9月23日を元に作成。

図7.6　IoT でつながる工場

軟に対応していこうとする。工場同士でフレキシブルにセルを組み替える「ダイナミックセル生産システム」などの試みも始まっている。

〔第7章参考文献〕

・川瀬武志（1995）『IE問題の解決』日刊工業新聞社

・佐藤雅英（2005）「変種変量生産がモノづくりにもたらしたもの」IEレビューVol.46, No 4,

・関伸一（2003）「デジタル屋台による1人1台生産」IEレビューVol.44, No4, pp.13-18

・高桑宗右ヱ門（2001）「多品種変量生産への計画と管理の対応—コンピュータの効果的な活用」，IEレビューVol.42, No.5, pp.6-11.

・福永孝之（2001）「需要対応型生産システムを実現する生産革新機器（ROBOKIDS）開発の取り組み」IEレビュー，Vol.42, No.5, pp.12-18. pp.15-21.

・中村善太郎（1992）『新改善技術 もの・こと分析』日本能率協会マネジメントセンター

・中村善太郎（2003）『もの・こと分析で成功するシンプルな仕事の構想法』日刊工業新聞社

・林立之（2009）「個別受注生産におけるコスト競争力の強化」中部大学経営情報学研究科修士論文

・「IoTでつながる工場」日経流通新聞2016年9月23日

中小企業と地域社会

8.1 地域社会への貢献と共存共栄

(1) 中小企業と地域社会
① 衰退する地方と中小企業

　日本では，三大都市圏への人口集中と地方の過疎化が並行して進んでいる。三大都市圏の人口が総人口に占める割合は一貫して増加傾向にあり，特に首都圏の割合が増えている。その一方，三大都市圏以外の地域では一貫して減少しており，2050年には32％にまで低下すると推定されている。地方から都市部への人口移動の原因の１つは，若年層の流出である。2000年以降は，それまで地方の雇用を支えた製造業，特に大手企業が拠点を海外に移転させ，工場を閉鎖させたことで，雇用の場が減ったことが大きい。若年層流出により地方は「人口再生産力」を喪失し，さらなる人口減少と高齢化を招いている。地方において，どのように雇用の場を創り出していくかが，今後の日本経済において重要な課題である。そのためには，地域に根ざした中小企業の役割が大変大きくなってきている。中小企業にとっても，地域社会は存立基盤であり，その安定・強化は，経営基盤の維持・強化のために大変重要である。中小企業が持続的な事業活動を行うためには，地域社会がかかえるさまざまな課題に積極的に対応していかなければならない。

⑵ 企業の社会的責任（CSR）

　企業と地域社会との関わりについて，まず企業の社会的責任（CSR）について見ていく。CSR（Corporate Social Responsibility）とは，「企業が社会の一員として社会的なルールを守り，できる範囲で社会に貢献する責任」であり，「CSRを実行して社会との良好な関係を保ちながら活動することが，企業自身の長期的な発展につながる」という考え方である（小野2004）。CSRの概念は米国に始まり，欧州，日本，そして世界各地へと普及した。米国では，1980年代に軍需企業の不祥事が社会問題化したことを受けて，各社が企業倫理綱領や内部監査システムを強化したことが始まりである。1997年にグローバル企業のナイキが非人道的労働慣行を放置しているというNGOの批判から，消費者のボイコット運動にされされたこともCSRに注目が集まるきっかけとなった。日本でも相次ぐ企業不祥事に対応する形で，経団連などが中心となって「企業行動憲章」をまとめている。

　CSRで配慮すべきとされる社会とは，具体的には「ステークホルダー」とされる。ステークホルダーとは，「企業活動によって直接的または間接的に影響を受ける利害関係者」のことで，通常，顧客や従業員，株主，地域社会などを指す。これに供給業者や流通業者などの取引先企業を含む場合もある。企業は顧客に役に立つ製品やサービスを提供することで得た利益を株主に還元するとともに，従業員に給与を支払うことで，従業員の生活基盤としても重要な役割を果たす。また，企業活動をするうえで，大気汚染や水質汚染，騒音などの公害を出さないなど，生態系の環境にも配慮する必要がある。

　こうしたステークホルダーに配慮した企業経営は，企業を不祥事の危険から遠ざけ，企業イメージの維持・向上につながると考えられる。CSRを実践することで顧客からの評価が向上し，企業ブランドの価値が上がる。また，投資家からの高い評価を受けることで他社よりも有利な条件で資金調達が可能となる（SRI：社会的責任投資）などの効果にもつながる。そうした効果によって企業の長期的発展へとつながっていく。ジョンソン・エンド・ジョンソンは自社の経営の考え方を示したOur Credo（我が信条）において，4つの責任として①顧客への責任，②社員への責任，③地域社会への責任，④株主への責

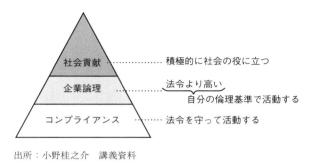

出所：小野桂之介　講義資料
図8.1　企業の社会的貢献のピラミッド

任，をうたっている。同社は頭痛薬に毒物を混入されたタイレノール事件の際に，Our Credo に従った迅速な措置をとったことで，消費者の信頼を回復し，短期間で業績を元に戻している。

　企業の社会的責任は，3つのピラミッドから構成される。もっとも基礎となるのは「コンプライアンス」であり，法令を守って活動することである。それができている前提で，その上の「企業倫理」，すなわち法令より高い自社の倫理基準で活動することが求められる。最も上位にあるのが積極的に社会の役に立つ「社会貢献」である。基本となる法令を守れない企業が社会貢献を語る資格はないのである。例として，三菱自動車は，消費者からのクレームで車両の欠陥を認識していながら国道交通省に報告せず，リコールを行わなかった。これは，道路運送車両法という法律に違反していた。内部告発から事件が発覚し，同社は社会的に大きな批判を受け，自動車の販売台数を大幅に減らして深刻な経営危機に陥った。同社には以前より企業倫理規定があったが形骸化しており，不祥事を防ぐことができなかった。

(3)　CSR から CSV へ

　中小企業が持続的な事業活動を行うためには，企業活動を通じて一定の収益を確保していくとともに，顧客や従業員，株主，地域社会が求めるさまざまな社会的な課題にも対応していかなければならない。近年，そのような社会的な

110　第Ⅰ部　中小企業論

課題に対して，企業が事業を通じて積極的に解決していこうとする新しい考え方が，Potter（2011）が提唱する「CSV（Creating Shared Value：共通価値の創造）」である。CSVは，企業の事業を通じて社会的な課題を解決することから生まれる「社会価値」と「企業価値」を同時に追求して実現させようとする考え方である。企業が事業を営む地域社会や経済環境を改善しながら，自らの競争力を高める。

　CSVのカギは「スケーラビリティ（Scalability：空間的広がり）」と「サステナビリティ（Sustainability：時間的持続可能性）」の２つのSである。企業が事業活動を通じて利益を生み，それを再投資することでさらに価値を増やし，より多くの人に便益を提供し，社会に貢献する。こうしたことは企業ではないNPOやNGOにはできないことである，とする。

　経営資源に乏しい中小企業が，大企業と同様に社会価値と企業価値の両立を図ることが可能なのかという懸念もあるだろう。しかしながら，むしろ中小企業は，古くから地域に根ざして事業を行ってきた存在であり，地域が抱える課題の解決がビジネスに直結することが多いと考えられる。

(4)　本業を通じた社会貢献

　CSVに似た概念として，「ミッション経営」という考え方がある（小野1997, 2000）。ミッションとは社会的使命を意味する。経営者は「企業が社会に果たすべき使命」と「自社と従業員に果たすべき使命」の両方を考えなくてはならない。社会貢献には２つの側面がある。１つはフィランソロピーやメセナと呼ばれる活動であり，企業活動を通じて得た利益を寄付や慈善活動，あるいは文化芸術活動に使うことである。もう１つのアプローチは，「自社が行う仕事そのものを通じて社会をよくしていこうとする努力」である。医薬品メーカーが薬の開発を通じて人々を病から解放することで，本業を通じて社会に貢献するという考え方である。こうしたアプローチは，企業でなく本業をもたないNPOやNGOにはできないことである。２節では，高い使命感，倫理観をもって，本業を通じた社会貢献を行っている企業を紹介していく。

8.2 地域社会に貢献する中小企業の事例

　以下では，高い使命感をもって，本業を通じた社会貢献をしている中堅・中小企業として，サラダコスモ，中村ブレイス，東海メディカルプロダクツの3社を取り上げる。

(1)　株式会社　サラダコスモ

　　　本社：岐阜県中津川市
　　　設立：1945年
　　　売上高：74億円（20165月期）
　　　主な事業：野菜づくり農業，ちこり焼酎製造・販売，「ちこり村」運営
　　　社員数：680名（正社員185，パート・アルバイト495）
　　　代表取締役　中田　智洋

①　危機への対応と経営理念

　岐阜県中津川市に本社を置く（株）サラダコスモは，食の安全・安心を目指して，無漂白，無添加のモヤシやスプラウトなどを生産している会社である。従来，モヤシは漂白剤などをたっぷり使った「添加物の漬物」とさえ言われたが，中田社長は，徹底した安全性の追求から添加物を使わないモヤシを開発した。当初，無添加もやしは傷みやすいことから，青果問屋の取引停止や同業者からの反発など，さまざまな困難があった。そこで，地元スーパーを直接訪問し，地道に販路を開拓するなどした。その後は，消費者の支持もあって順調に売上を拡大した。

　同社が最大の危機を迎えたのは，1996年の「O-157騒動」だった。原因がカイワレダイコンだとする虚偽の報道による風評被害で，売上高の4分の1を失った。従業員は仕事がなく，掃除や草むしりをしていたが，1月経過した後も状況は改善しなかった。そのときの中田社長の決断は，「資金が尽きるまで，1人の解雇者も出さない」というものだった。これに発憤した従業員は，

新商品の開発に取り組むとともに，カイワレダイコンの安全性のPRのために
スーパーでの試食販売に出向いた。困難はあったものの，ブロッコリースプラ
ウトのヒットを皮切りに新商品が次々と立ち上がり，2002年には新工場を建て
るまでに業績が回復した。新商品は価格競争の激しいモヤシに代わって，稼ぎ
頭となった。このときの決断について中田社長は，「覚悟をもって決断するに
は，"損得"の前に"善悪"で考えることです。商売の世界ではもちろん損得で
ものを考えることが大切です。しかし，覚悟を決める局面では，人としてどう
生きるかという大きなスケールで捉え，善悪で判断しなければ，結局は失敗し
ます。」と語っている（日経トップリーダー 2003年1月27日）。

　現在，同社では，「母親が子を思う気持ち」を第一に考えた生産を理念と
し，無添加・無農薬，化学肥料も使わない生産を実現している。低温輸送・保
管システムの整備に加え，生産施設の衛生管理も強化し，クリーンルーム並み
の設備を備えている。化学肥料の代わりに，天然ミネラル分を多く含む天日塩
や温泉水を使用している。

② 地域社会への貢献

　今日，日本の農業を取り巻く環境は大変厳しい。高齢化による農家の後継者
不足，休耕地の増加が進む一方，食糧自給率は先進国最低の40％を切る水準で
ある。こうした視点から同社は，地域への貢献として西洋の高級野菜である
「ちこり」を地元の休耕地で栽培し，それを元にした焼酎やお茶，加工食品を
開発している。また，それを販売する商業施設として「ちこり村」を運営し，
60歳以上の高齢者を優先的に雇用している。ちこり村では地元の農産物を販売
するほか，地元食材を使用したレストランの開設している。また，教育型観光
生産施設という位置づけから，食に関する講座の開催なども行っている。

③ ギアリンクスによる社会貢献

　中田社長の社会貢献の思いは，ギアリンクスという新会社の設立へとつな
がっていく。アルゼンチンに取得した1,300ヘクタールの農場で，無農薬の穀
物栽培に乗り出した。当時の岐阜県知事梶原拓氏が県民および国民の緊急時の

食料確保を目的として作った「県民食料確保計画」に賛同したものだった。1998年から活動を開始し，2000年に株式会社を設立した。緊急時に備えた大豆の海外備蓄を行い，平常時には安全なオーガニックの作物を日本に輸入する。緊急時には農薬，遺伝子組み換え，化学肥料も使って食糧を確保する。株式会社で独立採算の形態をとるが，非常に社会貢献度の高い会社である。

　資本金は1億円以下に押さえ，1口10万円で約500人の株主がいる。出資者は賛同者＝サポーターという位置づけであり，配当はなく，株価の値上がりは当てにしていない。年に回数，活動状況を出資者に情報提供している。仕事のボランティアに株主が参加するほか，ギフト商品の購入も株主である。アルゼンチンの農場見学にも株主は参加している。

　また，パラグアイ・イグアス日本人移民農家と食料供給協定を結び，そこで作っている非遺伝子組換え大豆を購入している。中田社長は，企業経営の本業を通じて，どれだけ社会に貢献できるかということを意識した経営をしている。営利を目的とせず，社会性の大変強い点で非常にNPOと共通する部分は多いが，食品メーカーとしてのノウハウや調達ルートが生かせる点で，株式会社であることの意義は大きい。「会社が株主のもの」という発想から離れ，出資者を賛同者＝サポーターとして捉える点は，今後の会社のあり方に一石を投じているといえよう。

(2)　中村ブレイス　株式会社

　　　　本社：島根県大田市
　　　　設立：1974年
　　　　売上高：約10億円（2012年9月期）
　　　　主な事業：義肢装具・医療器具の製造・販売
　　　　社員数：65人
　　　　代表取締役　中村俊郎

①　事業内容と経営理念

　中村ブレイスは，1974年に中村俊郎社長が創業した義肢装具の開発製造の会

114　第Ⅰ部　中小企業論

社で，島根県大田市大森町に本社を置く。同社の創業当時の理念は，「いつか世界の人に喜ばれる会社にしたい」というもので，「ビジネスと社会貢献の両立」を目指している。同社は2010年には第7回企業フィランソロピー大賞を受賞した。受賞理由は「単に失った身体機能を補うだけでなく，使用者の自己尊厳を回復させる製品を世に送り出している義肢装具メーカー」というものだった。

　独自の販売網はもたず，全国の医療機関に納品する同業者と代理店契約を結び，販売を委託している。営業社員を抱えず，あくまで開発と製造に特化している。同社は，多数の義肢装具士を擁し，臨床の最前線で医療スタッフの一員として義肢装具の製造・適合業務を行っている。オリジナルな義肢装具の開発を行い，各地の義肢装具製作所を通し，同社の製品は日本国内だけでなく世界約30カ国で使用されている。1991年には，メディカルアート研究所を設立し，乳癌術後用人工乳房「ビビファイ」や，身体のあらゆる部分の欠損や損傷を補正する「スキルナー」の研究・開発を行っている。しわや指紋，静脈など細部まで再現する技術力で生み出した人工の指や乳房などは，年間に400〜500人から注文がくる。

　こうした精巧な義肢装具は，顧客のクオリティ・オブ・ライフ（quality of life, QOL）につながる。QOLとは，1人ひとりの社会的にみた生活の質のことを指し，どれだけ人間らしい生活や自分らしい生活を送り，人生に幸福を見出しているか，ということを尺度として捉える概念である。事故や病気で体の一部を失い，苦しんでいる人のQOLの向上に役立つ事業である。

②　利益と社会貢献の両立

　同社は，利益確保の部門と，社会貢献の部門の両方をもっている。利益確保の部門は，靴の中敷きや補強器具などを扱う義肢装具部門で，量産可能な製品が中村ブレイスの収益を支えている。特に，シリコンを使った靴の中敷きは，世界各国で特許を取得済みで，同社の稼ぎ頭となっている。また高齢化にともない，最近売れ行きを伸ばしているのが，骨粗鬆症のお年寄りの転倒による骨折防止の「ジュエット装具」で，量産品のうえ，製造方法を特許で固めてい

て，利益率は高い。

　一方，社会貢献の部門であるメディカルアートの事業は赤字が続いている。
「ビビファイ」の場合，顧客1人ひとりに対して型を取り，本人の肌の色に合
わせて手作業で着色していくため，製作期間は1つにつき1カ月以上必要とな
る。それでいて価格は1つ10～20万円で，業界屈指の低価格である。中村社長
はこの部門を「健全な赤字部門」「必要な汗」と言う。高い技術力と顧客満足
度を売り物にし，同社のブランド力を高めている。この両部門が会社全体の事
業を回し，社会貢献とビジネスを両立させている。

③　人材育成

　同社は生産性の向上のため，人材育成にも力を入れている。義肢装具部門で
は，1人の社員が営業から製造まですべてをこなす。病院に出張し，患者の要
望を直接聞きながらその場で型取りをし，医師から指示を受ける。それを本社
に持ち帰り，製品を作り，納品する。医師や患者との円滑なコミュニケーショ
ンが重要となる。有望な就職先が少ない島根県においては，島根にいながら世
界に貢献できる会社である同社は，優秀な人材も集めやすい。また，同社は長
期的視点で人材育成をしており，給与は入社から一定の時期まで同期入社組の
差がつかない仕組みになっているため，離職率も極めて低い。

　さらに同社は，最先端の高価なシリコン製の装具ではなく，所得水準が低い
発展途上国でも購入できるよう，素材に竹を使った「竹義足」を開発した。通
常の義足の価格が20～30万円するのに対して，竹の義足の製作費は500円ほど
ですむため，安く販売することが可能である。こうした途上国向けのビジネス
をBOP（Base of the Economic Pyramid）ビジネスと言い，持続可能性のある新
しいビジネスモデルである。また，これまで日本企業が取り組んできた「多機
能・高価格」から脱却し，「単機能・低価格」路線へ転換する試みでもある。
（日経トップリーダー2010年4月号）

(3)　株式会社　東海メディカルプロダクツ
　　　本社：愛知県春日井市田楽町

116　第Ⅰ部　中小企業論

設立：1981年10月

売上高：40億1000万円（2017年 9 月期）

主な事業：医療機器の開発，製造，販売

社員数：200人

社長：筒井　康弘

①　経営理念・方針

　東海メディカルプロダクツは，愛知県春日井市に本社を置く医療機器メーカーである。研究開発型企業で，同社の主力商品は医療用カテーテルである。設立以来の理念は「一人でも多くの生命を救いたい」というもので，患者の視点に立ち，医療現場の声を開発に反映させてきた。同社の企業理念（品質方針）は次のようなものである。

【存在意義】（社会において果たすべき使命）：患者に出来るだけ負担の少ない医療 　　　　　　機器の開発を通して患者の QOL 向上に貢献する 【経営姿勢】（経営を行う上で重んじる事）：品質，信頼性を最優先させる（サービ 　　　　　　ス第一・利益第二，安全第一・効率第二） 【行動規範】（経営者・従業員の行動指針・心得）：我々は常に変化に挑戦しつづけ 　　　　　　る，我々は常に高い倫理観を持って行動する

出所：東海メディカルプロダクツ・ホームページ。

②　IABP バルーンカテーテルの開発

　同社が，日本で初めて開発したのが IABP バルーンカテーテルである。心筋梗塞や狭心症などの患者の心臓の動きをサポートすることができるのが IABP（大動脈内バルーンポンピング）用のカテーテルである。心臓付近の大動脈内でバルーンを拡張・収縮させて，心筋梗塞で弱った心臓のポンプ機能を一時的に補助する。心臓の動脈に挿入するカテーテルは，万一，事故が生じると生死に関わる可能性があるため，特に高い信頼性が求められる。

　創業当時の1980年頃，日本には，心臓の動脈に挿入する IABP バルーンカ

テーテルはなく，米国製などの輸入品だった。それらは大柄な欧米人用に設計されているため，小柄な日本人患者には適合せず事故が起こる危険性があった。そこで同社が開発したのが，日本人向けのバルーンカテーテルである。血管の長さや太さは身長と相関関係があると考え，その統計を元に日本人向けにＳ，Ｍ，Ｌサイズのカテーテルを開発した。子供用も含め，さまざまな大きさのカテーテルを準備し，どんな血管にも対応できるようにした。

　同社の前社長筒井宣政氏がIABPバルーンカテーテルの開発に邁進するきっかけは，次女佳美さんの先天性心臓疾患だった。手術をしても成功率はわずか１％。医師から，９歳のときには手術は不可能との最終宣告を受けた。手術のために用意してきたお金を医療研究機関に寄付することも考えたが，主治医から人工心臓の研究を勧められたことをきっかけに同社を立ち上げた。医療に関する知識がないまま一から勉強を始め，人工心臓は動物実験するところまでこぎつけた。しかし，人工心臓の開発には1,000億円近い巨額の資金が必要であり断念した。その後，その研究成果を生かして開発したのがIABPバルーンカテーテルだった。商品は完成したものの，佳美さんの心臓疾患は先天性のもので，このカテーテルでは救うことができず，佳美さんは23歳の若さで亡くなった。「娘のために」という一心で研究に取り組んだ筒井社長だが，佳美さんの死後は「より多くの人の命を救いたい」と気持ちを切り替えて，さらに研究に邁進し，救った命は，2017年９月終了時点で，国内８万7,000人，海外３万7,000人の合計12万4,000人に上る。今では，冠動脈治療に使用されるPTCAバルーンカテーテル，透析治療に使用されるPTAバルーンカテーテル，肝臓治療に使用されるマイクロカテーテル，脳血管治療・大動脈治療に使用されるオクリュージョンバルーンカテーテルなど，全身領域へと広がっている。

　筒井宣政氏は新聞のインタビューに答えて，日本は使命感を重視し，利益は最後だが，欧米や中国は利益第一だとして，「日本には良い製品を作るDNAがあります。安全な医療機器・カテーテルの開発の思いは娘のためから患者さんのために変わり，私どもは１人でも多くの生命を救いたいという理念を決して忘れずに，さらに技術に磨きをかけていきたいと思います。」と語っている（日刊経済新聞2017年２月６日）。

118　第Ⅰ部　中小企業論

〔第 8 章参考文献〕

・小野桂之介（2004）『CSR 入門（やさしいシリーズ）』日本規格協会

・小野桂之介「社会の中の企業経営」講義資料

・食品新聞 2006.7.28ギアリンクス 社長 中田 智洋「社会貢献そのものが事業目的緊
　急時アルゼンチンから大豆を確保」

・日刊経済新聞「先端医療機器の開発に挑戦しつづける～日本三大疾病に挑む～」

・日経トップリーダー 2015年02月号「社長の決断「損得」の前に「善悪」で考える」

・日経トップリーダー 2010年 4 月号「中村ブレイス　ビジネスと社会貢献を両立可
　能とする製販体制」

・東海メディカルプロダクツ・ホームページ：http://www.tokaimedpro.co.jp/

・サラダコスモ・ホームページ：http://www.saladcosmo.co.jp/

第Ⅱ部

事 業 創 造 論

第 9 章　中小企業における事業創造

第10章　ベンチャー企業における事業の成熟度ごとの戦略

第11章　成長のためのリソース要件

第12章　事業創造立ち上げに対する各種支援

第13章　起業・第二創業に成功した中小企業

第14章　企業の成長とビジネスプラン

第15章　中小企業のライフサイクル

中小企業における事業創造

9.1 事業創造の意義

　近年のグローバル競争下における企業活動は，厳しいメガコンペティションを余儀なくされ，インターネットの発達も相まって，世界中で新たなビジネスが創出されている。さらに，英国の EU 離脱，米国やヨーロッパ諸国における保護主義の台頭等，世界的な政治・経済・社会環境が激変する中で，将来にわたって継続的に企業価値を向上させていくためには，中小企業においても新たな事業分野の開拓が求められている。

(1) 社会環境の変化
　ICT の急激な進歩は，ユビキタス社会の到来を実現した。安価で利便性の高いコミュニケーションインフラの実現により，世界のビジネス環境は大きく変化している。例えば，民泊やライドシェア，GPS や AI を活用した車の自動運転，さらには仮想通貨やデジタル通貨による決済システム等，インターネットを活用したグローバルなビジネス環境の変化が進展している。

(2) 消費者の価値観の変化
　新技術の誕生やソーシャルメディアの進展により，消費者や企業は従来多くの情報を得ていたマスメディアからの画一的な情報だけでなく，身近で先入観のない，多様な情報を得ることが可能になってきた。この結果，従来気づかな

かった潜在的な欲求に気づき始め，新たなビジネスに共感を示し，便利に活用するようになってきた。「シェアリングエコノミー」といわれるビジネス分野もその1つである。ネット技術の進展とスマートフォンの普及にともない，貸し手と借り手をインターネット上でマッチングし，空きスペースや空き時間といったモノやサービスを貸し借りする新たなビジネスモデルである。

今後は，個人だけでなく，法人のもつさまざまな課題解決を支援する新規ビジネスも増加してくる。すでに，オフィスや工場・倉庫といった事業用資産を必要に応じて法人に賃貸するサービスも開始されており，企業の資産流動化の動きの中で，シェアサービスがビジネス用途にも拡大してきた。さらに，技術革新によりIoTやAIなどを活用するインダストリー4.0等による新たな産業構造の変化が進み，オープンイノベーションの流れはますます進展していくものと考えられる。このようなグローバルな社会環境の変化を，体系的にまとめると次の**表9.1**のように捉えることができる。

(3) 事業競争力強化と新たな収益源の確保

2017年版中小企業白書によると，中小企業が新事業展開を検討する背景は，**図9.1**に示すように，事業の成否の結果にかかわらず「柱となる事業の創出」，「顧客・取引先の要請やニーズへの対応」，「他社との競争激化」，「既存市場の縮小・既存事業の業績不振」が上位を占めており，企業は顧客ニーズに応えることのできる新たな収益源を求めて，新事業展開を行っていることがわかる

ここで，注目すべき点は，「柱となる事業の創出」，「顧客・取引先の要請やニーズへの対応」といった上位2つの自発的な成長要因では，成功企業が多い。一方，「他社との競争激化」「既存市場の縮小・既存事業の業績不振」といった外的要因による新事業展開は，不成功の企業が多い。このことは，新規事業開発に成功するためには，自ら新しい事業の柱を主体的に構築しようという意志と，外部の市場のニーズや要請に積極的に応えていこうという自発的な要因により新事業展開を検討する必要があることを示しているといえる。

122　第Ⅱ部　事業創造論

表9.1　グローバルな環境変化の概要

項目	傾向	事例
政治環境	保護主義の台頭	・英国の EU 離脱, ・欧米諸国のナショナリズム政党の躍進
	不確実性の増大	・急激な政治体制の変化 ・分離独立運動の進展
	リスクの増大	・世界に広がるハッキング, 情報漏えいの脅威 ・宗教, イデオロギー等によるテロの拡大
経済環境	地球温暖化問題・環境問題の拡大	・自然災害の拡大 ・化石燃料に依存しない自然エネルギー・省エネ技術拡大
	商品物流のボーダレス化	・製品やサービスの急激な拡散
	モノのサービス化,	・モノやサービスの急速な拡大と流動化
	経営課題の複雑化	・モノ, 知識, 技術, スキル等が差別化の源泉にならなくなり直ぐに模倣され競争力低下
社会環境	人口構造の変化	・先進国における高齢化社会の到来 ・発展途上国における人口の急増とそれに伴う貧困問題, 食料問題
	グローバル化の進展	・新興国の台頭, インターネットによる情報の拡散 ・ダイバーシティーの拡大
	価値観の変化（コト作り（経済価値））	・時間・場所のボーダレス化
	所有から利用への価値観の変化	・シェアリングエコノミーの進展
技術・産業構造	オープンイノベーション（擦り合わせ技術から組み合わせ技術へ）への転換	・イノベーション源泉の変化 ・コモディティ化（モジュール化, 中間財の市場化, 顧客価値の頭打ち）の進展
	ICT の進展によるユビキタス社会へ（CGM の拡大）	・クラウドコンピューティングの進展 ・SNS 等のメディア環境の変化 ・コミュニケーションコストの低下
	インターネットとセンサー技術の融合による産業構造の変革	・AI, IoT, ビッグデータ活用等新技術進展 ・RPA(Robotic Process Automation) を活用したインダストリー 4.0時代の到来
	決済手段の多様化, キャッシュレス化	・仮想通貨・デジタル通貨, 新認証技術等による利便性の高い決済手段の多様化 ・フィンテックによる IT と金融の融合

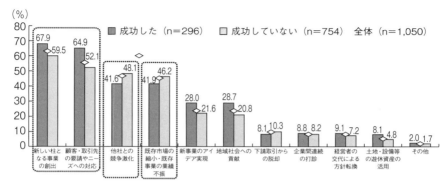

出所：中小企業庁委託「中小企業の成長に向けた事業戦略に関する調査」(2016年11月, ㈱野村総合研究所)

図9.1 新事業展開を検討する背景

9.2 事業創造とは

(1) 起業

起業に関しては，種々の定義が行われている。例えば，大辞林第3版では「起業とは新しく事業を始めること」と定義されている。しかし，新しい事業を起こすだけでは十分とは言えない。社会で求められるニーズや課題解決の方策を実現するものであり，引き続き継続的に事業を続け，利用者に有用な商品やサービスを供給していくことが不可欠となる。

したがって，ここでは「起業とは，社会のニーズや潜在的な要望，並びに課題解決に役立つモノやサービスを創出し，持続的にその仕組みを維持・改善・拡大していくことである。」と定義する。

(2) 第二創業

第二創業に関しても，種々の定義がなされている。例えば，実用日本語表現辞典では「既に何らかの事業を行っている事業者がその業態の変更をしたり，新たに別の事業に進出したりすることなどを意味する表現」と定義されてい

124　第Ⅱ部　事業創造論

る。すなわち，「政治・経済・社会環境の変化に合わせて，従来行ってきた事業形態を変更したり，新たな事業領域に進出していくことである」と言える。

第二創業は，従来行ってきた事業に対する信用力，顧客，取引先や既存事業の収益等の既存の経営資源が活用できるため，新規創業に比較して，成功の確率が高いと言われている。また，時間的な余裕をもって新規事業に参入できるメリットもある。当然，既存事業の収益力が低下している状況のため，できるだけ早期に第二創業に着手することが重要である。

第二創業の成功のポイントは，既存事業の経営資源を最大限に活用することである。そのためには自社の事業における強みと，弱みを客観的に分析し，外部環境の変化の中で，今後伸びる分野の機会を捉え，競合他社等の脅威を3C分析やSWOT分析等で詳細に検討したうえで，新事業の事業計画を策定し，速やかに推進していく必要がある。

9.3　事業創業の必要性

中小企業が事業を継続的に発展させ，企業価値を高めていくためには，単なる事業承継だけでなく，外部環境変化や新たな技術革新等を捉え，時代の要請に合わせて事業のポートフォリオの適正化を図り，新たな事業分野への進出は不可欠なものと考えられる。

ここで，創業割合の国際的な比較を行うため，2001年から2015年までの企業の開廃業率の国際比較を示すと，**図9.2**のようになる。近年のわが国の開業率は5％前後，廃業率は4％前後となっており，英国やフランスの開業率に比較して極めて低いことがわかる。

また近年，**図9.3**に示すような中小企業経営者の高齢化にともなう事業承継の困難性が指摘されている。このため，今後は世代交代とともに，第二創業も含め，新たな事業領域への転換が中小企業にとって重要な課題となってくる。

近年の低成長下における成熟社会の到来，グローバル競争の厳しい市場環境下において，収益力向上を図るためには，イノベーションの推進が必要となる。OECDが公表している「オスロ・マニュアル」では，イノベーションを

第9章　中小企業における事業創造　*125*

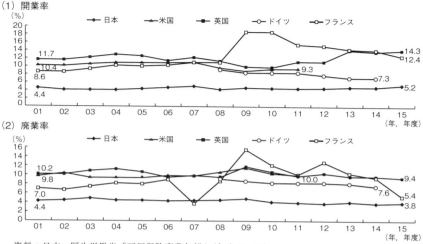

資料：日本：厚生労働省「雇用保険事業年報」（年度ベース）
　　　米国：U.S. Small Business Administration「The Small Business Economy」
　　　英国：Office for National Statistics「Business Demography」
　　　ドイツ：Statistisches Bundesamt「Unternehmensgründungen,-schließungen:
　　　　　　　Deutschland, Jahre,Rechtsform,Wirtschaftszweige」
　　　フランス：INSEE「Taux de création d`entreprises」

出所：厚生労働省「雇用保険事業年報」2016年等より。

図9.2 開廃業率の推移の国際比較

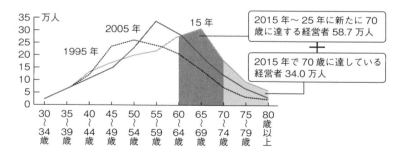

出所：帝国データバンクのデータを基に中小企業庁作成，日経新聞2017年10月6日朝刊。

図9.3 中小企業の経営者年齢の分布（法人）

126 第Ⅱ部 事業創造論

表9.2 OECD オスロ・マニュアル（第3版）によるイノベーションの4類型

分類	定義
プロダクト・イノベーション	新しい製品・サービスの市場導入，大幅に改善したもの，新しく組み合わせたもの，新用途へ転用したものの導入
プロセス・イノベーション	新しい生産工程・配送方式・支援活動において，新しいものあるいは既存のものを大幅に改善したものの導入
マーケティング・イノベーション	新しいマーケティング・コンセプトやマーケティング戦略の導入，商品・サービスのデザイン，販売促進方法，販売経路，価格設定方法に関する大幅な変更
組織・イノベーション	業務慣行，職場の組織編制，他社や他の機関等社外との新しい組織管理方法の導入（戦略的意思決定に基づくもの）

出所：OECD（2005）Oslo Manual（3rd Edition），OECD Publishing，OECD（2009）Innovation in Firms, OECD Publishing を基に作成。

表9.2のように分類している。オスロ・マニュアル（第3版）では，イノベーションを「新しい（または重大な改良が加えられた）製品・サービスまたはその生産・配送プロセス，新たなマーケティング手法，組織における新たな業務方法や職場内外での関係などの追及と実践」と広義に定義されている。オスロ・マニュアルに基づく企業の収益力向上に関するイノベーションの作用は，**図9.4**のように対応づけることができる。**図9.4**に示すように，生産性，価格決定力を向上し，収益力をアップするためには，4つのイノベーションを組み合わせて着実に推進していくことが必要となる。特に，近年の急激でグローバルな競争に打ち勝つためには，さらなるイノベーションの加速化が求められており，社外のビジネスパートナーとの連携によるオープンンイノベーションの推進も重要となる。そして，従来型のプロダクトアウトからマーケットインへの発想の転換が不可欠となる。日本の中小企業は，世界的に高い技術力を有する会社が少なくない。このため，オープンイノベーションの発想やマーケットインの徹底等，発想を大胆に転換するとともに，外部の技術や発想を柔軟に取り込み，自社の成長につなげていく必要がある。

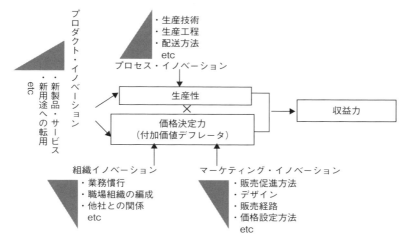

出所:経済産業省「2017年度通商白書」p.228より。

図9.4 収益力向上に関する各種イノベーションの対応

9.4　経営者の環境認識と意思決定

(1)　経営者の環境認識

　ベンチャービジネスを創出する企業経営者は，起業家精神をもつ必要がある。常に自らのビジネスに満足せず，社会の新たなニーズや潜在的な欲求にアンテナをめぐらせ，リスクに挑戦しながら既存の社会の仕組みや自社の仕事のやり方等に対し，創造的破壊をともなう経営革新を推進していく必要がある。社会環境の変化の中で，新たに出てくる市場のニーズやウォンツに迅速かつ合理的に応える方法について，自ら志向するビジネスモデルを探求していかなければならない。大企業と比較して経営資源の乏しい中小企業においては，社会の求める新たな市場やニーズの速やかな把握と，そこで提供すべき独創的な製品やサービスに関する迅速なビジネスモデルの構築が必要となる。自社単独で実現できない場合には，外部の企業や大学そして行政等適切なパートナーと速やかに連携し，事業を創出していかなければならない。そのため，普段から社

128 第Ⅱ部 事業創造論

外のビジネスパートナーとの有効なネットワークを構築していく必要がある。社外のパートナーとのコミュニケーションの中から新たな事業のアイデアや課題解決策のヒントを得ることもあるからである。

(2) 経営者の意思決定

経営者は，市場ニーズの把握と将来予測に基づく新たなビジネス創造のため，迅速かつ合理的な事業意思決定を行う必要がある。そのためには，社会環境の変化の中で，今後成長する市場を見極める眼力が求められる。さらに，標的市場の中で提供する製品やサービスに関する独創的なアイデアを生み出す創造力が必要となる。次に，挑戦するビジネスに関するリスクを客観的に予測したうえで，高い目標を設定しなければならない。経営者には，この高い目標に向かって持続的に挑戦意欲をもって関係者を引っ張っていくリーダーシップが求められる。

このように，経営者は，それぞれの段階ごとの適切な意思決定に関して，そのタイミング，目標の大きさ，リスクに対する対策を常に考え，持続的に対処していく必要がある。

9.5 競争戦略とビジネスモデルの構築

(1) 競争戦略とイノベーション

競争戦略とは，推進しようとする経済活動に関して，戦うべき事業領域や内容等を決定し，果敢に実行していくことである。経営学者のM.E.ポーターは，競争戦略の基本を「コストリーダーシップ戦略」，「差別化戦略」そして「集中戦略」という3つの観点から定義している。1つ目は，競合相手よりもいかに安価に製品やサービスといった価値を提供するのかというコスト優位性の戦略，2つ目は，製品やサービス内容等において他社がまねのできない独創的なものを創出するという独自戦略，そして3つ目は，特定の限定された製品やサービスカテゴリーあるいは提供地域や方法等を見出し，経営資源を集中投下し，そこで競争優位を構築していく戦略である。

第9章　中小企業における事業創造　*129*

　これらの戦略を実行していくためには，保有する経営資源の乏しい中小企業においては，「差別化戦略」か「集中戦略」が中心となる。差別化戦略の採用で，業界において独創的な商品，オンリーワンの商品作りが求められる。わが国の中小メーカーでは，特にデバイスメーカーとして，ものづくりにおいて独自技術を有する企業が多く存在する。これらの企業は，自社の独創的な技術にさらに磨きをかけ，大手企業の下請けから脱し，価格競争に陥ることなく付加価値を高め，自らの意思でグローバルに市場拡大を図っていく必要がある。

　一方，集中戦略としては，自社の得意とする特定の市場において経営資源を集中的に投入し，新たな付加価値を生み出す独自商品を開発し，速やかに提供していくことが求められる。

　いずれの方法に関しても，厳しいグローバル競争に打ち勝つためには，イノベーションが不可欠となる。イノベーションの語源は，ラテン語の「innovare」で，その意味は「to make something new」，すなわち「何か新しいものを創り出すこと」である。もちろん，新しいだけで社会に広く受け入れられなければ，社会構造の変革にはつながらない。社会のニーズや課題解決につながり，社会に対してそれまでにない利便性・安全性や低コストといった有用な価値（経済効果）を提供しなければ，イノベーションとは呼ばれない。

　イノベーションの定義に関しては，さまざまな識者が種々に定義し，その必要性や重要性に関して言及している。例えば，経済学者のシュンペーターは，『資本主義・社会主義・民主主義』の中で，資本主義の本質を「不断に古きものを破壊し，新しきものを創造して経済構造を変革する産業上の突然変異の過程である」と述べている。シュンペーターは，この資本主義の本質的過程を「創造的破壊」と名づけた。イノベーションという言葉は使っていないが，資本主義の本質である「創造的破壊」こそが「新商品」，「新技術」，「新供給源泉」，「新組織型」によってもたらされると述べている。一方，ドラッカーは，『イノベーションと企業家精神』において，「イノベーションとは，意識的かつ組織的に変化を探すことである。イノベーションの体系とは，変化に関わる方法論，企業家的な機会を提供してくれる典型的な変化を体系的に調べるための方法論である」と述べている。また，ジョー・ティッド／ジョン・ペザント／

130　第Ⅱ部　事業創造論

キース・パビットの共著である『イノベーションの経営学』では「イノベーションとは，機会を新しいアイデアへと転換し，さらにそれらが広く実用に供せられるように育てていく過程である」と定義されている。すなわち，イノベーションとは「アイデアが新しいだけでなく，それが広く社会に受け入れられる」という2つの要件が必要となる。

(2)　ビジネスモデル

すでに述べたビジネスモデルとは，アスキーデジタル用語辞典によると「事業で収益を上げるための仕組み。事業として何を行い，ターゲットは誰で，どのようにして利益を上げるのか，という『儲け』を生み出すための具体的なシステムのこと」と定義されている。

近年シリコンバレーでは，「リーン・スタートアップ」といわれるビジネスモデルの設計手法が採用されている。スタンフォード大学のスティーブ・ブランクらが中心となって実践し，次のような特徴をもつ。すなわち，入念な事前の計画策定よりもプロトタイプを早期に創り，これに対する顧客からの評価をもとにした試行錯誤，反復設計（顧客開発）を重視している。

採用されている「起業の共通言語」として次の3つのロードマップが提唱されている。「ビジネスモデルキャンバス」，「顧客開発モデル」そして「アジャイル・エンジニアリング」である。ここで，ビジネスモデルを創出するツールとして「ビジネスモデルキャンバス」が位置づけられている。これは，アレクサンダー・オスターワルダーとイヴ・ピニュールが考案した新事業創出のための図式化フレームワークである。現在世界標準といわれるビジネスモデルのデザインツールの1つで，**図9.5**に示すような9つの構成要素として配置したモデルである。

「ビジネスモデルキャンバス」では，ペーパー1枚で分かりやすくビジネスモデルの全体像を示すことができる。また，スタートアップの進化の過程を，時系列で捉えることも可能である。このモデルでは，左側に配置された価値の提供の源泉となる要素から，右側に配置された顧客への価値提供の要素へ至るバリューチェーンに沿って要素が配置されている。すなわち，ビジネスモデル

第9章　中小企業における事業創造　　*131*

⑧ KP：主要パートナー ・サプライヤーと事業パートナー	⑦ KA：主要活動 ・企業がメインで行う経済活動	② VP：価値提案 ・提供する商品やサービスにおける顧客価値	④ CR：顧客との関係 ・顧客に対し良好な関係を維持発展する仕組み	① CS：顧客セグメント ・対象とする顧客群またはニーズ
	⑥ KR：主要リソース ・事業に必要な自社の主な経営資源		③ CH：チャネル ・顧客に価値を届ける手段・方法	
⑨ CS：コスト構造 ・事業を運営するために投資すべきこと，あるいは最もコストの掛かること			⑤ RS：収益の流れ ・事業を運営していく上で定期的に入る収益	

出所：Business Model Generation by Alexander Osterwalder & Yves Pignur，小山龍介監修，株式会社翔泳社，2012年2月より加筆修正。

図9.5　ビジネスモデルキャンバス

キャンバスは，バリューチェーンに沿った価値創出を中心に，顧客との関係やビジネスパートナーとの関係を可視化できる。**表9.3**に，ビジネスモデルキャンバスの各項目に関する考え方をとりまとめて示す。

　次に，新規のビジネスモデルを構築する鍵となるイノベーションとデザイン思考に関して，基本的な概念を述べる。

(3)　イノベーションとデザイン思考
①　イノベーション

　通常，新商品の企画会議を開いてもイノベーションは生まれてこず，またベンチャー企業を買収しても，イノベーションを生み出すことは容易でない。一方，ドラッカーは，他社に頼らなくても，イノベーションはマネジメントによって可能になると述べている。

　イノベーションマネジメントには，「開発プロセスにおけるマネジメント」，「関連する人材のマネジメント」，さらには「リーダーシップの資質向上」等の課題がある。これらを効果的に推進していくためには，ドラッカーが『企業家精神』と呼んだ活動がある。「失敗を恐れず，絶望の淵でもあきらめないで前に進む人材を育成し，効果的にマネジメントすることが，イノベーションを実

132   第Ⅱ部　事業創造論

表9.3　ビジネスモデルキャンバスの各要素の内容

番号	項目	内容	例
① CS	Customer Segment (顧客セグメント)	事業の対象とする顧客 最重要顧客	マス市場，ニッチ市場，細分化，多角化， マルチサイトプラットフォーム
② VP	Value Position (価値提案)	標的顧客のニーズを満足したり，課題解決するためのソリューション，顧客に提供する価値	新奇性，高パフォーマンス，カスタマイゼーション，デザイン性，ブランド力，コスト削減，リスク低減，アクセスの容易性，快適性，使いやすさ
③ CH	Channel (チャネル，顧客との接点)	提供する価値をどのような流通経路で届けるのか，どのように顧客と繋がるのか	チャネルフェーズ(知，評価，購入，提供，アフターサービス)
④ C R	Customer Relation (顧客との関係)	製品・サービスの提供に際し，標的顧客とどのように良好な関係を構築していくのか	パーソナルアシスタンス，セルフサービス，自動サービス，コミュニティ構築，共創
⑤ RS	Revenue Stream (収益の流れ)	標的顧客に対する提供価値に対し，具体的にどのように収益を流してもらうのか	販売代金，使用料，購読料，レンタル／リース料，ライセンス料，仲介手数料，広告費
⑥ KR	Key Resource (主要リソース)	標的顧客への価値提供に際し，自社の事業活動に用いる主要な経営資源	人，モノ，カネ，情報，ノウハウ，知的財産
⑦ KA	Key Activity (主要活動)	経営資源を用いてどのような活動を行うのか	製造，問題解決，プラットフォーム／コミュニケーションネットワーク提供
⑧ KP	Key Partner (主要パートナー)	自らの組織だけでは出来ないところを補ってもらう主要な外部組織，パートナーとの良好な提携関係	最適化と規模の経済，リスクと不確実性の低減，リソースと活動の獲得
⑨ CS	Cost Structure (コスト構造)	事業活動全般に必要な費用	固定費，変動費，規模の経済，多角化の経済性

出所：https://www.slideshare.net/ichirogushi/24-24465753より筆者が加筆修正により，表形式に編集。

行する組織には不可欠である」と，ドラッカーは述べている。この創造性を引き出すための組織マネジメントの方法として，近年注目されているのが「デザイン思考」による組織マネジメントである。

②　デザイン思考

　2005年に創設されたスタンフォード大学の d.school において，イノベーションのための新しい発想を生み出す手法として「design thinking」が提唱された。その後2008年に，ハーバードビジネスレビューに IDEO の CEO であるティム・ブラウンが「IDEO デザイン・シンキング」を発表したのを契機として，「デザイン思考」がコンセプト創り，新たな市場創造すなわちイノベーションを生み出すためのマネジメント手法として注目されるようになった。デザイン思考のフレームワークはフィールド観察を行ったり，インタビューにより現場の動きを『理解する：現状のより深い理解』，次に課題解決に向けてブレインストーミングなどでアイデアを『探求する：新たな発想の創出』，その後，解決策をまとめてそれを『具現化する：素早い試作と検証』，そしてこれらのサイクルを何度も繰り返して，課題解決策を作成する。この大きな枠組みのもとで，デザイン思考のプロセスは，スタンフォード・デザイン・ガイドによると，**表9.4**に示す5つのステップに示されている。

　デザイン思考は，問題解決のための1つのアプローチ方法にすぎない。しかし，デザイン思考による取り組みは，ビジネスの成功や画期的なイノベーションの成功確率を継続的に上げてくれる可能性が高いと考えられる。実際，GE，P&G，アップルそして Airbnb 等海外の一流企業が，デザイン思考を活用して多くの成果を上げている。

134　第Ⅱ部　事業創造論

表9.4 デザイン思考の5つのプロセス

プロセス	内容
Step 1： 共感 （empathize）	◎「意味あるイノベーションを起こすには，ユーザーを理解し，彼らの生活に関心を持つ必要がある。」： ・種々の調査を行い，生活者が何を行い，どう言い・考え・感じるかについての知識を深めることである。
Step 2： 問題定義 （define）	◎「正しい問題設定こそが，正しい解決策を生み出す唯一の方法である。」： ・生活者にとっての問題のありかについて，調査したこと，観察したことを，行動観察により全てまとめる。そして，生活者のニーズを正確に特定し，その中にあるイノベーションの機会を浮き彫りにする。
Step 3： 創造 （ideate）	◎「正しいアイデアを見つけるためではなく，可能性を最大限に広げるために行う。」： ・問題定義の段階で特定された，生活者の満たされていないニーズに取り組むために，ブレインストーミング等を行い，常識に囚われない独創的なアイデアを自由に出す。
Step 4： プロトタイプ （prototype）	◎「考えるために作り，学ぶために試す。」： ・アイデアの一部を実際にさわって確認できるように迅速にプロトタイプとして，リアルに再現する。プロトタイプに対するフィードバックを通して，アイデアの効果と実現性を検証する。
Step 5： テスト （test）	◎「テストは，自分の解決策とユーザーについて学ぶための機会である。」： ・生活者から再びフィードバックをしてもらう。ここで自問することは，"このソリューションで生活者のニーズに応えられるのか"，そして，"生活者の感じ方，意見，タスクのやり方が改善されたかの見極め"である。

出所：スタンフォード大学ハッソ・プラットナー・デザイン研究所「スタンフォード・デザイン・ガイド　デザイン思考5つのステップ）https://designthinking.or.jp/swfu/d/5steps.pdf より筆者が加筆修正により表形式に編集。

〔第9章参考文献〕

・経済産業省「2017年版　通商白書」～自由貿易，イノベーション，包摂的成長を支える新しい通商政策へ～平成29年8月
・内閣官房 IT 総合戦略室「シェアリングエコノミーに関する検討経緯」（平成28年）
・帝国データバンクのデータを基に中小企業庁作成「中小企業経営者年齢の分布」，日経新聞2017年
・OECD（2005）Oslo Manual（3rd Edition），OECD Publishing，OECD（2009）

Innovation in Firms, OECD Publishing

・アスキーデジタル用語辞典：yougo.ascii.jp/calter/
・Alexander Osterwalder & Yves Pignur, 小山龍介監修「Business Model Generation」（2012）翔泳社
・石野正彦・長田洋・工藤司・五月女健治・片岡信弘（2015）「ビジネスモデル発想法の事例研究」『経営情報学会』Vol.2015f, 2015年秋季全国研究発表大会要旨集
・https://www.slideshare.net/ichirogushi/24-24465753
・厚生労働省「雇用保険事業年報」（2016）
・経済産業省「2017年度通商白書」（2017）
・シュムペーター：中山伊知郎／東畑精一訳（1995）「資本主義・社会主義・民主主義」東洋経済新報社
・スタンフォード大学ハッソ・プラットナー・デザイン研究所「スタンフォード・デザイン・ガイド　デザイン思考　5つのステップ」（2012）https://designthinking.or.jp/swfu/d/5steps.pdf
・中小企業庁委託「中小企業の成長に向けた事業戦略に関する調査」（2016）㈱野村総合研究所）
・P.F. ドラッカー，上田惇生訳「イノベーションと企業家精神」（2015）ダイヤモンド社
・ジョー・ティッド／ジョン・ペザント／キース・パビット，後藤晃・鈴木潤監訳「イノベーションの経営学」（2005）NTT 出版
・グローバルタスクフォース「イノベーションのジレンマ入門」（2015）PHP 研究所
・大辞林第 3 版：https://kotobank.jp/word/ 起業 -472809
・実用日本語表現辞典：https://www.weblio.jp/content/ 第二創業
・ティム・ブラウン，千葉敏生訳「デザイン思考が世界を変える」（2014）早川書房
・奥出直人「デザイン思考の道具箱」（2013）早川書房
・松田修一「ベンチャー企業＜第 4 版＞（2014）日本経済新聞社

第10章 ベンチャー企業における事業の成熟度ごとの戦略

10.1 イノベーションのプロセス

　一般的なイノベーションのプロセスは，「研究」，「開発」，「事業化」そして「産業化」といった4段階で考えることができる。「研究」は，シーズを基に基礎技術の基盤技術化であり，「開発」は，市場のニーズや技術開発等によるシーズをうまく組み合わせていくプロセスである。次の「事業化」は，実際に市場で販売していく具体的な製品やサービスを生み出していくプロセスである。そして「産業化」は，開発された製品やサービスを商品として広く市場に浸透させ，市場で優位にビジネスを展開し，継続的に収益を上げ成長していくプロセスである。

　通常，これらのプロセスにおいては，越えなければならないいくつかの試練があるといわれている。すなわち「研究」と「開発」の間に横たわる「魔の川」，「開発」と「事業化」の間に横たわる「死の谷」，そして「事業化」と「産業化」の間に横たわる「ダーウィンの海」である。これらを図示して内容を示すと，**図10.1**のようになる。

　ここで，事業創造の成熟度ごとの戦略を考える際に，わかりやすくするため製造業を中心に考えていく。**図10.1**に示すように，一般的に，イノベーションの種（シーズ）から将来有望な研究部門を抽出し，開発に進むためには乗り超えるべき「魔の川」がある。「魔の川」とは，要素技術の中から投資に見合った有望な技術を生み出すことの難しさと，たとえ有望な技術が生み出されたと

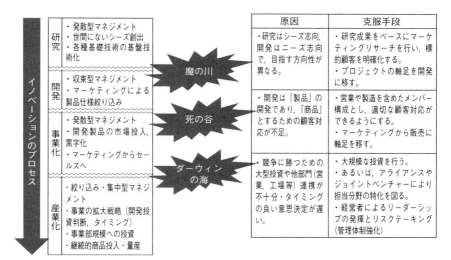

出所：出川通,「技術経営の考え方」光文社新書, 2004年4月, p.12-21より加筆修正の上1枚の図に編集。

図10.1 イノベーションプロセスと3つの試練

しても，その技術を客観的に評価し，新しい技術開発に繋げられずに失敗するリスクである。そして，「魔の川」を乗り越えて，技術開発につなげたとしても，それを生かして，製品開発から事業化を行うまでの間にはいわゆる「死の谷」が存在する。商品というエンドユーザーにとっての経済的価値をもったものとして製品を完成させるためには，さまざまな工夫が必要になる。例えば，1つの新たなロボットを完成させるためには，ロボットの構成要素を単に組み合わせただけでは目的の性能を十分に発揮することはできない。そこには，多くの場合，市場におけるどのような悪条件下においても全体システムとしてうまく機能させるためのソフトウェアも含めた統合化技術が必要となる。

さらに，事業化から産業化までの間には，「ダーウィンの海」が存在していることを見落としがちである。産業化するためには，この競争の厳しい「ダーウィンの海」を渡りきらなければならない。そのためには，多くの生活者の潜在的な要求をニーズとして明確に定義し，実際に生活者に供給する生産体制，さらには商品を効率的にデリバリーし，継続的な商品改善ができる体制の構築

が必要となる。専門的な事業分野を理解している経営者によるリーダーシップの遂行（タイミングの良い大規模投資判断）とリスクテーキング（管理体制の構築）が必要となる。すなわち，事業部規模の産業として成立させるには，単なる下からの積み上げではなく，生産（工場）・販売（流通）・継続的な商品投入（改善）そしてアフターサービスという一貫したトータルシステムが必要となる。

10.2 製品アーキテクチャ

ここで，製品の製造過程をより細かく見ていくと，次のように「製品アーキテクチャ」の重要性に行き着く。「製品アーキテクチャ」とは，「製品の基本設計思想」のことである。製品に関する技術戦略は，製品技術と製造技術に分けられ，さらに製品技術は要素技術と製品アーキテクチャに分けることができる。すなわち，「製品アーキテクチャ」とは，要素技術を組み合わせる技術とも言える。

製品アーキテクチャを経営戦略的に位置づけると，「どのようにして製品を構成部品の単位に分解し，そこに製品の機能を合理的に配分し，それによって必要となる部品間のインターフェースをいかに効果的・効率的に設計・調整するか」を意味する。

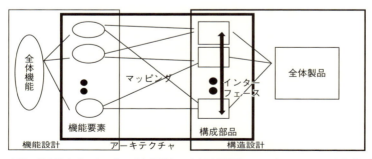

出所：藤本隆宏「日本のもの造り哲学」日本経済新聞社，2004年，p.125-126を参考に作成。

図10.2 アーキテクチャの基本的考え方

第10章　ベンチャー企業における事業の成熟度ごとの戦略　　*139*

　このような製品アーキテクチャの基本的考え方を概念的に示すと，**図10.2**のように考えることができる。

　図10.2に示すように，「アーキテクチャ」とは，基本設計を通して設計者により作り出される「機能要素」と「構成部品」との対応関係（マッピング）や「構成部品間のインターフェースのルール」に関する基本的な構想のことである。別の表現をすれば，機能と構造のつなぎ方や，部品と部品のつなぎ方など設計要素の「つなぎ方」に関する基本的な「ものの考え方」のことである。

　さらに，アーキテクチャは，製品特性（部品間・工程間）から**表10.1**に示すように，「モジュラー型」と「インテグラル型」の２つに分類できる。

　また，アーキテクチャは技術のオープン特性から「クローズド型：囲い込み」と「オープン型：業界標準」に区分できる。「クローズド型」とは，ある企業の中で「寄せ集め設計」の輪が閉じており，社内でしか通用しない形で，

表10.1　アーキテクチャの製品特性による分類

区分	内容
モジュラー（Modular：組み合わせ，寄せ集め）型	・機能と部品の関係が限りなく１対１に近く，スッキリと整理でき，それぞれの部品が自己完結し，事前に作成した部品を組み合わせることで，全体として立派にシステムになるというもの。「組み合わせ型」とか「寄せ集め型」とも称される。 ・予めインターフェースの形状や，そこを流れる情報の形式（プロトコル）を標準化することができるもの。 ・代表的例がパソコンで，演算機能はCPU（Central Processing Unit），表示機能はディスプレイ，記憶機能はHDD（Hard Disk Drive），そして印刷機能はプリンターという具合に，機能要素を実現する部品が明確にそれぞれ一つの部品に対応する。
インテグラル（Integral：擦り合わせ）型	・機能要素とそれを実現する部品との関係が錯綜し，複数の部品が関係すると同時に，一つの部品が複数の機能に関係するような多対多の関係になっている状態。 ・代表例が自動車で，例えば，燃費はエンジンだけではなく，その他の部品にも関係があるという具合に，一つの機能がほぼ一対一で特定の部品に対応するのではなく，多くの部品に関係するケース。 ・このような場合，数多くの部品を完成製品専用に新たに最適設計する必要があり，多くの関連部品間の調整（擦り合わせ）作業が不可欠になる。

出所：藤本隆宏「日本のもの造り哲学」日本経済新聞社，2004年 p.127-130より加筆修正のうえ表形式に編集。

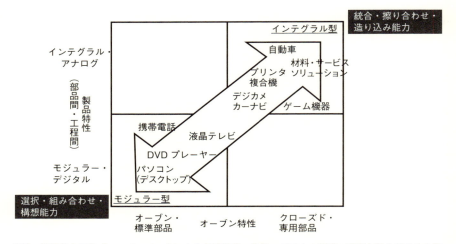

出所：延岡健太郎他「コモディティ化による価値獲得の失敗：デジタル家電の事例」独立行政法人経済産業研究所。

図10.3 アーキテクチャの基本タイプ

使用できるのは社内共通部品としてだけであり，社外には閉じているという意味である。一方，「オープン型」とは，部品間のインターフェースは，業界標準としてオープンになっており，企業の枠を超えて共通化され「業界標準部品」とか「汎用部品」等と呼ばれるものである。このため，モジュールに特化した専門企業が水平的ネットワークを形成する産業構造が成立し，品質向上やコストダウンが進展しやすくなる。

以上の4つの区分の相互関係を示すと，**図10.3**のように考えることができる。

わが国のメーカーは，インテグラル型の組織能力を磨き，自動車，電気製品，鉄鋼，プロセス産業財等で競争優位を築いてきた。しかし，一方で，世界の製造業はパソコンやテレビ等の分野でオープン化・モジュラー化の方向に向かっている。モジュラー化では，最新鋭の設備を大規模に，スピーディーに投入することによって競争優位を獲得することができる。モジュラー化によって，韓国や中国企業がわが国のメーカーを押しのけ，家電製品やパソコン，半導体製造等の分野で，世界市場を席巻してきた。したがって，今後わが国の企

業もインテグラル型の強さを維持・強化しながら，迅速な経営意思決定により経営戦略やビジネス構築力を強化し，オープン化・モジュラー型ビジネスへの対応力が求められている。そこでは，中小企業においても優れたビジネスモデルを構築することにより，世界の市場で勝ち残れる可能性が高い。

　以下には，事業化のプロセスに着目し，事業化の各段階ごとの必要となる戦略に関して述べる。

10.3　事業構想からシード段階

　この段階では，社会で求められるニーズやまだ顕在化していないが，あれば非常に便利になるといった新たな価値を提供する製品やサービスを生み出すためのアイデアを考案し，そのアイデアを客観的に評価し，これを基に製品やサービスをどのようにして社会に提供できるかという方法を考えていく。すなわち「アイデアの発掘」を行う段階である。ここで活用できる手法が，すでに述べた「デザイン思考」によるアイデア出しである。

　ここで重要なことは，創造性を発揮し，破壊的イノベーションを生み出し，この実現に向けて「魔の川」を乗り越える必要がある。すなわち，「研究」段階のシーズ志向から「開発」段階におけるニーズ志向への転換である。緻密な市場調査により，標的顧客を明確化し，顧客の求める現場ニーズに確実に対応していかなければならない。実験室や社内におけるデータと使用現場における適合性のギャップを解決し，収束型のマネジメントにより，商品の仕様を市場ニーズに合わせて絞り込んでいく必要がある。すなわち，市場で実際に有用な性能をきちんと発揮できるかの見極めと標的市場の適合が重要となる。

10.4　スタートアップ段階

　この段階では，研究開発等を通して独創的なビジネスモデルを構築し，いかにイノベーティブな製品やサービスを社会に提供するかが求められる。そのためには，社会におけるニーズや課題解決手段，あるいは新しく魅力的な製品や

142 第Ⅱ部 事業創造論

サービスの開発が重要となる。資金調達面等での行政の支援や，ベンチャーキャピタルの確保も重要となる。ここでは，新たなイノベーションを商品として開発し，社会に提供するための仕組みづくり，すなわち実現可能なビジネスモデルの構築が不可欠となる。そして，取り組むべきビジネスが市場で受け入れられるかどうかを検証するため，市場調査，商品コンセプトや構想の策定，需要者の想定，事業収支の算定等の実行可能な詳細な「事業計画の策定」と着実な推進がカギとなる。

　ここで重要となるのが，先ほど述べた「死の谷」をいかに迅速に渡りきり，創出したビジネスを市場で認知してもらい，事業化していくかである。ここで用いられるツールとして，先ほど述べた「ビジネスモデルキャンバス」が有効である。

　この段階で最も大きな課題は，市場で受け入れられるビジネスモデルの構築と資金調達並びに事業の黒字化である。必要資金を確保するため公的支援だけでなく民間のベンチャーキャピタルも含め，自社の実態に合致した資金や各種の支援策を産官学から受けること，ならびに事業収支を黒字化するためのさまざまな工夫が不可欠となる。

　市場において発生するリスクや課題に対し積極的に挑戦し課題解決を行うため，経営チームの能力向上だけでなく，資金調達先からの各種経営支援の取得，質の高いアドバイス等を受け，あらゆる社外ネットワークを最大限に活用することが求められる。具体的なビジネスモデルの構築に際しては，標的顧客の明確化，製品やサービス仕様の設定，販売チャネル，デリバリー方法やアフターサービス体制の確定，事業収支計画の精緻化等を行っていく必要がある。

　事業コンセプトの明確化とともに，商品開発から資金回収までの事業計画の策定と必要な経営資源の調達計画を策定し，実践していく必要がある。すなわち資金調達，必要人材のスキルと数，経営チームの実践的な組織化が必要となる。経営者は，ビジネス上の仮説を検証しながら，リスクを最小化し，直面する課題を1つひとつ解決しながら前進していく実行力が求められる。そして，策定した計画と実行とのかい離を速やかに検証し，改善していくPDCAサイクルの仕組みを実装していく必要がある。

10.5 アーリーステージから成長段階

　ここでは，事業化したビジネスをどのようにして，拡大，展開し，産業化していくのかが求められる。そして，競争の激しい「ダーウィンの海」を迅速に渡りきる必要がある。そのための組織体制の整備，人材育成，新たなクライアントや販路拡大，新しいパートナーの開拓等が必要となる。この段階では，競争に打ち勝つための大規模な投資や販路拡大のためのビジネスパートナーとの連携が重要となり，経営者の適切な意思決定と事業拡大のためのリーダーシップの発揮が求められる。このため，ベンチャーキャピタルや民間金融機関等からの資金援助だけでなく，資金提供者からのハンズオンとして各種の経営支援を活用することが重要となる。

　この段階で最も大きな課題は，資金調達と質の高い人材，特にキーパーソンの確保である。事業の急成長にともなう設備投資の増大により必要資金を確保するためベンチャーキャピタルや民間金融機関等からの資金調達需要が急拡大する。また，事業拡大にともなう社員のマネジメント能力が追いつかなくなる等の課題も発生する。高い技術スキルを有する人材だけでなく，人事・経理・税務等間接部門の人材も不足する。一方，これらの，拡大する業務量に反して，部門間・社員間のコミュニケーション不足が発生するため，これらに対応可能な組織体制の構築が重要となる。

　また，成長期には業界内で新たな競合会社，競合製品や類似商品等が次々と市場に出てくるため，製品やサービスの継続的な改良・改善を行い，品質・コスト・納期・アフターサービス等のサービス面で競争優位の仕組みを構築し，実行していかなければならない。すなわち，バリューチェーンの改革による競合商品との差別化戦略を実施していく必要がある。

　このような急成長時期では，社内全体が攻めの状況にあり，売り上げ規模の拡大に目が向きがちであるが，内部の品質管理体制や内部統制の仕組み等のマネジメント体制の構築が必要となる。すなわち，会社の正確な経営実態の把握が可能な企業統治の仕組みの構築が重要となる。

144　第Ⅱ部　事業創造論

　また，売り上げ急増に対応するための大規模な設備投資資金，運転資金，新製品開発資金等の需要も発生し，将来の事業拡大の計画に則った資金計画を作成し，低コストでタイミングの良い資金調達を行っていかなければならない。

　さらに，会社規模が大きくなるにしたがって，従業員が急増し，多くの部門ができるため，日常の部門間・社員間のコミュニケーションが希薄になりがちである。組織形態もフラット型から階層型になっていき，経営層と末端の従業員との意思疎通に支障をきたすことがある。そこで，情報の共有化が十分図れるような双方向コミュニケーションの仕組みを構築していく必要がある。このため，経営トップが折に触れて従業員に対し，経営の実情と今後の経営方針等を直に伝える仕組みが必要となる。

10.6　ミドル・レイターステージから持続的発展段階

　ここでは，持続的なビジネスの発展のために，ヒト，モノ，カネ，情報といった経営資源を体系的に整備し，強固な組織の構築を推進していかなければならない。各種規定類の整備も含め，組織体制の強化・充実が必要となる。透明性の高い経営に向けて，社内の内部統制システムの構築，社会が求めるニーズに対応した商品の継続的な開発・改善が必要となる。そして競合他社との競争に打ち勝つため，事業を継続的に改善・変革していく仕組みを組織体制の中に実装しなければならない。ここで鍵となるのが優秀な人材の確保，製品やサービスの品質向上と継続的な改善・改革の仕組み，そのために必要となる設備投資資金と新たな市場開拓のためのビジネスネットワーク力の確保である。

　この段階で最も大きな課題は，質の高い人材の確保と企業の成長に応じた組織体制の見直しである。質の高い人材の確保に関しては，ビジネスパートナーだけでなく広く人材募集を行うと同時に，会社自体のプロモーション活動を活発化させていく必要がある。企業の成長に応じた組織体制の見直しに関しては，同業他社の組織体制の研究や支援組織からの情報収集等を通して，自社の実態に合った組織体制の構築を行うと同時に，迅速な意思決定が可能となるよう継続的に組織体制の見直しを図っていく必要がある。このため，経営トップ

第10章　ベンチャー企業における事業の成熟度ごとの戦略　*145*

による新事業に対する適切な育成方針の明示と中長期計画の策定ならびに適切な業績管理システムの運用が不可欠となる。

　この段階は，次なる10年間の事業の柱を創り上げる時期である。経営者は有能な人材を新成長分野に振り向け，新たな事業領域を開拓していかなければならない。

　また，株式上場を果たした会社は，会社の法的所有者である株主の期待に的確に応えていく経営を推進しなければならない。単なる成長戦略から透明性の高い経営，適時適切な情報開示，株主資本利益率の向上等，株主やその他のステークホルダーを重視した収益性の向上を図っていく必要がある。また，次なる発展を図っていくためには高度人材育成と社内風土の活性化を推進していかなければならない。すなわち，大学院卒の採用，社外リソースを活用した各種の研修システムの導入や社内ベンチャー制度の創設等によるチャレンジ精神を醸成し続けていける人材育成システムが求められる。

　また，経営層の若返りを図り，さらに事業別の業績評価基準の導入等，業績管理システムの高度化が求められる。そして競争激化によるグローバル競争にさらされるリスクに立ち向かうチャレンジ精神の高揚が求められる。

　一方，グローバルな成長を目指す際に，自社グループだけの力で成長するだけでなく，アウトソーシングやアライアンスの推進，M&A を積極的に推進するなど外部の経営資源を活用した成長戦略が求められる。

表10.2　ベンチャー企業における事業の成熟度ごとの留意点

	事業構想からシード段階	スタートアップ段階	アーリーステージから成長段階	ミドル・レイターステージから持続的発展段階
起業家の役割	柔軟な発想とリーダーシップの発揮，市場調査力で独創的アイデアの創出	強力なリーダーシップ，決断力・実行力・情報収集力，人を動かす力で事業推進	適切な意思決定（リーダーシップ発揮，リスクテーキング），先見性，決断力，スピード経営	明確な経営ビジョンの策定，内部統制強化とステークホルダー満足度向上，決断力，先見性・スピード経営システム整備・推進，業績管理システム導入

人的資源	アントレプレナー，友人・ビジネスパートナー	起業家，採用は専門性の高い中途採用中心，ハンズオン支援	中途採用と組織規模の急拡大に備えた新卒採用（専門分野），法律・会計等間接部門の専門家育成	幅広い有能な新卒人材の確保（商品開発，システム開発，マーケティング，経理，人事，総務，内部統制等）
物的資源	アイデア発掘，プロトタイプの効率的作成	アイデア商品化，事業コンセプトの明確化	商品事業化，新商品開発の量産体制・配送システムづくり等	商品産業化，新たなビジネスの発掘（プロトタイプ），イノベーション創出による新市場開拓
資金調達	スイートマネー（自己，友人，親戚）エンジェル等からの資金調達	ベンチャーキャピタル，公的支援等	大型投資可能な資金調達（ベンチャーキャピタル，民間金融機関等）	民間金融機関，株式上場（店頭上場）による資金調達
ノウハウ	ノウハウの客観的評価，商品化に向けての課題解決，標的顧客の明確化	市場の裏付け，市場ニーズに基づく商品仕様の絞込み，商品化のためのマーケティング力強化	バリューチェーンの強化・効率化，品質・コスト・納期等の競争優位の実現	次のビジネスの芽を発掘するための仕組み作り，新たなアイデアを事業化するためのプロジェクトチーム
ネットワーク力	あらゆる情報ネットワーク（政府・公的機関による創業塾・セミナー，相談窓口等）	プロモーションチャネルの拡大（ビジネスフェア等への参加），政府・公的機関（行政，大学・研究機関等）との連携	プロモーションチャネル強化（ビジネスフェア，異業種交流会等への積極的参加，），販売網拡大	サプライチェーンの強化，競争戦略・成長戦略の構築と推進，ブランド戦略の構築，オープンイノベーションによる新たな事業創出，
組織資源	やる気に満ちた企業風土，アイデアを生みやすいフラット組織	双方向コミュニケーション重視の全員参加型組織，柔軟な人事異動が可能なアメーバー型組織，顧客対応可能な組織体系	権限委譲，事業部制による攻めの組織，アウトソーシングの活用，量産体制構築，販売チャネル拡大，組織開発による経営管理システムの整備	M&AやIPOに向けた組織体制整備，経営課題を合理的に解決するライン＆スタッフ組織，継続的商品投入と経営革新体制構築，内部統制システム整備・運用

成長戦略	事業選定の合理性による独自戦略	事業計画に基づくプロモーション戦略	成長戦略と差別化戦略の策定と推進，外部チャネルとのアライアンス	アウトソーシング，提携・資本参加等を含むM&A戦略の推進，エンジェル，シリアルアントレプレナー
経営管理システム	個人経営，	My Company，外部依存の税務会計・キャッシュフロー（資金繰り）経営，社長による経営計画策定と迅速な課題解決体制の構築，リスク対応	Our Company，独自の財務会計システム，資金回収システム，節税優先からの脱却，経営計画の策定とPDCAサイクルの体制構築，フォーマル化した内部統制制度の構築	Your Company，財務会計システムの定着。管理会計による業績評価システム構築と運用，中長期経営計画の策定体制の整備・PDCAサイクルの定着，内部統制システムも含め株主の期待に応える株主重視の経営システムの確立

　以上述べた，ベンチャー企業における事業のライフサイクルの毎の留意点をまとめると，**表10.2**のようにまとめることができる。

　表10.2に示す事業の成熟度ごとの留意点は，一般的な企業の事例であり，自社の業種・業態や事業の成熟度ならびに業界の競争状況等に応じた課題の抽出と着実な解決が求められる。

〔第10章参考文献〕
・植田浩史・桑原武志・本多哲夫・義永忠一「中小企業・ベンチャー企業論」（2011）有斐閣
・出川通「技術経営の考え方」（2004）光文社新書
・延岡健太郎他「コモディティ化による価値獲得の失敗：デジタル家電の事例」（2006）独立行政法人経済産業研究所
・藤本隆宏「日本のもの造り哲学」（2010）日本経済新聞社

148　第Ⅱ部　事業創造論

- 松田修一「ベンチャー企業＜第4版＞」（2014）日本経済新出版社
- 長谷川博和「ベンチャーマネジメント［事業創造］入門」（2014）日本経済新聞出版社
- 近能善範・高井文子「コア・テキスト　イノベーション・マネジメント」（2017）新世社
- 水野由香里「小規模組織の特性を活かす　イノベーションのマネジメント」（2015）碩学社／中央経済社
- 秋山義継・松岡弘樹「ベンチャー企業経営論」（2015）税務経理協会
- 今村轍「ベンチャービジネス―ベンチャービジネスとマネジメント」（2016）学分社
- 大阪府ホームページ：http://www.pref.osaka.lg.jp/keieishien/crowdfunding/index.html
- 中小企業庁編「2015年版　中小企業白書：中小企業のライフサイクル―次世代への承継」（2016）
- 中小企業庁編「2017年版　小規模企業白書―成長の芽を次世代へ繋ぐ」（2017）
- 経済産業省・厚生労働省・文部科学省編「2017年版　ものづくり白書」（2017）
- 一般社団法人京都府中小企業診断協会　知的資産経営支援研究会　平成25年度調査・研究事業　「中小企業の知的資産経営推進ガイド2014年追補版」（2014）
- 文部科学省科学技術・学術政策研究所「第3回全国イノベーション調査報告」（2014）
- 山中英嗣「イノベーションのジレンマ」（2015）PHP研究所
- 柳孝一「ベンチャー経営論」（2004）日本経済新聞社
- 岸川善光編著，八杉哲・谷井良「ベンチャー・ビジネス要論［改訂版］」（平成20年）同文舘出版
- 森谷正規・藤川彰一「ベンチャー企業論」（1997）放送大学教育振興会
- 星野達也「オープン・イノベーションの教科書」（2015）ダイヤモンド社
- 大江建「なぜ新規事業は成功しないのか［第3版]」（2008）日本経済新聞
- 玉田俊平太「日本のイノベーションのジレンマ」（2015）翔泳社

第11章
成長のためのリソース要件

11.1 経営者の起業理念

　創業にあたり，経営者の使命は，中長期的視野に立ち，今後社会で求められる価値，あるいは潜在的な市場ニーズに対し，迅速かつ効率的に応えていくことである。経営者は，発想豊かにかつ強い意思をもって，集中力を持続させながら新たなビジネス分野を創出していかなければならない。

　ここで鍵となるのが経営者のリーダーシップと時代のニーズを読み取る鋭敏な感性，ならびに外部との活きたビジネスネットワークの構築である。現代のように技術革新が加速化する時代においては，経営者は「未体験の決断」を余儀なくされる。自社で長年にわたって作り上げてきた技術やビジネスモデルが，突然陳腐化する可能性もある。そのようなときには，過去のしがらみにとらわれず，新たな方向に向かって踏み出す勇気が求められる。特に，中小企業においては経営者のチャレンジ精神，創意工夫そして素早い意思決定，ならびにリスクに対する耐性と果敢な実行力が重要となる。

　意思決定の際によりどころとなる起業理念は，通常4つの概念から構成される。第一は，企業の存在意義に係る領域である。新たなビジネスを開始するにあたり，社会にどのような価値やソリューションを提供し，豊かな世界を構築するのかといった企業の存在意義である。第二は，顧客に対する理念である。真の顧客は誰か，標的顧客のニーズに対して，どのように具体的な価値やソリューションを提供するのかを明確にすることである。これは顧客から満足を

得て，さらにビジネスを展開していく場合の力の源泉となる。第三は，従業員に対する理念である。新たなビジネスを創出し展開することによって，将来どのような仕事や待遇，そしてどのような夢をもたせるのかといった理念である。ここを明確にしておかなければ，障害にぶつかったときにロイヤリティをもって仕事にチャレンジし続けることが難しくなる。そして，第4が，地域や社会といった開かれたステークホルダーとの共存共栄の理念である。これによって，企業は継続的に社会に対して，また社会の支援の下に，新たなイノベーションを創出し続けることが可能となる。

このように，起業理念は企業で働く社員のインセンティブにもなり，企業における求心力にもつながるものである。すなわち起業理念は企業文化を創り上げる主要な源泉となる。

11.2 人材確保と教育

企業において，最も重要な経営資源は「人材」である。経営者と志を同じくする有能な人材をいかに集め，活性化させていくかが，経営者の重要な任務である。中小企業においては，社会的な知名度が高くない場合が多く，優秀な人材確保が難しい。また，報酬や福利厚生施設等も大企業と比較すると不利な場合が多い。さらに，採用担当人材が不足しており採用予算も少ないことも多い。このため，社外との有効なネットワークを常に構築し，中途採用も含め，有能な人材を発掘し確保していく必要がある。このためには，1つのビジネスの創出に対する集中力と，一貫した経営者のビジネスに対する信念の持続性が重要となる。この信念に基づき商品展示会や起業セミナー等あらゆる機会を通じて企業情報の発信，新たなビジネスパートナーとの出会い，さらに社外組織とのコラボレーションを構築していく必要がある。このようなネットワークを通じて自社が目指すビジネスに関するさまざまな情報発信を続けていかなければならない。

近年の景気回復と人手不足を反映して新卒採用は売り手市場が続いており，中小・ベンチャー企業の採用活動は一層厳しくなっている。このため，学生に

出所：中小企業庁「雇用環境および人材の育成・採用に関する実態調査」2006年12月。

図11.1 採用の満足度と取り組み割合

　自社ビジネスに関してより深く関心をもってもらえるようにインターンシップを充実させ，半年以上の長期コースを増加させる企業が増加している。長期のインターンシップは，学生にとっても企業のビジネス内容を理解し，就職後のミスマッチを減らすことができるメリットがある。中小企業庁の調査によると，図11.1に示すように，インターンシップの受け入れを積極的に行っている企業の採用満度度が最も高いことが報告されている。

　中小企業基盤整備機構の「ベンチャー企業の人材確保に関する調査」によると，人材確保に成功しているベンチャー企業は，ビジネスモデルや事業環境を踏まえた，その企業なりの「望ましい人材像」をあらかじめ定義し，ターゲットを絞った人材確保に努めている。ここで注意すべき点は，「望ましい人材像」は，世間一般で評価される優秀さや，大企業の求める人材像とは異なり，多くの場合，オールラウンドプレーヤーではなく一芸に秀でた個性的な人材である。このような人材を確保するため，入社後の登用や教育制度までを見据えたうえで，一貫した人材育成の仕組みを整備している。

　図11.2に示すように，通常，ベンチャー企業は成長するにしたがって，「ヘッドハント」から「公募による中途採用」そして「新卒採用」へと，採用チャネルをシフトさせている。

152　第Ⅱ部　事業創造論

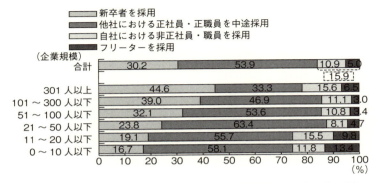

資料：中小企業庁「雇用環境および人材の育成・採用に関する実態調査」(2006年12月)
(注)　1．中小企業のみを集計した。
　　　2．過去3年間に正規雇用者として採用した者の採用時点での属性で最も多い属性の企業数を集計した。
　　　3．最も多い属性が複数となる場合には，集計対象から除外した。

図11.2　企業規模別にまとめた新卒者と中途採用者等の比較

　このように，企業は規模が大きくなるにしたがって中途採用を減らし，新卒者の採用を増加させていることがわかる。企業が成長して大きくなると，自社独自の最適な人材育成の要求が高くなるためである。
　求人方法としては，中小企業の場合，**図11.1**からわかるように「ハローワーク」を活用している割合が最も多く，次いで「マスコミ・求人広告・求人誌等」を利用している。その際，求人広告のポータルサイトが広く活用されているが，近年では，ソーシャルメディアを活用した募集も本格化している。そこでは，ベンチャー企業らしい先進的な夢のあるプロモーションが必要となる。さらに，普段から会社の経営理念や社長のビジョン等をあらゆる機会を通じて社会に広く情報発信し，企業の存在感と知名度を高めていく必要がある。
　人材確保に成功している企業の共通の特徴として，「リアリスティック・ジョブ・プレビュー（RJP：Realistic Job Preview）」と呼ばれる採用選考コンセプトを実践していることが多い。RJPとは，企業が採用活動に際し，学生に仕事や組織の実態について良い面だけでなく悪い面も含めた，ありのままの情報を提供する採用方法で，米国で発達した採用方法である。この方法はRealistic

Recruitment（本音採用）とも呼ばれ，採用時点での企業と学生とのミスマッチを軽減し，企業への定着率を高める効果が確認されている。

このようにして，有能な人材を集めると同時に，社内において継続的に，効果的な教育システムを構築していく必要がある。そこでは，OJT と OFF-JT とを組み合わせた，従業員の成熟度に応じた継続的な教育・研修体制の構築が求められる。OJT は，「職場内訓練」ともいわれ，実際の職場において，業務を通して上司や先輩社員が部下の指導を行いながら人材育成を行うものであり，Off-JT は，「職場外研修」といわれ，仕事から離れたところでの人材育成である。業務に必要な専門的な知識やスキルの習得を図るもので，主に集合研修等がある。

11.3　知的資産保護

いかに優れたビジネスモデルを構築しても，すぐに大企業等に追随されては，資金力や人材，ネットワーク力に劣るベンチャー企業は，競争に打ち勝つことは難しい。このため，ビジネスのコアとなる知的資産に関しては，創業初期の段階からその保護方法を明確に決定し，推進していかなければならない。このため，外部の専門家を招聘すること等も行いながら，専門的な人材育成が必要となる。

経済産業省の知的資産経営ポータルサイトによると「知的資産」とは，**図 11.3**に示すように「人材，技術，組織力，顧客とのネットワーク，ブランド等の目に見えない資産のことで，企業の競争力の源泉となるものである。これは，特許やノウハウなどの「知的財産」だけではなく，組織や人材，ネットワークなどの企業の強みとなる資産を総称する幅広い考え方であることに注意が必要である。」と述べられている。このように，知的資産の保護と活用は，企業の競争力の源泉であり，企業規模に関係なく企業経営において必須の要件となる。

中小企業が保有する技術やノウハウは，典型的な「知的資産」であり，これらを客観的に評価し，活用することが企業の持続的な成長にとって不可欠なも

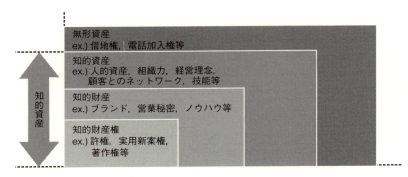

出所：経済産業省知的資産経営ポータルサイト http://www.meti.go.jp/policy/intellectual_assets/teigi.html

図11.3 知的資産のイメージ

のとなる。従来，中小企業は，自社の保有する知的資産に関して，必ずしも客観的な評価をしてきたとは言えない。その結果，自社の知的資産を有効に活用していない場合も多い。そこで，中小企業において保有する知的資産を活かした経営を促進するため，独立行政法人中小企業基盤整備機構では知的資産経営に関する各種の支援を行っている。具体的には，リーフレット，マニュアル等を作成し公開しており，これらを参考に中小企業においても知的資産経営に取り組む必要がある。さらに，J-Net21といった「中小企業ビジネス支援サイト」があり，これを活用して「知的資産保護」に関する各種のセミナー等に参加して，自社の知的資産保護を強化していく方法もある。

人的経営資源が限られる中小企業が，知的資産の十分な管理体制を構築することは難しいため，国や自治体等の開催するセミナーや相談窓口，専門家の助言や各種助成制度を活用しながら自社の体制を構築していく方法が効率的である。近年，特許庁によるベンチャーに特化した知的財産取得支援のための専門家チーム（弁護士，弁理士，大手企業OB等）の新設も行われ，これらを活用することも考えられる。

知的資産は，そのライフサイクルごとに適切に管理し，運営していく必要がある。一般的なステージごとの特徴と取り組み内容，経営上の課題をまとめる

第11章　成長のためのリソース要件　　*155*

表11.1　知的資産のステージごとの特徴と課題

	創出期	成長期	定着活用期	衰退期
特徴	顧客への商品・サービスの提供を目的に，または提供を通じて知的資産が創出される。	創出された知的資産が安定的に活用されるため，また，より効果を発揮するための仕組みづくりが進む。	業績につながる重要なビジネスモデルの一部または全部として定着し，高い業績につながるパフォーマンスを発揮する。	市場や顧客の変化に対応するため，知的資産の内容を重層化・深化する。変化対応を通して新たな知的資産が創出される。　⇒　創出期へ
取組内容	・知的資産の認識	・仕組みづくり ・標準化，データ活用等による高度化 *個人のノウハウの伝授，文章化，数値化等 *人材育成 *プロセスの標準化 *マニュアルの整備等	・市場・顧客を基点とした仕事の高度化 *市場・顧客の変化を捉える（経済的価値の有無を確認） *問題解決への取組	・市場・顧客を基点とした仕組みの修正 *顧客対応を通じた知的資産の向上，重層化 *新たな知的資産の生成
経営上の課題	・知的資産を仕組みの中から創出する ・知的資産の認識と育成 ・知的財産権への取組	・知的資産を育てる仕組み（共同化，連結化，表出化，） ・知的資産の市場価値判断	・知的資産の市場価値判断の推移 ・新たな知的資産創出の準備対応	・仕組みの中で新たな知的資産創出の行動

出所：中小企業の知的資産経営推進ガイド，2014年追補版，一般社団法人京都府中小企業診断協会，
　　　知的資産経営支援研究会，平成26年2月，22Pより加筆修正。

と，**表11.1**のように考えることができる。

　中小企業においても，知財をめぐる競合他社との訴訟，外部への技術流出を防止するため，**表11.1**に示すような，企業の成熟度に応じた適切な知的資産管理の取り組みを行っていく必要がある。

11.4 資金調達

　創業に際しては，スタートアップの各段階において，必要なときに必要な金額の資金調達が非常に重要な要件となる。わが国では，官民からの創業支援策があり，各種の資金調達等に関する支援策が提供されている。ベンチャー支援策を全般的に取りまとめると，**表11.2**のように考えることができる。

　近年，中小企業のイノベーションを支援する制度として，「産業競争力強化法による創業支援事業計画認定制度」ができ，「創業補助金（創業事業者向けの補助金）」，「創業支援事業者補助金（創業支援事業者向けの補助金）」，「創業スクール認定制度」，「潜在的創業者掘り起こし事業」等が制定された。さらには「中小企業基盤整備機構（中小機構）」が中心となってファンドを組成し，使途が限定されないベンチャー企業支援を行っているので，このファンドから

表11.2 わが国の主要なベンチャー支援制度の概要

区分		具体的支援制度
技術支援	補助金	中小企業・ベンチャー挑戦支援事業，地域新規産業創造技術開発費補助金事業，イノベーション実用化助成事業，中小企業戦略的IT化促進事業，通信・放送新規事業助成金，先端技術型研究開発助成金，日本版SBIR制度，創業補助金など
	委託費	地域新生コンソーシアム研究開発事業，独創的シーズ展開事業，戦略的情報通信研究開発推進制度など
経営人材	経営支援	新事業創出プラットフォーム，中小企業・ベンチャー総合支援センター，都道府県等中小企業支援センターなど
	人材育成	中小企業大学校，ベンチャーフェア，地域中小企業の人材確保・定着支援事業など
資金	制度融資	中小企業経営力強化資金，新創業融資，新事業育成資金，新株予約券付き融資等
	信用保証	一般保証，創業関連保証，社債（私募債）保障など
	出資事業	起業支援ファンド，中小企業成長支援ファンド，産業革新機構出資
制度	組織法制	最低資本金制度の撤廃，LLC.LLP制度，投資事業有限責任組合制度，ストックオプション制度など
	税制	中小企業技術基盤強化税制，人材投資促進税制，エンジェル税制

出所：松田修一監修「日本のイノベーション：ベンチャー支援のダイナミズム」(2011) 白桃書房。

の支援をうけることができる。

　また，民間においても近年各種のベンチャーキャピタルやコーポレートベンチャーキャピタルが設立されている。近年では，手続きが比較的容易な，クラウドファンディングによる資金調達も増加している。さらに最近，仮想通貨を活用した資金調達手法であるICOが注目を集めている。ICOでは，資金を調達したい企業などが「トークン」と呼ばれる新しい仮想通貨を独自に発行し，投資家が保有する広く普及している仮想通貨と交換する。資金調達したい企業は，トークンと交換して得た仮想通貨を，ドルや円といった通常の通貨と交換することによって必要な資金を調達するものである。

　このように，近年は資金調達の方法が多様化しており，自社の業種業態，ビジネスの成熟度に応じた適切な資金調達を行っていく必要がある。

　一方，ベンチャーがわが国の経済面における活性化のエンジンになるためには，支援制度の充実だけでなく，起業を志す層の増加，継続的にベンチャーを支援していく仕組みの構築，起業を後押しする社会風土の変革，そしてベンチャーを評価する国の施策として抜本的な税制改革等が求められる。例えば，中小企業の事業承継等における相続税の猶予等に関する現行の優遇措置をさらに強化し，また外部企業が経営を承継する場合にも登録免許税や不動産取得税の軽減等，中小企業の事業承継を円滑に推進できる体制整備が求められる。

11.5　企業価値向上策

　起業の方向性が見えてきた段階で，その後の成長戦略，持続的な企業価値向上策の方法を決定し，推進していかなければならない。この段階では，民間金融機関等を積極的に活用し，必要な設備投資を実施し，事業を拡大していく必要がある。

　一般的に，ベンチャー企業のライフサイクルは，**表11.3**のように考えることができる。

　表11.3に示すように，ベンチャー企業の各ライフサイクルにおいて，企業価値向上のために優先的に取り組むべき課題がある。創業期においては，予期せ

158　第Ⅱ部　事業創造論

表11.3　ベンチャー企業のライフサイクル

	創業期	成長期	成熟期
組織構造	フォーマルな組織構造は認められない	中央集権，フォーマル	権限移譲，フォーマル
報酬	主観的，俗人的に決定	非俗人的仕組みの中で決定	非俗人的，フォーマル，客観的
コミュニケーション	インフォーマル，フェイス・トゥ・フェイス，無計画	ある程度フォーマル	非常にフォーマル，中長期計画（5か年計画）・規則規定に基づく
意思決定	個人の判断，起業家的	マネジメントシステム，分析的	マネジメント，交渉的
役員構成	ゼネラリスト中心	スペシャリスト中心	戦略プランナー中心
成長率	浮き沈みしながら改善	急成長	成長鈍化

出所：Smith, K.G. et al." Top Level Management Priorities in Different Stages of the Organizational Life Cycle, Academy of Management Journal; Dec 1985; 28, より加筆修正。

ぬ障害の発生や業績が不安定であるため，コミュニケーションを密にして，迅速な意思決定を行いトップダウンで速やかに障害を乗り越えていかなければならない。また，成長期においては，急速な事業拡大に対応するため，先に述べた有能な人材の確保と同時に必要な資金調達が重要課題となる。成熟期になると，権限移譲によるフォーマル組織の整備，規則や規程類の整備に基づくコミュニケーションや意思決定ならびに企業統治の仕組みを構築し，適切に運用していく必要がある。そして，中長期計画に基づき業績を着実に確保していくために，新たなイノベーションの創出を目指していかなければならない。

11.6　IPO を目指して

　創業における，最大の目標の1つが「新規株式公開」（Initial Public Offering：以下 IPO）の実現である。当初から，株式上場に向けたシナリオを策定し，中長期計画の中に実装し，具体的なマイルストーンの設定と着実な遂行が重要となる。これらのマイルストーンは，常に全従業員と共有し，組織一体となって

第11章　成長のためのリソース要件　　159

目標達成に向けて努力していく必要がある。さらに，効率的にIPOを達成するためには，投資ファンド等の外部パートナーによるハンズオン支援等を有効に活用していくことが重要となる。

なお，株式上場のメリット・デメリットとして，下記の**表11.4**に示すような項目が考えられる。株式上場には非常に大きなメリットがある反面，上場にと

表11.4　株式上場のメリット・デメリット

	項目	内容
メリット	市場からの資金調達	一時的に多額の返済不要の資金が調達でき，自己資金の充実と財務体質の飛躍的強化が図れる。
	企業としての信用力・知名度の向上	上場審査をクリアしているため，社会的信用力が飛躍的に高まる。投資家に対する適時適切な情報開示義務が発生するため，結果として会社情報の露出機会が増加する。
	有能な人材の確保	上場企業として社会的ステイタスが向上し，知名度も上がるため有能な人材確保がやり易くなる。従業員のモチベーションやロイヤルティが向上する。
	経営管理・企業統治システムの強化	上場の準備過程から株主等の外部利害関係者への適時適切な情報開示が求められるため，会計処理や企業統治システムに関する整備・強化が要請される。これらは，持続的な企業価値向上に資するものである。
	創業者利潤の確保	創業者保有の株式の評価が大幅に増大する。また，所有する株式を譲渡すれば譲渡益に対する申告分離課税（税率約20％）ですむメリットがある。
デメリット	受託責任の増加	不特定多数の株主（会社の所有者）に対する責任，市場に於ける社会的責任が増加する。株主に対しては会社法や金融商品取引法等に基づく適時適切な情報開示責任が発生し，そのための大きな費用が発生する。
	各種法的リスクの増加	業績不振時には株主から経営責任の追及や株主代表訴訟のリスクが出てくる。敵対的買収等に対する対策も実施する必要がある。
	上場維持費用の増加	上場準備から上場実務，その後の上場維持費用が発生する。このための人材育成・確保，監査費用，証券会社等へのコンサルティング費用が先行して発生する。毎年公認会計士による監査が必要となり費用と人件費が増大する。特に近年，内部統制や金融商品取引法上（J-SOX等）のコスト，IRのためのコスト等が増大する。
	公共的企業としての責任増	一般株主だけでなく潜在的株主・投資家にとっての所有対象となるため，公共的企業としての責任が増大する。

出所：長谷川博和「ベンチャーマネジメント［事業創造］入門」日本経済新聞，2014年，p.223-224より加筆修正のうえ筆者が表形式に編集。

第Ⅱ部　事業創造論

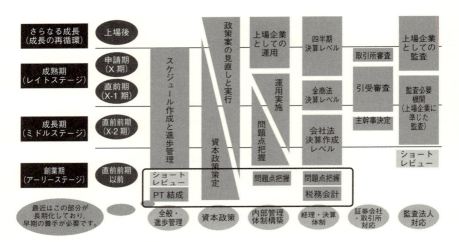

出所：http://www.accounting-assist.com/venture/ipo

図11.4 IPO までの一般的なスケジュール

もなう各種義務や費用の増加等が発生するため，両者を客観的に考察したうえで，上場の時期や場所等を慎重に検討していかなければならない。

　株式上場を行う日本の証券取引所は，東京証券取引所，大阪証券取引所等5箇所に設置されている。ベンチャー企業の場合には，通常マザーズあるいはJASDAQに上場することが多い。IPOのためには，責任部署を定め，適切なプロジェクトマネジメントを遂行していかなければならない。中小ベンチャーのIPOに向けての一般的なスケジュールは，**図11.4**のように考えられる。

　通常IPOは3年以上の準備が必要といわれている。このため，直前前期以前から，経営トップをリーダーとするプロジェクトチームを結成し，スケジュールの作成と全般進捗管理を行っていく必要がある。

〔第11章参考文献〕
・中小機構「ベンチャー企業の人材確保に関する調査（2011）
・中小企業庁「雇用環境および人材の育成・採用に関する実態調査」（2006）

- 一般社団法人京都府中小企業診断協会，知的資産経営支援研究会「中小企業の知的資産経営推進ガイド2014年追補版」(2014)
- 経済産業省「知的資産経営ポータルサイト」独立行政法人中小企業基盤整備機構「ベンチャー企業の人材確保に関する調査」(2011)：http://www.meti.go.jp/policy/intellectual_assets/teigi.html〉
- 長谷川博和「ベンチャーマネジメント［事業創造入門」(2014) 日本経済新聞
- 東京証券取引所「2017新規上場ガイドブックマザーズ編」(2017) 株式会社東京証券取引所上場推進部
- 日本公認会計士協会「新規上場のための事前準備ガイドブック」(2012) 日本公認会計士協会
- Smith, K.G. et al." Top Level Management Priorities in Different Stages of the Organizational Life Cycle, *Academy of Management Journal*; Dec 1985; 28
- http://www.accounting-assist.com/venture/ipo
- http://www.meti.go.jp/policy/intellectual_assets/teigi.html
- 松田修一監修「日本のイノベーション：ベンチャー支援のダイナミズム」(2011) 白桃書房
- J-Net21（中小企業ビジネス支援サイト）：http://j-net21.smrj.go.jp/index.html
- 水野由香里「小規模組織の特性を活かすイノベーションのマネジメント」(2015) 碩学舎
- Henry Chesbrough，大前恵一朗訳「OPEN INNOVATION」(平成16年) 産業能率大学
- 金井一頼・角田隆太郎「ベンチャー企業経営論」(2009) 有斐閣
- TOMA コンサルタンツグループ「事業承継の教科書」(2015) PHP 研究所
- 秋山義継続・松岡弘樹「ベンチャー企業経営論【改訂版】」(平成27年) 税務経理協会

第12章

事業創造立ち上げに対する各種支援

12.1 ベンチャー企業への支援策

わが国における，ベンチャー企業の事業創造にかかる支援策には，**表11.2**に示したように，資金支援策以外に，エンジェル税制や日本版 SBIR（Small Business Innovation Research），日本版バイドール法等が策定されている。エンジェル税制は，ベンチャー企業への投資を促進するためにベンチャー企業へ投資を行った個人投資家に対して税制上の優遇措置を行う制度である。また，SBIR は，関係省庁が連携して中小企業者などの研究開発から事業化までを一貫して支援する制度である。そして，日本版バイドール法は，米国バイドール法を参考とし，政府資金による委託研究開発から派生した特許権等を民間企業等に帰属させることにより，政府資金による民間企業や大学での研究開発及びその実施化を活性化させるものであるとされている。しかし，すでに述べたように，海外のベンチャー企業の創業に比較して，わが国の創業率は極めて低いと言わざるをえない。

この原因に関しては，**図12.1**に示すように大きく4つの課題を上げることができる。すなわち，①起業を志す層が薄い，②ベンチャーの自立（事業化・市場化）につながる施策が不十分，③省庁縦割りによる施策分断化（施策全体の整合性・連動性が考慮されず），④インベーション政策とベンチャー支援策がリンクせずといったいくつかの課題が挙げられている。

ここでは，これらの課題を認識したうえで，現行の資金支援策を中心に，中

第12章　事業創造立ち上げに対する各種支援

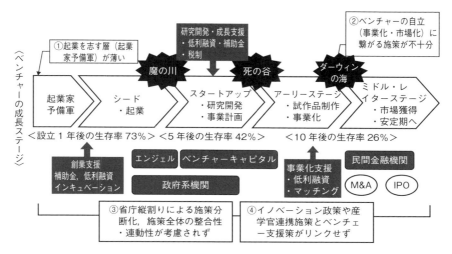

図12.1　わが国のベンチャー支援にかかる課題

表12.1　企業の成長ステージ

段階	内容
シードステージ	起業アイデアとして創業前の段階
スタートアップ	会社設立前もしくは設立後間もない段階（これから事業展開に乗り出す段階）
アーリーステージ	主力商品が開発され，事業が始動する段階
ミドルステージ	事業が軌道に乗り，本格的な成長を遂げる段階
レイターステージ	株式上場基準期決算まで1年以内に見通せる段階

出所：信金キャピタル株式会社ホームページ：http://www.shinkin-vc.co.jp/category/business/invest/invest_1

小ベンチャーが利用可能な，各種支援策に関して以下に述べる。

図12.1に示すベンチャー企業の成長ステージの内容を概念的にまとめると，**表12.1**のように考えられる。企業の各成長ステージにおける，資金調達に関す

164　第Ⅱ部　事業創造論

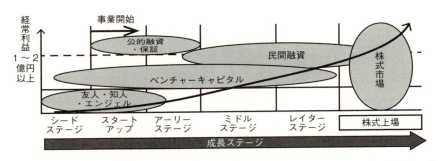

出所：信金キャピタル株式会社ホームページ：http://www.shinkin-vc.co.jp/category/business/invest/invest_1

図12.2　企業の成長ステージの支援概念

る各種支援策の概念を示すと，図12.2のように考えることができる。

　図12.2に示すように，シードステージでは，エンジェル・知人・友人やベンチャーキャピタルを中心に資金調達を行い，スタートアップ時にはこの他に公的資金の活用が有効となる。アーリーステージになると民間金融機関からの融資を活用し，設備投資資金等を確保することが重要となる。

　資金調達以外の各種支援策に関しては，すでに述べたように行政中心にエンジェル税制，日本版SBIR，日本版バイドール法等の制度や，各種相談窓口，創業セミナー，創業スクール，そして創業塾その他の各種支援策が用意されている。これらの各種支援策に関して，自社の事業の成熟度，業種業態等の個別の特性に合わせて有効に活用していくことが重要である。

12.2　行政中心の主要なベンチャー支援策

(1)　産業競争力強化法等による支援策
① 産業競争力強化法による創業支援事業計画認定制度

　2014年1月に施行された産業競争力強化法に基づき，地域における創業の促進を目的として，市区町村と民間の創業支援事業者（地域金融機関，特定非営利活動法人，商工会・商工会議所等）が連携し，創業に係る支援を行ってい

る。具体的には，国が「創業支援事業指針」を示したうえで，それに基づき市区町村が創業支援計画を作成し，申請した「創業支援事業計画」について国が認定し，市区町村が創業支援事業者と連携して同計画に基づき，ワンストップ相談窓口の設置，創業セミナーの開催等の具体的な創業支援を行う。2016年12月時点の創業支援事業計画の認定状況は，1741市区町村のうち，1275市区町村が認定を受けている。全自治体における取得率は73.2％，人口カバー率は95％となっている。

② 創業補助金（創業事業者向けの補助金）

　産業競争力強化法に基づく認定市区町村または認定連携創業支援事業者により，特定創業支援事業を受けて操業を目指す事業者に対して，創業に要する経費の一部補助を行っている。補助率は対象経費の50％である。

③ 創業支援事業者補助金（創業支援事業者向けの補助金）

　産業競争力強化法に基づき，国からの認定を受けた市区町村の創業支援事業計画に従って，市区町村と連携して民間の支援事業者等が行う創業支援（兼業・副業を通じた創業ニーズにも対応）の取組みに要する経費の一部補助を行っている。補助率は対象経費の3分の2である。

④ 創業スクール認定制度（スクール運営事業者支援）

　創業に必要な財務・税務等の基本的な知識の習得からビジネスプラン作成等の支援を行う一定基準を満たす創業スクールを，国が委託先の民間事業者を通じて認定する。平成29年度から開始されている。

⑤ 潜在的創業者掘り起こし事業

　認定創業スクールの代表者と地域のビジネスプランコンテスト等の優秀者，推薦者を集めて全国的なビジネスプランコンテストを実施することで，創業の意義を全国的に広め，潜在的創業者の掘り起こしを行っていく。

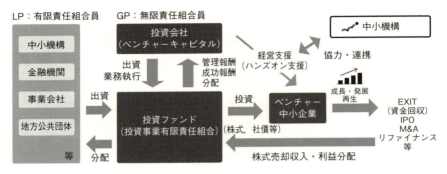

出所:中小機構ホームページより,http://j-net21.smrj.go.jp/well/fund/fundnoshikumi.html

図12.3 ファンド出資事業のスキーム図

(2) 中小機構のベンチャー支援ファンド

　独立行政法人「中小企業基盤整備機構(中小機構)」が中心となってファンドを組成し,ベンチャー企業支援を行っている。ファンドはさまざまな投資家の出資により構成されている『基金』で,その資金を活用して,ベンチャー企業等へ投資を行っている。中小機構は出資者の1人として,ベンチャー企業・中小企業への資金提供や経営支援を目的とするファンドに資金を提供することにより,創業間もないベンチャー企業等の資金調達や経営支援の機会を拡大している(**図12.3**参照)。

　中小機構が出資するファンド出資事業には,ファンドが出資・支援対象とする企業のステージや特徴に応じ,**表12.2**に示す3つの種類がある。

表12.2 中小機構が出資するファンド出資事業

種類	内容
起業支援ファンド	創業または,成長初期の段階にあるベンチャー・中小企業を支援
中小企業成長支援ファンド	新事業展開,転業,事業の再編,承継等により新たな成長・発展を目指す中小企業を支援
再生ファンド	過剰債務等により経営状況が悪化しているものの,本業には相応の収益力があり,財務リストラや事業再構築により,再生が可能な中小企業を支援

出所:中小機構ホームページより,http://j-net21.smrj.go.jp/well/fund/fundnoshikumi.html

第12章　事業創造立ち上げに対する各種支援　　*167*

　中小機構が出資するファンドは，補助金や助成金のように使途が限定されておらず，また融資のように担保や事業実績を要求するものではないため，特にベンチャー企業のように業歴が浅く担保もないような企業には重要な資金調達手段の１つとなりうる。

　出資側から見れば，将来性と成長性という不確定要素のあるものに投資を行うため，相応のリスクがある資金供給となり，民間の出資者が少ないのが現状である。中小機構では，創業間もないアーリーステージ企業への投資および支援を行う等，政策意義の高いファンドに出資をすることにより，ファンドの組成を促進し，ベンチャー企業や中小企業の創業資金調達等を支援している。

⑶　その他の行政等による中小企業のイノベーション支援

　各都道府県等の中小企業支援センターによる支援，経済産業省経済産業局の推進する「経営革新等支援機関」，「知財総合支援窓口」，「中小企業のための海外展開支援窓口」等における資金や経営支援を利用することができる。

　さらに，各都道府県における「新連携（異分野連携)」，「地域資源活用の促進支援」，「農商工業連携の支援」，「中小企業革新支援」，「ものづくり基盤技術の高度化支援」等の制度による各種支援を活用することも可能である。

　また，産業革新機構，日本政策金融公庫や各地の都道府県，信用保証協会，商工中金，創業支援センター，中小企業投資育成株式会社等の各種支援を活用することができる。

　以上述べたように，近年行政中心のベンチャーに対する支援は，多様なものが用意されており，自社の実態に合わせて，適切な資金調達や各種の経営支援策を活用していくことが重要である。

12.3　民間のベンチャー支援策

⑴　ベンチャーキャピタル（Venture Capital：VC）

　ベンチャーキャピタルとは，通常高い成長性が見込まれる未上場企業に対し，起業し成長するための資金をエクイティ（株式）投資の形で提供するもの

168 第Ⅱ部 事業創造論

である。VCによる投資は，一般的に金融機関や事業会社などから出資を受けて組成した「投資事業組合」を通して行われる。VCの業務は，バイアウト投資等とともに，プライベートエクイティと呼ばれる。未上場企業の株式は一般の証券取引所で売買することはできず，日本証券業協会が平成9年からスタートさせたグリーンシート銘柄制度があるが，規模も小さく，一般的には当事者間での売買になる。

このためベンチャー企業に対する投資に際してVCは，綿密なデューデリジェンスを行い，当該企業の将来性を判断する。未上場企業は，企業情報の公開義務がないため，投資家は直接経営者から情報を収集し，投資判断をする必要がある。技術やサービス内容の評価や当該企業の財務分析だけでなく，実際に経営者と何度も面談を行い，将来におけるビジネスのビジョンやその実現方法について議論する。投資後は，当該企業の価値向上のためにさまざまな経営支援を行う。ハンズオン型のVCは，資金面だけでなく，ベンチャー企業に役員を派遣したり，経営戦略や事業戦略の策定，経営改善，人材の紹介，国内外における販路の開拓，コスト削減，M&Aの検討等の各種支援を行い，経営に深くコミットし，投資先企業と一体となってIPO等を目指す。

例えば米国では，インテル，マイクロソフト，サンマイクロシステムズ，アップル，グーグル，フェイスブック等の企業も，設立間もない頃にVCからの資金支援を受けて飛躍的な成長を遂げている。プライベートエクイティ投資は企業の成長段階のステージによっていくつかの種類に分かれる。図12.4，図12.5に，わが国における代表的なVCであるJAFCOの例を示す。

通常のベンチャーキャピタルは，図12.4の①インキュベーション投資，②のベンチャー投資といったスタートアップからアーリーステージでの投資が中心となる。

すでに述べたように，一般的なVCの支援策は，上図の①②であるが，近年は，③④も含めたVCが増加している。以上のようなVCの具体的な仕組みを示すと図12.6のようになる。

図12.6に示すように，VCはベンチャー企業に投資すると同時に，人材の紹介，国内外における販路の開拓，M&Aの検討等企業価値向上のため資金面だ

第12章　事業創造立ち上げに対する各種支援　　169

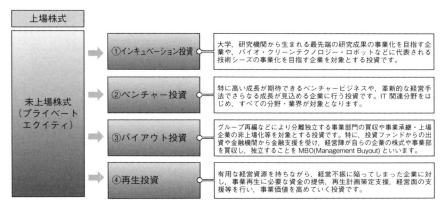

出所：JAFCO ホームページより加筆修正．http://www.jafco.co.jp/employment/saiyou/venture/index.html

図12.4　投資の種類

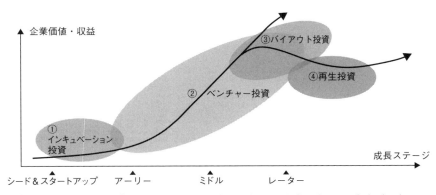

出所：JAFCO ホームページ．http://www.jafco.co.jp/employment/saiyou/venture/index.html

図12.5　ステージごとの投資パターン

けでなく，各種の支援を行っている。VC は，このような各種の投資先支援を行い，EXIT 戦略として，IPO や M&A 等により資金回収を行う。

(2) **コーポレートベンチャーキャピタル（Corporate Venture Capital：CVC）**

　CVC は，**図12.7**に示すように，外部の新規ベンチャー企業の起業の資金を

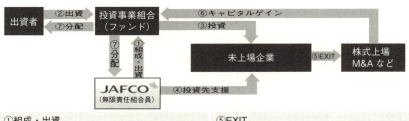

① 組成・出資
ベンチャーキャピタルがファンドを組成し，ファンドの管理運営を行います。同時に自らもファンドへ出資します。

② 出資
金融機関や機関投資家などからファンドへの出資を募り，未上場企業へ投資するために必要な資金を確保します。

③ 投資
成長ポテンシャルのある未上場企業を発掘し，様々な調査・分析・交渉を経て，ファンド資金を投資します。

④ 投資先支援
投資を行ったベンチャー企業に対して，資金面だけでなく人材を紹介，国内外における販路の開拓，M&Aの検討等，企業価値向上のための支援を行います。

⑤ EXIT
投資した資金の回収を行います。主な方法は株式上場（IPO）による株式市場での株式売却，第三者への売却，その他，投資先企業による買戻しや，投資先企業の経営陣への売却もあります。

⑥ キャピタルゲイン
ファンドを管理運営するベンチャーキャピタルは保有株式の売却などにより資金回収を行い，投資額と売却額の差額の利益を得ます。

⑦ 分配
ベンチャーキャピタルはEXITにより得た売却益をファンドの出資者に分配します。

出所：JAFCOホームページ，http://www.jafco.co.jp/employment/saiyou/venture/index.html

図12.6 ベンチャーキャピタルの仕組み

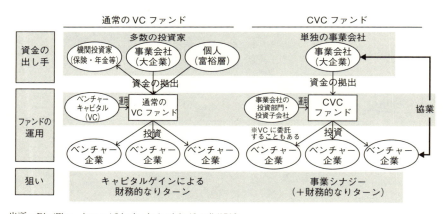

出所：Biz/Zine，https://bizzine.jp/article/detail/1510

図12.7 通常のベンチャーキャピタル・ファンドとCVCファンドの違い

自己資金によって直接投資するための機能を有する組織である。第三者が運営する外部のファンドによる投資を除外するもので，近年設立が増加している。

図12.7に示すように，投資家から資金を集めキャピタルゲインを狙う一般的

第12章　事業創造立ち上げに対する各種支援　*171*

表12.3　CVC の投資方法

		企業の投資目標	
		戦略的	財務的
事業能力の結びつき	強い	**拡大的投資** ・現在の事業を発展させる戦略	**新分野投資** ・新規事業の可能性を追求する
	弱い	**補完的投資** ・現在の事業の補完的戦略	**収益性投資** ・投資収益のみを提供

出所：ロバート・A・バーゲルマン，クレイトン・M・クリステンセン，スティーブ・C・ウィールライト，技術とイノベーションの戦略的マネジメント上，株式会社翔泳社，2012年6月，P.132より。

なベンチャーキャピタルと異なり，CVC では，本業との事業シナジーを求めて運営されることが多い。CVC には，**表12.3**に示すように4つの投資方法がある。近年，テクノロジー関連のベンチャー企業に対して投資を行う CVC が次々に設立されており，中小企業においても，独自技術を有する製造業等では，これらの CVC を活用することが考えられる。

⑶　クラウドファンディング

　近年，起業等において注目を浴びている資金調達手段として，クラウドファンディングがある。クラウドファンディングは，ソーシャルメディアが拡大浸透する中で出てきた新たな資金調達手段であり，企業や組織・個人と投資家をインターネットのサイト上で結びつけ，多数の投資家から少額ずつ資金を集める仕組みである。クラウドファンディング市場は急成長を遂げており，矢野経済研究所によると2017年度の国内市場規模は，対前年度比約46％増の1,090億円と推定されている。

　クラウドファンディングには「達成後支援型」と「即時支援型」の2種類の資金調達タイプがある。前者は，「All or Nothing 方式」と呼ばれ，期限までに目標金額を達成した場合にのみ支援が行われる。後者は，集まった資金を即時に事業者が受け取れるタイプで，期限の設定等は特段ないが，すべての資金提供者への対価を支払う必要がある。現時点の仕組みとしては，ベンチャー企業や中小企業等のスタートアップからアーリーステージにおける資金調達に活

172 第Ⅱ部 事業創造論

表12・4 クラウドファンディングの類型と内容

	寄付型	購入型	投資型		
			融資型（貸付型）	ファンド型	株式型
概要	インターネットのウェブサイトを通じ広く寄付金を募る仕組み。資金の活用状況はニュースレター等で受け取る。	購入者から前金で集めた代金を元手に製品・サービスの開発，イベントの立ち上げ，購入者に完成した製品・サービスを提供する仕組み。出資した資金は返還されない。	企業や個人に少額の意資金を集めて貸付を行う仕組み。資金提供者への対価は金利等の収益。	特定の事業に対して出資者を募る仕組み。プロジェクトの成果に応じた配当を受け取る。期間中に株主優待のように商品や生産物，サービスを受け取れるものもある。	事業を行う会社の非上場株式に対して出資者を募る仕組み。出資者は業績に応じた配当を受け取れる可能性がある。出資金の回収は株式の売却による。
資金提供先	非営利団体で ・災害復旧 ・海外の難民救済等	・音楽制作事業 ・ゲーム制作事業 ・電気製品，雑貨，地酒，衣料品製造等	・音楽関連事業 ・食品，酒造，衣料品，電気製品，雑貨等の事業 ・システム開発事業等		
資金調達規模	数万円～数百万円	数万円～数百万円	数十万円～数億円	数百万円～1億円	数百万円～1億円

出所：http://social-lending-field.com/?p=236より加筆修正。

用が期待されている。クラウドファンディングには，現在，**表12.4**に示すような5つの類型があるため，自社の資金調達の目的に応じた類型を選択する必要がある。

　ベンチャーが，クラウドファンディングを活用する場合，投資型が中心になるが，購入型による資金調達も可能である。自社の業務形態や，資金調達方針を踏まえたうえで，クラウドファンディング運営会社と十分協議を行い，適切な類型を採用する必要がある。運営会社には業界に特化したものもあり，多様な選択肢がある。通常，調達金額の10~20％程度の運営手数料を運営会社に支払う必要がある。

〔第12章参考文献〕

・日本商工会議所 Web サイト：http://www.jcci.or.jp/sme/sbir/SBIR

・経済産業省のWebサイト：http://www.meti.go.jp/policy/innovation_policy/powerpoint/houritsu/30jonihonbanbidole.htm

・野村敦子「わが国におけるベンチャー支援の在り方」- 既存企業とベンチャー企業のパートナーシップを通じたベンチャー・エコシステムの形成に向けて -（2015）JRI レビュー，Vol.3，No.22

・信金キャピタル株式会社 Web サイト：

・http://www.shinkin-vc.co.jp/category/business/invest/invest_1

・中小機構 Web サイト：http://j-net21.smrj.go.jp/well/fund/fundnoshikumi.html

・JAFCO Web サイト：http://www.jafco.co.jp/employment/saiyou/venture/index.html

・Biz/Zine，https://bizzine.jp/article/detail/1510

・ロバート・A・バーゲルマン，クレイトン・M・クリステンセン，スティーブ・C・ウィールライト「技術とイノベーションの戦略的マネジメント上」（2012）株式会社翔泳社

・http://kakaku.com/crowdfunding/

・ソーシャルレンディングフィールドホームページ：http://social-lending-field.com/?p=236

第13章

起業・第二創業に成功した中小企業

13.1 株式会社 カスタムジャパン
―家業をベースに流通ベンチャーを創業：ベンチャー型事業承継
というイノベーションを起こす―

　代表取締役である村井基輝氏は，東京生まれで，クラブ DJ，IT ベンチャーの取締役を経て，事業承継，第二創業を経験し，流通ベンチャーを創業した。大阪市と大学が連携した関西学院大学，関西大学，甲南大学の非常勤講師として「ベンチャー型事業承継モデル」を提唱し，その実現に邁進してきた。㈱カスタムジャパンは，「乗り物大好きカンパニー」をコンセプトに，日本全国に向けてモーターパーツの販売事業を展開している。主要事業として，全国に数十万店存在する「バイク販売店」，「自転車販売店」，「自動車整備店」，「ガソリンスタンド」等の業者向け会員制Ｂ２Ｂ通販事業を展開している。**図13.1**に㈱カスタムジャパンの Web サイトを示す。

　図13.2に示すように，㈱カスタムジャパンは，バイク業界，自転車業界，自動車業界における補修パーツの取扱店舗数では日本最大級の規模を誇っている。

　村井社長は，「行動することで道は開ける」という経営哲学をもっている。カスタムジャパンは，バイクや車離れが増えてきている現代おいて，これから衰退していくモーターパーツ業界で，事業をどう乗り越えていくか，また乗り越えるにはどのような対策をとればよいのかについて，数々の創意工夫を行っている。通販用として総ページ数1,000ページにもおよぶ仕入総合カタログと，

第13章 起業・第二創業に成功した中小企業　　175

出所：カスタムジャパンWebサイト　https://www.customjapan.net

図13.1　㈱カスタムジャパンのWebサイト（左）と仕入総合カタログ（右）

出所：カスタムジャパンコーポレートサイト　http://www.customjapan.jp/

図13.2　㈱カスタムジャパンの会員数の推移とビジネスカテゴリー

各業界に向けた紙媒体のカタログを発行している。また，紙媒体以外にも，会員限定で価格が公開されるWebカタログのサイト運営を行っている。このような工夫を重ねた結果，このサイトの会員数は全国約8万店舗に上り，バイク販売店に至っては日本国内の約80％以上が同サイトの会員になっている。

176 第Ⅱ部　事業創造論

　カスタムジャパンの成功要因は，次に示す5つの強み（5 special features）を徹底的に活かした点である。

①　業界最大級の仕入総合カタログと Web カタログ

　紙媒体のカタログ以外にも，ID・パスワード管理された Web カタログシステムを運営している。目的商品を探しやすくするために検索結果の絞り込み機能，商品比較を容易にするために表示デザイン切り替え機能等を導入している。取扱点数の増加にあわせ，操作性，検索性の機能向上も日々行っている。

②　自動車・バイク整備に必要な部品検索システムを構築

　お客様自身が車両にあった部品情報に関して，フレーム No，型式や純正部品番号からの適合部品検索ができるオープンタイプの部品検索システムを，業界で初めて構築した。データベースは日々更新されており，顧客は約20万点の部品から適合する部品を探す事ができる。

③　専任スタッフによるカスタマーセンターを配備

　多岐にわたる部品選定に対応するため，自社スタッフによるカスタマーセンターを運営している。Fax や Web での注文だけでなく，平日・土曜日もお客様からの電話注文や要望も承っている。電話とコンピュータを統合する CTI システムを導入し，的確な顧客サポートを実現した。また，メーカーとオンラインでつながっているシステムがあり，さまざまな部品情報をすぐに調べることができる。

④　専門技術スタッフによる徹底したクオリティコントロール

　商品を使用するお客様に安全・安心をお届するために，技術スタッフによる徹底した品質管理に努めている。海外工場にも開発担当が直接出向き，徹底した工程管理と出荷検品を行っている。

⑤ 20万点の商品を管理するロジスティクスセンター

ロジスティクスセンターは40フィートが３台格納可能なコンテナヤード，延べ床およそ数千平方メートルの倉庫を含め，数ヵ所の拠点にて約20万点の商品を一元管理し，当日出荷可能な物流システムを実現している。このような，仕組みを構築することにより，シュリンクしていくモーターサイクル市場において勝ち組となっている。

13.2 株式会社 チャイルドハート
―女性の働きやすい環境のデザインに注力―

代表取締役である木田聖子氏は，平成12年に株式会社チャイルドハートを起業し，保育園事業に参入した。彼女は，少子化の中で，社会全体で子育てをする仕組みを構築したいという強い信念をもっている。この考えに基づき，「地域で子育てを支援する仕組みづくり」，「女性が働きやすい環境にするための仕組みづくり」を実現する会社の設立を使命として，ビジネスを展開してきた。この結果，現在保育園を全国で22箇所運営している。さらにこの考えを拡大するため，三重県から岡山県に至るまでの地域において，広く保育園の運営に関する経営支援を行っている。また，大阪大学，神戸大学，甲南大学，流通科学大学，武庫川大学，大和大学等でも事業創造に関する講義を行い，若い学生たちに起業の必要性と面白さを伝えている。

チャイルドハートは，幸福追求型の子育てサロンとして，経営の３つのコアを掲げている。１つ目は，「企業理念」として「ぶれない経営」，２つ目は「戦略・戦術」について「信用・ノウハウ・ファンの確立」，３つ目は，「時代予想と構造変化の見立て」について「コンサルティング・アドバイス」を掲げている。そして，ステークホルダーに対する留意点として「競合他社とはポジショニングの差別化」，「顧客とは，ファン創造ビルディング」，「社員とは，チームビルディング」を掲げて効果的な経営の推進を行っている。

チャイルドハートは，地域の活性化と収益向上を両立させる保育園システムの構築を目指して，次の**図13.3**に示すような種々の工夫を行っている。

178　第Ⅱ部　事業創造論

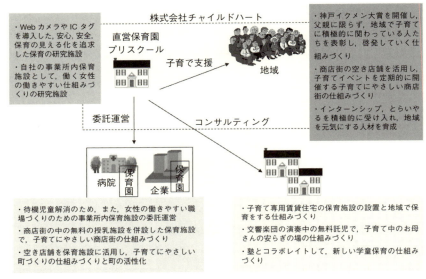

出所：大和大学講義資料より。

図13.3　チャイルドハートの業務上のさまざまな工夫

　さらにチャイルドハートの特徴を活かすため，**図13.4**に示すような細かい経営指導を行っている。このような，優れた保育園運営システムを構築することにより，チャイルドハートの特徴として，**図13.4**に示すような方法によって，同業他社との競争優位性を創出している。

　チャイルドハートの今後の経営戦略としては，視点を変えることの大切さを重視し，「保育とICTの融合」と「保育の見える化の追求」に視点をシフトさせていく。また，ブルーオーシャン戦略として，戦わない経営のための独自性のあるポジショニング，すなわち「幸福追求型」のポジショニングを目指していく。

　これらのさまざまな取組みにより，チャイルドハートは業界他社と異なる事業ポジショニングを構築して競争優位を確立し，ブルーオーシャン戦略を追及している。

第13章 起業・第二創業に成功した中小企業   179

環境の配慮
　環境面に配慮し，清潔感と安全，安心感，のびのび開放感あふれるお部屋で，子供たちの心や体を豊かに育てます。

開放感にあふれた室内

Webカメラの設置

保育内容の工夫
　お家にいる雰囲気をそのままに，一人ひとりの個性を大切に育て，子供の好奇心と能力を伸ばします

地域資源の活用アニマルセラピー市民有名講習

個性を育て，好奇心と能力を伸ばす活動

地域コミュニティの確立
　地域の子育ての核として，保育園，家庭，地域と一体となったコミュニティを形成し，自主，協調，道徳性の芽生えを培い，子供たちを育てます

『地域の人たちに育てられながら，人の痛みがわかる思いやりを大切にし，明るく元気にあいさつができる子供たちを育んでいく』それがチャイルドハートの使命です。

情報共有の徹底と開示
　毎日の各園の詳細報告毎月の会議と1人ひとりの面談園内で流行った病気のお知らせと対処方法について，知識の共有

園からの報告書

事業所内保育施設の設置

モチベーションの高さ
　低い離職率と結婚後も90％以上の出産後の復帰
　一人ひとりの志向・意思の把握→それに基づいた人材戦略→人間関係の良い職場→心の充足感とモチベーションアップとワークライフバランスの実現

男女いきいき事業所

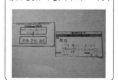
ありがとうカードとチャイルドハートシフ

危機管理とスピード
　17年間，無事故
　けががあれば，5分以内に保護者，社長に報告伝達
　保護者の方のクレームは，24時間，直接，社長の携帯で受け付け体制
　ひやりはっと表で危機管理の徹底

出所：大和大学講義資料より。

図13.4　チャイルドハートの特徴（競争優位性）

180　第Ⅱ部　事業創造論

13.3　株式会社　アン
―世界最大級の宝塚歌劇グッズ販売―

　代表取締役である奥井力也氏は，大学卒業後いったん旅行会社に就職した。そこでICT関連の業務を経験した。その後，パソコンが1台もない父親が経営していた現在の会社に転職し，そこで，一般の書店業から宝塚歌劇に関する商材の販売を本格的に開始することにした。すなわち，書店業から宝塚歌劇関連グッズ販売業への業態変更である。その後，新たな流通チャネルの構築のため，オンラインショッピングにも早くから取り組み，売上を増加させてきた。その結果，日本最大の宝塚歌劇・ミュージカル専門店を作り上げることに成功した。そして，その間オンラインショッピングシステムの拡大・充実により，数々のネット関係の賞を受賞した。奥井社長には，『ホントは教えたくない　儲かるネット通販の成功術』など著書も多数ある。

　株式会社アンでの事業承継と第二創造の特徴は，「ゼロからの事業承継と新たな創造」として『ニッチ分野においてNO.1になる』という戦略を採用したことにある。宝塚歌劇関連のグッズに的を絞り商材を絞り込んだ。すなわち，マイケル.E.ポーターの提唱する競争戦略の中の「集中戦略」の推進である。株式会社アンの会社概要を**表13.1**に示す。奥井社長が自ら体験した事業承継・第二創業において重要と考える視点は次のとおりである。

表13.1　会社概要

社名	株式会社アン（宝塚アン）
代表取締役	奥井力也
資本金	3500万円
社員数	5名
本社	兵庫県宝塚市
業務内容	宝塚グッズ販売・インターネット事業
特徴	新品・中古の両方を扱う日本で唯一のショップ
URL	http://www.takarazuka-an.co.jp

①	「家業の生み出した利益」のおかげで自分は成長したことを認める。
②	親と同じことをすることが「事業承継」ではない。
③	負の資源もあるが，既に経営資源があるということは大きなアドバンテージになる。
④	経営者になるには相当な覚悟が必要となる。
⑤	ファミリービジネスには種々の衝突は起こるものと心得る。
⑥	自分のやりたいことを「親の会社の経営資源を利用して実現する」。
⑦	「親の会社を乗っ取りたい」と思えなければ継がなくてよい。
⑧	親の会社に入るまで家業に関係なくやりたい仕事を死に物狂いでやる。
⑨	決断は突然迫られる。しかも，自分の事情は関係ないタイミングで。
⑩	最後の決断は自分でする。言い訳はしない。

　現在の宝塚アンの主要な事業は，クリックアンドモルタルとして，「実店舗」と「インターネットショップ」でのグッズ販売である。実店舗として，写真に示す，①花のみち店（兵庫県宝塚市）と，②有楽町駅前店（東京都千代田区）を運営している。そして，インターネットショップとして，次の3店舗を運営している。すなわち，①宝塚アン本店：http://www.takarazuka-an.co.jp，②宝塚アン楽天市場支店：http://www.rakuten.co.jp/takarazuka-an，③宝塚アンYahoo支店：http://store.yahoo.co.jp/musical-shop/　の3店舗である。これらの店舗の概要を**図13.5～13.8**に示す。

　このうち電子商店（B2C）は，1998年12月に開設した。当初は，まだオンラインショッピング自体が少なく，アクセス数が1日20件程度しかなかった。しかし，顧客コミュニティーの活性化と，オムニチャネル化によって，2016年7月時点では，アクセス数が1日当り1万2,000件にも達した。そして，メールマガジンの購読者数は，1万3,000名にのぼる。この結果，第6回日本オンラインショッピング大賞最優秀中規模大賞，2016年度関西IT百撰優秀賞等を受賞している。

　宝塚アンでは，実店舗とネットとの兼ね合いでも，顧客の満足度を向上するため，「クリックアンドモルタル」の完成形を実現した。広告・買物などで実店舗とネットの融合を図り，顧客が便利で使いやすく，わかりやすく，さらに

出所:宝塚アンWebサイトより

図13.5　花のみち店

出所:宝塚アンWebサイトより

図13.6　花のみち店内

出所:宝塚アンWebサイトより

図13.7　有楽町駅前店

出所:宝塚アンWebサイトより

図13.8　有楽町駅前店内

顧客にとってのシナジー価値を提供した。2002年度関西IT百撰受賞理由の1つも，この利用勝手の優れた「クリック＆モルタル」の仕組みが評価されたためである。

　オンラインショッピングの運営で，奥井社長が特に留意した点は，下記の2点である。

① **顧客とのコミュニティー活性化**

　昔からオンラインショップでは，コミュニティーをもてと言われてきた。しかしながら，実態として掲示板等はスパム荒らしのオンパレードである。強い企業は，自分のお客様，つまりコミュニティーをしっかり確保している。情報は発信する人に集まるのでCGMの活用により，相互発信を行いやすくした。

出所:大和大学講義資料より。

図13.9 zukaxi の Web サイト

しかし,これさえも,匿名性の原則により,正確な情報を求める多くの顧客の欲求が満たされない。こうした中で登場したのが,SNSである。一般型SNSの爆発的普及により,現在は特化型SNSに移行している。

ネット黎明時代では,掲示板を中心に事業を組み立てた。2006年にSNSの先駆けとして,クローズドSNSを開設した。その結果,メンバー8,000名の世界最大の宝塚歌劇のSNSを構築した。現在は,Facebook,Twitterそしてインスタグラムが主要なSNSのコミュニケーションツールになっている。現在のSNSのフォロワー数は,Facebookで約14,000名,Twitterで約10,000名を擁するまでに成長している。図13.9に宝塚アンの運営するzukaxiのWebサイトを示す。

② **オムニチャンネルを駆使すること**

オムニチャネルによる小売り(Omni-Channel Retailing)は,マルチチャネルの小売りの進化形で,リアル(実店舗)とWebサイト(インターネット通販)の境界を融解する試みである。実例として,実店舗とECサイトで同じ

184　第Ⅱ部　事業創造論

データベースを使って在庫管理を一元化し，どちらで売れても在庫データが連動する仕組みを導入した。

　インターネット通販で購入した商品を，コンビニ等で受け取ることを可能にし，宅配便を受け取る時間的制約を嫌う顧客の利便性を高めることにも注力した。このようにして，来店機会を得ることで「ついで買い」を促す仕組みを構築した。Facebook，Twitterそしてブログなどの SNS で商品を宣伝し，リンクを貼ることで，インターネット通販サイトに誘導する仕組みを確立した。

　以上のような，SNS を活用する際の留意点として，次のような点を工夫している。すなわち，SNS での口コミを基本としているので，1998年以来，広告に関する経費は一切かけていない。かつ販売価格は，完全な定価販売のみである。価格競争では大手には対抗できないため，宝塚アンでは，付加価値を付けて定価販売を貫いている。

　SNS の爆発力として，Twitter でのリツイートの威力がある。実店舗でのSNS での威力として，セール開始の情報を前日に投稿した結果，それがリツイートおよび口コミで広がり，セール初日に店内の半分の商品が売れ，1日の売り上げの過去最高を記録したこともある。そのセール訪問の投稿が再度広まり，12月としては月間新記録の売り上げを達成した。これは，普段から顧客とのコミュニケーションの活性化に尽力し，継続的にたくさんの優良なフォロワーを抱えているたまものである。このような取組みの結果，楽天市場でも全店舗トップの評価を受けた。

　宝塚アンのオムニチャンネルの特筆すべき点は，口コミの発生を促す戦略，すなわち口コミを発生させるメカニズムを創り上げたことである。実例として「粗品戦略」，「レシート戦略」そして「実店舗でのバックミュージック戦略」などである。

　「粗品戦略」では，**図13.10**に示すように，顧客ごとの個別ニーズに基づく独自の粗品を提供する仕組みを構築している。

　次の，「レシート戦略」では，宝塚アンの実店舗のレシートを**図13.11**に示すように，その都度差別化した。これが顧客の評判を呼び，口コミで大きく広がった。この結果，このレシート欲しさに実店舗を訪れる顧客も増加すること

第13章　起業・第二創業に成功した中小企業　　185

出所：大和大学講義資料より。

図13.10　顧客別の粗品同封の様子

出所：大和大学講義資料より

図13.11　宝塚アン実店舗のレシート

になった。

「実店舗でのバックミュージック戦略」では，話題の宝塚歌劇の音楽等を流すことにより，来店客の高揚感を高め，購買意欲を向上させる仕組みを構築している。

宝塚アンの今後の方針としては，「やるからには，日本一，世界一を目指す。」をスローガンに掲げて，さらなる成長を目指している。宝塚アンでは，宝塚歌劇実店舗・オンラインショップ，SNS戦略，Webサイトの運営等，ネットというツールを総合的にうまく使いこなすことによって，オムニチャネル化をさらに充実させ，今後とも成長戦略を追求していく。

13.4 株式会社 小林大伸堂
―印章店という従来型ビジネスにICTを導入し新たなブランド開発―

　代表取締役である小林照明氏は，福井県越前市生まれである。大学卒業後金沢で修行した後，親元の印章店を継いだ。2000年からネット通販に取り組み，法人化し「小林大伸堂」と「ローズストーン」という2つのブランドを立ち上げ展開している。2006年に全く新しい感覚の印鑑販売店を立ち上げ，女性をターゲットとしたパワーストーン宝石印鑑の「ローズストーン」ブランドを創設した。「ローズストーン」ブランドの写真を**図13.12**から**図13.14**に示す

　小林大伸堂は，**表13.2**に示すようなアンゾフ（H. Igor Ansoff）の成長マトリックスの考え方に基づき，着実な成長戦略を展開している。

　2008年にはオムニチャンネル化を進めるべく，実店舗を新築移転し，Webと実店舗での集客販売を確立した。また，福井県鯖江の地場産業ともコラボし，「クラッドメタル」の新素材印鑑を開発している。今後，最新のレーザー技術と伝統的な文字文化を活かして，世界へ広く発信していくべく販路拡大に注力している。

出所：小林大伸堂作成の大和大学事業承継論の講義資料より。

図13.12　「ローズストーン」ブランド

出所：小林大伸堂作成の大和大学事業承継論の講義資料より。

図13.13 「ローズストーン」ブランドの印鑑

出所：小林大伸堂作成の大和大学事業承継論の講義資料より。

図13.14 「ローズストーン」ブランドのパッケージ

　小林社長のモットーは，「老舗はいつもあたらしい」であり，今後守るべきものとして「名・想・印」を掲げている。小林社長は，「名」，「想」，「印」という3つの要素がともなうことで，はじめて「誰かのための強い想いを形にする」お手伝いができると考えている。小林大伸堂のWebサイトによると，「名」，「想」，「印」に関する思いが次のように延べられている。

188　第Ⅱ部　事業創造論

表13.2　小林大伸堂の成長マトリックス

		商品	
		既存商品	新規商品
市場（顧客）	既存市場	① 市場浸透戦略	② 新製品開発戦略　2008年
	新規市場	③ 新市場開拓戦略　2000年	④ 多角化戦略

出所：小林大伸堂作成の大和大学事業承継論の講義資料より。

出所：小林大伸堂Webサイト：https://www.kaiunya.jp/company/info/ より。

図13.15　オムニチャンネル化を進める実店舗を新築移転（外観）

「名」：人が生まれてはじめて受け取る贈り物，それが「名」です。「姓」はその人を育んだ家系を表し，「名」はその人のために生み出されたものです。共に，その人のためのたくさんの想いがあることを示しています。人は人生の中で繰り返しその名前を呼ばれ，いつかその人の「アイデンティティ」となります。名を扱うということはその人の分身を扱うことであり，「あなたのために」という深い想い

出所：小林大伸堂Webサイト：https://www.kaiunya.jp/company/info/ より。

図13.16 オムニチャネル化を進める実店舗を新築移転（内観）

を引き出します。

「想」：私たちが扱う商品は，お客様の「想い」，「願い」です。出産，成人，独立，結婚など，人生の転機において，人は強い想いを抱きます。目に見えないその強い想いをモノに込めて，わかりやすく，失なわれないようにします。

「印（しるし）」：「名」と「想」によってもたらされる「誰かのための強い想い」に形を与え，「印」にします。この「印」は，「名」によって，特定の誰かのために作られ，強い「想」が込められています。

創業120年余の老舗印章店「小林大伸堂」の4代目社長の小林照明氏は，以下に示すように，4つの行動指針と，4つの提供価値を大切にして，「名印想」の考え方を世界中に広げている。

すなわち，4つの行動指針とは，下記の項目である。

① 印鑑を売らない
② 言葉を聞くのではなく言葉にならない想いを聴く
③ 受け止めた想いを印に反映させる（創作する）
④ 想いが力になるよう働きかける（物を渡したら終わりではない）

また，4つの提供価値とは，次のような項目である。

① お客様の声に耳を傾け

190　第Ⅱ部　事業創造論

> ②　言葉にならない深い思いを引き出し
> ③　印（しるし）やメッセージとして形にして
> ④　願いをかなえる力にする

　このような，新たな取り組みによって，小林大伸堂は印象店という伝統的なニッチ産業において，業績を拡大してきた。その結果，これまで，次に示すように多くの賞を受けている。すなわち，全国情報化企業優良賞，ネットショップコンテスト優勝，IT 経営実践企業認定，関西 IT 百選2015年度優秀賞等の受賞である。

　小林大伸堂の事業の成功要因としては，下記のように纏めることができる。

　現在の若い世代にとっては，印章・印鑑店は「古くさい」，「お年寄り」，「印鑑なんて100円ショップで買える」といったネガティブなイメージが強い。小林社長はそんな古いイメージを一変させる全く新しい商品開発を積極的に展開してきた。特に，女性をターゲットにパワーストーン宝石を利用した「ローズストーン」シリーズの商品開発や，地元福井県の地場産業とコラボした男性向け新素材金属印鑑「gene ＝遺伝子」シリーズといった老舗ならではの技術力と，さまざまな世代のニーズが融合した素敵な商品を生み出してきた。120年以上続く歴史ある老舗店にしかない「強み」や「変えてはいけないもの」と，時代にあった新たな商品展開と販売方法の融合である。すなわち，女性をターゲットにした新ブランドの開発，ICT を駆使したネット販売，そしてオムニチャネル化を推進する新店舗の開発で大ヒットし，福井から全国へ販路拡大に成功したことや，お客様に提供する本当の「価値」について強いこだわりを持って経営していることが，小林大伸堂の成功につながったものと考えられる。

〔第13章参考文献〕

・カスタムジャパン Web サイト：https://www.customjapan.net
・チャイルドハート Web サイト：http://www.child-heart.com/

・宝塚アン Web サイト：https://www.takarazuka-an.co.jp/
・小林大伸堂 Web サイト：https://www.kaiunya.jp/company/info/
・大江建「なぜ新規事業は成功しないのか―仮設のマネジメントの理論と実践 第3版―」（2008）日本経済新聞出版社
・角井亮一「オムニチャンネル戦略」（2015）日本経済新聞出版社
・尾木蔵人「決定版インダストリー 4.0―第4次産業革命の全貌」（2015）東洋経済新報社
・小川紘一「オープン＆クローズ戦略【増補改訂版】」（2015）翔泳社
・竹安数博・石井康夫・樋口友紀「現代経営情報システム」（2017）中央経済社
・W. チャン. キム・レネ. モヴォルニュ，有賀祐子訳「ブルー・オーシャン戦略，戦争のない世界を創造する」（2005）Harvard business school press
・阿部義彦「ブルー・オーシャン戦略を読む」（2011）日経文庫
・W. チャン. キム・レネ. モヴォルニュ，入山章栄・有賀祐子訳「【新版】ブルー・オーシャン戦略―競争のない世界を創造する」（2015）Harvard business school press

第14章 企業の成長とビジネスプラン

14.1 企業の成長モデル

(1) 企業成長の要因とイノベーション

　企業成長の要因を考える場合，最も基本的な問題は，人的資源，技術，資金面など多くの点で大企業に見劣りする中小企業，または創業まもなく実績もないベンチャー企業が，「なぜ，大企業が果たせないような急成長を遂げることができるのか？」，経営資源の多くの面で優位にある大企業が成長機会を逃し，「なぜ，小規模な企業に出し抜かれてしますのか？」という点である。

　本書において事業創造を採り扱っているのは，中小企業の活性化や自己保全のために仕方なく必要である，本来適性がないのに生き残りのために仕方なく必要という観点からではない。逆に，中小企業であるがゆえに事業創造を円滑に遂行しうること，中小企業の機能そのものとして，一定の領域については本来的に事業創造が適しており，社会からその様な役割を果たすことを期待されているという観点に立っている。

　第9章でも述べたように，「イノベーション」という概念は，1934年にシュンペーターが提示した「新結合（New Combination）」「創造的破壊（Creative Deconstruction）」という考え方が基になっている。彼自身は，市場占有率の高い企業（大企業）ほどイノベーションに対するモチベーションが高く，かつ，そのために必要な経営資源を豊富に有していることに注目し，イノベーションにおいては大企業が優位な地位にあるという「シュンペーター仮説」を提示し

ていた（シュムペーター　1977, 1995）

　この仮説に対して，1980年代に入りさまざまな実証研究が行われ，必ずしも
シュンペーター仮説は妥当しない，すなわち中小企業が中心となって引き起こ
したイノベーションも少なからず存在することが示されている（ロスウェルら
1987）。その中でも，1997年に米国ハーバード大学の C. クリステンセンが提示
した「イノベーションのジレンマ」の理論は，破壊的イノベーションの分野に
ついては，優良大企業よりも中小企業がその中心となっていることを実証し，
さらにそのような事態を引き起こす要因，背景を理論的に明らかにしたことで
非常に有名である（クリステンセン　2010）。

⑵　イノベーションのジレンマ

　クリステンセンは，イノベーションを「持続的イノベーション」と「破壊的
イノベーション」の2つに分類し，コンピュータに利用される磁気記憶ディス
ク（HDD）の事例などの実証研究に基づいて，新たな市場や顧客を創出する
技術革新である「破壊的イノベーション」については，優良企業，特に成功し
た優良大企業が失敗する傾向にあることを論証している。これは，破壊的イノ
ベーションにおいては，大企業よりも中小企業，ベンチャー企業が有利である
ことを示しており，このような一見常識に反する事態を「イノベーションのジ
レンマ」と名付けている。

　また，彼は，イノベーションのジレンマが発生する要因として，第一に，破
壊的イノベーションが対象とする「新市場」は，当初の立ちあがりの時点では
市場規模が小さく，大きなリスクを抱えており，量産効果など規模のメリット
の追求を得意とする既存大企業の事業戦略に合致し難いこと，第二に，既存優
良企業には，これまでに成功を収めてきた既存市場での「体験」「技術」に対
する執着が強く，目の前に存在する既存顧客の些末な品質要望やわずかな品質
改善，コスト削減に努力の多くを傾注しがちであり，リスク回避・安全志向の
罠に陥りやすい点の2つを指摘している。

　他方，中小企業やベンチャー企業は，その規模故に立ち上がり期にある新市
場にもうまく対応できること，過去の取引実績に乏しいことが，逆に新たな顧

194　第Ⅱ部　事業創造論

表14.1　イノベーションの類型と担い手

	持続的イノベーション	破壊的イノベーション
（特性）		
市場規模	大（安定成長）	当初　小（不透明）
顧客	明確・既存大口ユーザー	当初　弱小，不明確
技術開発の目標	既存性能の向上	新たな機能の追加
（例　HDD）	（記憶容量）	（記憶容量）
		＋
		（サイズ，耐震性）
投下資金等	大規模	当初は小規模で可
（担い手）	既存優良大企業	新規参入の中小企業
資金力の大小	大	小
マーケティンク	既存大口ユーザー重視	ニッチ戦略
技術力・方向性	既存技術の蓄積大	既存技術の蓄積無し
	リスク回避型研究	リスクテイク型研究

出所：クリステンセン「イノベーションのジレンマ」より筆者作成。

客や品質基準に対して先入観なく自由な発想で対応できるという特性を有している。

　以上見てきたように，中小企業，ベンチャー企業には，破壊的イノベーションの分野において，大企業にはない有利な条件が本質的に内在しており，その条件を積極的に活かした成長戦略を展開することが，経営資源の面で圧倒的な優位にある大企業との競争に伍し，自身の企業成長を促すうえで非常に重要なポイントであることがわかるであろう。以下では，このような中小企業，ベンチャー企業の特性を踏まえつつ，企業成長のプロセスやビジネスプランについて解説する。

(3)　S字型企業成長モデルとその背景―キャズム理論

　ベンチャー企業を初めとする新規事業を開業する企業は，多くの場合，第10章で述べたように，一般的には次の4段階を経てS字型（低成長―急成長―低成長）の成長経路を辿り，成功に至るとされている（松田　2010）。

　　　　　第14章　企業の成長とビジネスプラン　　　195

　　・開業準備段階　　・スタートアップ段階　　・急成長段階　　・安定成長段階
　その背景を理解し，新規開業企業の将来性を判断するうえで，G. ムーアが
提唱した「キャズム理論」が大変有効である（ムーア　2014）。
　同理論は，新商品，新サービスに対する潜在的な顧客を，そのスタンスによ
りイノベーター，アーリーアダプター，アリーマジョリティ，レイトマジョリ
ティー，ラガードの5つに分類し，そのうえで，新商品や新サービスが大きな
成功を収めるための条件を明らかにしている。すなわち，一般的に新しいモノ
にはとにかくすぐに飛びつく「イノベーター」，新しいモノに興味をもち個性
や専門性の観点にこだわり商品やサービスの良否を慎重に判断する「アーリー
アダプター」，この2つの層が顧客全体の16％を占めている。まずはこの層の
顧客が，新商品については，どのようなものであっても一度は実際に購買して
くれる顧客層として期待でき，ある程度の期間につては小規模ながら売上を確
保できるとしている。重要なのは，この2つの層は，潜在的顧客全体のリー
ダーでありアンテナの役割を担う層であるということである。これらイノベー
ターやアーリーアダプターの賛同，認知を得ることが，その後の新商品，新
サービスが大きな成長を遂げるための条件となる。一度これらの層を味方につ
けることに成功すれば，「アーリーマジョリティ」，すなはち，世の中の新しい
流れに敏感で全体の34％を占める顧客層を確保でき，一挙に急成長が訪れるの
である。そして，これらアーリーマジョリティへの浸透が一巡し主流派が形成
された段階になると，世の中の流れに後続的に追随する傾向のある「レイトマ
ジョリティー」が顧客として登場し，安定した顧客層を形成，売上高も急成長
から安定成長に移行する。
　このように，キャズム理論は，新事業が成功するための鍵は，アーリーマ
ジョリティを確保することであり，そのための条件は全体の16％を占めるイノ
ベーター，アーリーアダプターの認知・賛同を得ることにあることをわかりや
すく示している。企業成長モデルにおけるS字の特性を考えるうえで重要な
手がかりとなる理論である。同理論では，この鍵となるアリーマアダプターの
認知・賛同を得てアーリーマジョリィーをつかむまでの間で，じつに多くの企
業，新規事業が失敗し撤退していることを指摘しており，この2つの顧客層の

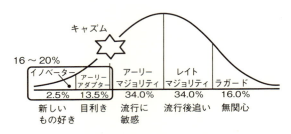

図14.1 キャズム理論

間にある壁，ギャップを「キャズム（深い溝）」と呼び，キャズムを超えることが新事業成功の要因であるとしている。

(4) 企業成長の3つの障壁とその克服

　キャズム理論は，多くの新規事業が「キャズム」を超えることができず，失敗に終わってしまうことを示している。ベンチャー企業が陥る危機，障壁については，第10章のイノベーションのプロセスでも示したように，一般に「魔の川（The River of Devil）」「死の谷（The Valley of Death）」「ダーウィンの海（The Darwinian Sea）」の3つが典型とされるが，キャズムはこのうちの死の谷にあたると言えよう。

　これら3つの危機・障壁を回避，克服するための課題や方策については，開業準備，スタートアップ，急成長の3つの段階において，ニーズ，シーズ（技術），資金，組織，経営者の資質などの面から多くの研究が行われており，第10章でも詳しく解説している。

　その要点は，筆者のベンチャーキャピタルにおける経験から判断して，以下で述べるように，「ビジネスプラン」をしっかりした内容として持つことが最も重要であると言うことに尽きる。特に，その中で最も重要な点を3つ指摘すれば，①後述する「ニーズ」と「シーズ」（ブレークスルー）に関する考え方，すなわち，「ビジネスモデル」を創業者が明確に提示すること，②これに共感し支援する創業関係者，ステークホルダーを多く確保すること，さらに，

③後述するマネジメント力を有する経営の専門家を適切な時期に登用すること，以上の3点であると言えよう。

　以下では，順次これらの点を中心に説明するが，まず，「ビジネスモデル」を構築するうえで最も重要である，「成長企業に特有のマーケティング手法」について解説する。

14.2　成長企業のマーケティング

(1)　2つのマーケティング手法

　ベンチャー企業など，急速な成長を目指す企業を前提とした場合，マーケティング手法には，次の2つがあることをしっかり認識することが必要である。それは，あえて言えば，「分析型マーケティング」と「市場創造型マーケティング」の2つであると言えよう。

　前者の分析型マーケティングは，われわれが通常の経営学の科目で学習するもので，米国のP.コトラーに代表される経営学の主流をなす考え方である。その発想は通常「STP」と称され，基本的にはすでに類似製品，サービスが一定程度存在することを前提にして，「市場を分析」し，製品や顧客の特性等に基づいて市場を「セグメント」し，その中で自社が集中すべきセグメントを特定して「ターゲティング」し，その中で一定のシェアを確保するために必要となる「競争優位」を構築し「ポジショニング」するとう考え方である。その際，競争優位の源泉を構築するための手法として，低コスト，差別化，集中の3つがあり，それに基づいて通常4P「Product, Price, Place, Promotion」をどう構築するかを検討することになる。この手法は，オーソドックスで論理的な手法として広く採用されているが，その根底には「市場がすでに存在する」とうことが前提されており，「どの分野」を選択し，どのように「競争優位」を構築するかを問題としている点が特徴であると言えよう。詳細については，既存のマーケティングに関する書籍に譲る（コトラー　2014　ほか）。

　しかしながら，ベンチャー企業が挑戦する市場は，将来急拡大する可能性はあるものの，現時点では未だ潜在的なニーズの段階に留まっているものであ

り，基本的には既存データに基づく「市場分析」が困難な分野を対象とする。ここで必要なのは，分析型のマーケティングの発想を転換し，「新たな市場」はどこにあり，「なぜ」その市場は急成長することが見込まれるのか（ニーズ），現在そのニーズが満たされず潜在化してしまっている背景，特に「技術的障害」はどのようなもので，その「解決」には何が必要か（ブレークスルー）という観点からの発想である。端的に言えば，「有る」モノを「分析」するのではなく，「無い」モノを「創造」するという発想である。このような発想に基づくマーケティングの手法を，本書では「市場創造型マーケティング」と呼ぶこととする。

　なお，本書で言う「分析型マーケティング」においても，市場分析やポジショニングを検討する過程で，既存の需要のみでなく新たな市場創出のチャンスの有無を分析する視点は当然に存在している。本書では，急成長を目指すベンチャー企業のマーケティングは，特にどのような事項に重点を置いた発想をもつべきかという観点から，既存企業のマーケティングとの対比を明確に示すため，あえて「市場創造型マーケティング」の概念を設定し，2つの方法を区分対置した。以下では，この様な観点に基づいていると筆者が考えるベンチャー関連の各種文献（オスターワイルド　2015，野口　2013，野中　2012など）の内容を参考としつつ，筆者の「市場創造型マーケティング」の考え方を述べる。

⑵　市場創造型マーケティング

　市場創造型マーケティングの出発点は，「将来のわれわれのあるべき姿」を設定し，現状と比較することにより「解決すべき社会的課題」（ニーズ）を発見することであり，その解決のために必要となる「技術的な解決策」（ブレークスルー）を提示することが到着点となる。新規事業がどの程度急成長できるかは，このような将来あるべき姿がいかに広く望まれており，社会全体に共通する重要な課題となっているかに左右される。そのようなニーズが切実でありかつ広い範囲に及んでいればいるほど，当該事業の市場規模は急成長を遂げ，巨大な市場となって出現する。企業成長の鍵はあくまでも「解決されるべき社

会的な課題」（ニーズ）なのであって，技術的なブレークスルー（シーズ）は，そのような潜在的な需要を顕在化させる切っかけにしか過ぎないと考える必要がある。

　第9章で解説した「デザイン思考」は，潜在化している社会的な課題を発見するための有効な手段であり，「オープンイノベーション」は，経営資源に乏しい中小企業が効率的にブレークスルーを生み出すための手段として捉えることもできよう。

　ジョブズとウッズニアックが提示したPC（パーソナル・コンピュータ）という概念は，当時，大企業や研究機関などに限定されていたコンピュータの利用について，「われわれ個人も，コンピュータを日常的に簡易に使いこなせるようになるべきだ」という将来の姿を描き，例えば「煩雑な個人所得申告書の作成に悩むサラリーマン」という具体的な顧客を想定して，「彼らが簡単に操作できる小型の電子計算機とその周辺機器が必要」という具体的な社会的課題（ニーズ）を抽出したことによって生まれたとも言えよう。そして，そのニーズの実現のために，「計算機本体，モニター，キーボード等一体」「低価格」「対話式操作」という新製品（PC）のイメージを作り，既存技術の組合わせによって，ブレークスルー（シーズ）を具体的に提示している。

　また，ヤマト運輸の宅急便事業においては，例えば「都会で一人暮らしている子供に，田舎にいる母が日用品を簡単に届けられるとどんなに便利だろう」というあるべき姿を描き，そのような将来像を実現するための具体的なサービスとして，対象とする顧客（個人）の特性を深く研究し，「個人から個人へ，小ロット，迅速，簡便」な物流サービス（CtoC）を提供することを課題（ニーズ）として設定している。これは，正にデザイン思考の典型とも言える発想であろう。さらに，そのようなサービスを提供するための手段として，「ハブ＆スポーク」「ゾーン料金制」「翌日配達」など，技術的な解決策（ブレークスルー）を考案しているのである。宅急便が提供した「個人から個人へ，小ロット，迅速，簡便」な物流手段の提供という「課題解決」は，当時の郵便小包という不便で利用しにくい個人間の物流サービスに対して，誰しもが不満を抱き広く潜在化していた物流ニーズを掘り起こし，急激な市場展開を遂げることに

200　第Ⅱ部　事業創造論

成功している。

　ここで最も重要な点は，ジョブズも小倉社長も，決して当該事業を開始した時点では，社会の主流の考え方ではなく，むしろ異端児であったという点である。その時点の社会の大きな流れ，常識（大型汎用コンピュータ活用，B to B物流の効率化）とは一歩距離をおき，むしろ一般の人間が見落としている隠れたニーズ（PC，C to C物流）を発見着目した点に彼らの起業家としての真髄があるのである。皆が共通に認識している社会的課題，経済動向に，単に事後的・追随的に対応するのであれば，おそらく多くの取組みが，ほぼ同じ結論，同じ結果を生むことになる。新たな社会的課題を半歩早く認識すること，ないしは新たな課題を提示することが必要であり，そのためには「あるべき姿」を自分なりに時代の流れや常識にとらわれずに描くことが重要である。そこには，大きなリスクも存在するが，成功した場合の大きな利益と社会的な賞賛が存在する。

(3)　ポジショニング図

　このような市場創造型マーケティングのプロセスを，簡潔に第三者にもわかりやすく説明するための方法として，既存のマーケティングにおける「ポジショニング図」を活用することを推奨する。ポジショニング図の要点は，第一に，類似する製品，サービスを2次元マトリックスの上に示し，「将来のあるべき姿」がどこに位置し，既存の製品，サービスでは対応できていなこと，すなわち「解決すべき社会的課題」が存在することをビジュアルに示すこと，そして第二に，そのような「社会的課題」を解決するための技術的手段「ブレークスルー」をいくつかの要素に絞って簡潔に提示することにある。逆に，このポジショニング図をわかりやすく構成する過程で，果たして検討している事業が，どのような社会的な課題に対応しようとしているのか，そのような課題解決に価値を置いてくれる潜在的な顧客（ニーズ）が本当に存在するのかを検討することができる。

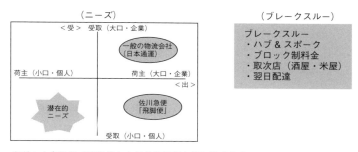

出所：小倉昌男「経営学」など各種資料を基に筆者作成。

図14.2 宅急便のポジショニング図とブレークスルー

(4) 2つのマーケティング手法の比較──マーケティングの4P

ここで紹介した2つのマーケティング手法の特徴を整理比較すれば，**図14.3**のとおりである。いずれの手法をとるにしても，対象とする「顧客」（市場創造型の場合は潜在的な顧客）に対して，「どのような製品」を，「どのような価格」で，「どのような流通経路」を使い，「どのようにしてアピールし認知してもらうか」という，「マーケティングミックス」（4P）をいかに構築するかという点では共通している。相違するのは，分析型マーケティングでは，4Pに至る過程において「既存市場」をスタート台とし，その分析，セグメンテーション，ターゲティング，ポジショニングを行い，その実現のための競争優位（コスト，差別化，集中）の基盤を検討するというプロセスによって「4P」を合理的に導出・説明するのに対し，市場創造型マーケティングにおいては，「既存市場」が存在しないことを前提に，あるべき姿，社会的課題（ニーズ），課題解決のためのブレークスルー（シーズ）の検討というプロセスを経て，「4P」の根拠とするという点である。

米国マーケティング協会は，マーケティングを「顧客，依頼人，パートナー，社会全体にとって価値のある提供物を創造・伝達・配達・交換するための活動」と定義している。2つのマーケティング手法は，既存市場の有無に応じて，異なるルートから単にこのテーマを追求している違いがあるだけということもできよう。

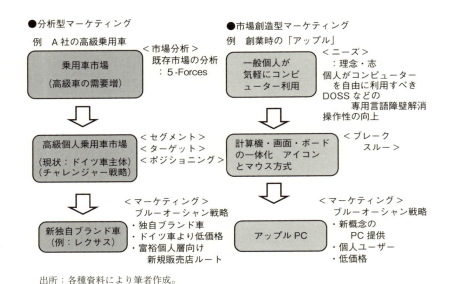

図14.3 2つのマーケティング手法の流れ

　第9章で取り上げた「ビジネスモデルキャンバス」においては，ビジネスモデルを「どのように価値を創造し，顧客に届けるかを論理的に記述したもの」と定義しており，市場創造型マーケティングにおける「ニーズ」（価値，顧客）と，「ブレークスルー」（どのように）を一体的に整理し提示したもの，ないしは市場創造型マーケティングの結果を，「マーケティングミックス（4P）」とその実現のための「各種のリソース（主に技術，ノウハウ，人材，パートナーなど）」を整理して提示したものと言うことができよう。

(5) 市場創造型マーケティングと市場規模推計──フェルミ推計

　新規事業を開始し，そのために必要となる資金をベンチャーキャピタルや制度融資を利用して調達するにあたっては，後述するビジネスプランを策定することが必要となる。

　その際，最も重要なポイントは，新規事業においてどの程度の需要，売上が見込め，損益がおおむねどのようになるかを具体的に提示することにある。損

第14章　企業の成長とビジネスプラン　　203

益計画を策定するうえで最も困難な事項が，将来の市場規模，売上を論理的な基礎を示し第三者が納得できる具体的な数値に落としこむことができるかどうかどうかである。「やってみなければわかりません」「製品さえできれば，売上はいくらでもついてきます」「直観で10億円です」では議論にならないのである。この売上想定をいかに説得力をもって論理的に説明できるか否かが，資金提供側の判断を大きく左右する重要なポイントとなる。

　しかし，ここに大きな問題が存在する。それは，市場創造型マーケティングにおいては，分析型マーケティングのように既存の市場を分析・セグメントして，例えば，「年10％で今後成長が見込めます。それは，当該セグメントが対象とする顧客層が年10％で増加するからです。したがって，3年後の市場規模は現在の10億円の1.3倍の13億円です」といった，既存データや常識的な経済成長率などとのリンクでの説明ができないという点である。そもそも，市場創造型マーケティングは，現在存在しない市場を対象としているのであり，推計の出発点となる既存市場のデータが存在しない点が，市場規模推計にあたっての大きな障壁となるのである。

　このような状況の下で利用できる市場規模推計の手法の1つとして，フェルミ推計（オーダーエスティメイション）の手法がある。いわゆる「当らずといえでも遠からず」の考え方である。この手法は，前述したキャズム理論と組み合わせることにより，既存データに乏しい新市場のおおよその規模を，いくつかの合理的な前提を重ねることにより論理的に算定する手法であり，第三者を説得するうえで大きな威力を発揮する。また，新製品や新サービスが果たして，どのような顧客層にどの程度の頻度で利用購買されるか，解決しようとしている社会的課題とどう具体的に結びついているのかを検証するうえでも有益な手法である。

（補論）フェルミ推計

　E.フェルミは，イタリアの物理学者である。1983年にノーベル賞を受賞しているが，「シカゴ市にピアノ職人は，何人いるか？」といった普段まったくわれわれが意識したことのない質問を突然学生に発し，どのように彼らが論理的に概数算

204　第Ⅱ部　事業創造論

定を行うかを観察し，論理的な思考の重要性を説いたことでも有名である。

　この「フェルミ推計」という手法は，実際に調査するのが難しい数量を，いくつかの合理的前提，手がかりを基にして論理的に推論し，概数積算することをいう。例えば，先のシカゴ市のピアノ職人の数を推計すると，おおむね次のようなプロセスを踏むことになる。

●前提：需要に見合った調律師が存在する

　　　　シカゴ市の人口　300万人，1世帯家族　3人

　　　　ピアノ所有比率　10％，　調律回数　年1回

　　　　調律師の1日当たり調律件数　3件／日，　年間250日働く

●概算：ピアノ職人数＝（300万人÷3人×10％×1回）÷（3件×250日）

　　　　　　　　　＝133人

　ちなみに，シカゴ市のピアノ職人数に関する統計は存在しないが，全米ピアノ調律師協会会員数が米国全体で約4,000人，シカゴ市の人口が1,200万人（全米人口約3億人）であることを勘案すると，その数は160人程度となり，ほぼ上記の数値と一致する。

14.3　ビジネスモデルとビジネスプラン

⑴　ビジネスプラン―総論

　ビジネスプランは，ベンチャー企業が取り組もうとしている新規事業の全体像を，資金提供者や取引先，共同創業者，従業員などにわかりやすく説明するために，一定の書式，項目立て，フレームワークによって整理し記載した計画書である。

　書式にはさまざまなものがあるが，一般的には，大きくは新ビジネスの内容，特徴を記載した「事業計画（ビジネス）」と，その実現のために必要となる人，モノ，金を具体にどのようにして獲得し，どのような収支が期待できるのかを示す「実施計画（マネジメント）」の2つの部分から構成されている。通常は，この2つに全体の要約である「サマリー」と，本人および企業が設立済みであれば推進母体となる企業の概要「プロフィール」を添付し，全体を

「ビジネスプラン」として関係者に提示することになる。

　新規事業は，さまざまなリスクを抱えており，その成功のためには創業者単独ではなく，多くの協力者，支援者を得ることが必要である。ビジネスプランは，創業者の頭の中にある新規事業のイメージを一般的具体的な項目に従って可視化し，その実現可能性を創業者自身が自ら検証する機会を与え，問題点の把握と再検討を行い，より実現性の高い事業へと導くことができる。また，社内外の関係者に新規事業の意義，必要性をアピールし，協力支援を獲得するための手段として非常に重要なものである。

(2)　事業計画─ビジネスモデル

　ビジネスプランの前半部「事業計画（ビジネスモデル）」は，大きくは，①経営理念，②ビジネスモデルの説明，および③事業リスクの分析の3つから構成される。経営理念は，当該事業がどの様な社会的な課題の解決，ニーズへの対応（価値の創出）を行おうとしているのか，その企業の存在意義を明らかにするもっとも重要な部分である。その実現の手段とリスクを具体的に示すものがビジネスモデルであり，事業リスク分析の部分である。

　「ビジネスモデル」は，**表14.2**の具体事例からもわかるように，結局マーケティングミックス（4P）とその実現のためのリソースの内容を具体的に記載することが求められている。「ニーズ」「ブレークスルー」を，起業するに至った経緯，社会的な課題との関連，市場規模やその特性，技術的な特徴や優位性，必要となる主要なリソース，収益に結びつける仕組み，事業拡大のための流通・販促などの項目に従って，わかりやすく記載していくことになる。極言すれば，マーケティングの「4P」に，それを実現するための「各種リソース」の部分を加えて体系的に明示したものと言うこともできよう。

　第10章で取り上げた「ビジネスモデル・キャンバス」は，ビジネスプランのうちの「事業計画」を構築し「実施計画」に落とし込んでいくための手段，ないしはビジネスプランの要点・構造を第3者にわかりやすく1枚の上に簡潔にビジュアル化して示すための手段として位置づけることができる。

　ビジネスモデルのパターンや構築手法については，さまざまな研究が行われ

206　第Ⅱ部　事業創造論

表14.2　ビジネスプランの一般的項目

区分		具体的な記載項目の事例
Ⅰ　サマリー		Ⅱ～Ⅳの要約・ハイライト
Ⅱ　事業 　　計画	ニーズ シーズ 課金 成長戦略 （ビジネスモデル）	①経営理念（将来の姿，解決しようとする社会的課題） ②ビジネスモデル 　・事業の概要 　・ニーズ（顧客のイメージ，ポジショニング） 　・ブレークスルー（新技術，組合わせ，既存技術等） 　・価格設定（販売，手数料，賃貸，広告，…） 　・キーリソースとパートナー（技術，材料，ノウハウ，提携等） 　・市場分析（規模推計，成長性，法規制，競合等） 　・販売経路と販促（直販，代理店，IT，…） ③事業リスク（売上面，コスト面，技術面，…）
Ⅲ　実施 　　計画	人・モノ・金	①経営陣 ②販売計画（数量，価格，製品種類等） ③生産・設備・組織・人員計画（初期投資，コスト計算基礎等） ①資金計画と資本政策（開業準備期間＋開業後5年程度） ②損益計画（同上） ③スケジュールと出口戦略（マイルストーン，IPO意向有無）
Ⅳ　プロフィール		①現在の会社概要 ②創業者等の略歴

出所：中小企業庁パンフレット「夢を実現する創業」など各種資料より筆者が作成。

ているが（今枝2014ほか），「ビジネスモデル・キャンバス」においては，次の5つが紹介されている。

　①アンバンドル，②ロングテール，③マルチサイドプラットフォーム

　④フリー戦略　　⑤オープンビジネス

　詳細については，当該書に詳しいので省略するが，この5つのパターンの分類は，他の類似書籍と同様にビジネスモデルを総体的・実務的に捉えることに重点があるため，本書で解説してきたような顧客側の「ニーズ」，供給側の技術的な「シーズ」という2つの視点が融合され，ビジネスモデルにおいて最も重要2つの視点が不明確になっている難点があるように感じられる。ここでは，「ニーズ」と「シーズ」の2つの観点を明確に区別し，市場創造型のマー

第14章　企業の成長とビジネスプラン　*207*

表14.3　ビジネスモデルのパターン：「ニーズ」と「シーズ」の視点

ニーズの視点	シーズの視点
① 低価格	① 新製品，新技術
② 高品質	② 既存技術の改善，応用，組合わせ
③ 利便性（簡単，迅速，品揃え等）	③ バンドル・アンバンドル（統合と分解）
④ 個別性（顧客との特別な関係の構築）	④ インフラ構築
⑤ アクセス（物理的距離，情報アクセス等）	
⑥ 安全・安心	

出所：各種資料から筆者作成。

ケティングを考えるうえで利便性の高いパターンを**表14.3**に提示した。

　すなわち，一般的なビジネスモデルは，同表の計10個の視点（ニーズ6個，シーズ4個）のいくつかの組合わせとして解釈できると考える。新たな事業を検討する場合に，社会的課題を明確にし，デザイン思考等を利用して具体的ニーズとシーズ（ブレークスルー）をいかに現実的なビジネスモデルに落とし込んで行くか，その発想の方向づけをするキーワードとして活用できるものと考える。

　例えば，ジョブズらが提起したアップル社のPCは，個人でも簡単に使える「コンピューター」という新たなニーズ（③利便性，④個別性）を，既存のマザーボードやモニターなどを一体化し，画面対話方式などの既存技術の応用（②応用，組合わせ，③バンドル）により実現したということができよう。同様に宅急便事業は，個人が出す1個の荷物でも集荷し確実に翌日届けて欲しいという潜在的な物流ニーズ（③簡単迅速，④個別，⑤アクセス）を，ハブ＆スポークという全国的インフラの構築（④インフラ構築）により達成している。

　また，例えば1980年代に登場した通信事業の自由化ビジネスは，長距離電話の低価格化（①低価格）のニーズを，NTTの国内電話網（地域電話網と長距離基幹通信回線により構成されていた）のうち，長距離基幹通信回線の部分だけをアンバンドリングし，新規参入企業が当該インフラの部分だけを新たに構築することにより実現したビジネスモデルということができる。さらに，楽天が提供する仮想商店街のサービスは，ITの既存技術を利用して，ネット上に

208 第Ⅱ部 事業創造論

多数の商店を開店させ自身は決済機能だけを提供することによって（②応用，④インフラ構築），出店側の代金回収にかかる不安を解消し，顧客側には，いつでも迅速簡単にさまざまな商品を安心して購入できるサービス（③利便性，⑤アクセス，⑥安心）を提供するビジネスモデルであると言うことができる。売手・買手双方を顧客として捉え（ニーズ），両者を結ぶITインフラを提供（ブレークスルー）した点に特徴がある。

(3) 実施計画

　後段の「実施計画（マネジメント）」の部分は，前段の事業計画（ビジネスモデル）を実際に遂行するために必要となる経営資源，すなわち，建物設備，従業員や技術スタッフ，必要資金などがどの程度必要であり，さらに組織，材料等の購入先，販売ルートなどをどのように確保し整備するのか，さらには，その結果，どのような損益収支が実現できるのか，要は採算が合うのか否かを，事業計画（ビジネス）と関連づけつつ，所定の項目に従って順次記載していくことになる。

　一般的な記載事項は，**表14.2**のとおりであり，具体的な内容等については専門書に譲るが，重要なポイントを３つ挙げれば次の通りである。

　第一に，実施計画のスタートは，あくまでも「売上」がどの程度見込めるか，その具体的な数値をいかに合理的に説得力をもって設定できるかにある。その際，市場創造型マーケティングの場合は，前述したフェルミ推計，キャズム理論等が概数推計のうえで強力な根拠となる。既存の飲食店・物販店のような分析型マーケティングによるビジネスプランの場合は，類似事例を基に，当該事業の立地点や事業の特徴等を適宜盛り込み推計することになる。

　また，当該事業のリスクを判定する観点から，売上高については，最も実現性の高い「標準的売上高」に加えて，想定した顧客が得られず下振れした場合でも最低限確保しうる「最低売上高」，さらには，逆に標準的売上が確保できる「上限売上高」を，一定の根拠をもって提示することが必要である。

　なお，飲食店事業等で一般的な手法として利用されている「回転率法」（店舗の接客席数，回転率，客単価等を基に売上高を算定する方法）は，類似事例

の実績数値などが整備公表されており使い勝手が良い方法である。しかし，その際最も重要な点は，「なぜ，その様な席数をもつ店舗とするのか，想定する稼働率・回転数が類似事例とどのような要因で異なるのか，同じなのか」を明確に説明できる必要がある。「全国の平均稼働率が80％，1日当り回転率1.5回を適用しました」という説明だけでは全く無意味である。

第二に，「コスト」の算定は，特別な新技術等を基にしたリスクの高い事業は別であるが，一般的な事業であれば，比較的正確な推計が可能であると言える。基本的には，固定費と変動費の区分を明確にして推計する必要があり，そのことを通じて損益分岐点となる売上高をできる限り正確に把握すること，それによってビジネスプランの現実的な性格を高めるとともに，当面の営業努力を傾ける目標値を明らかにするという意義がある。さらに，建物賃借料，減価償却費，金利，税金など，また従業員にかかる賃金のほか失業保険等の社会保険料の会社負担分，廃棄コストなど業種特有の経費を現実的に織り込むことが必要となる。

第三に，上記の売上高の想定，所用設備，コスト等の推計に基づいて，開業準備期間中の資金計画，開業後5年程度の損益計画と資金計画（含資本政策）を策定することになる。これらの計画は，ビジネスプランの前段部分（事業計画：ビジネスモデル）の妥当性等を具体的な数値によって総合的にチェック・検証するツールであると言える。

ビジネスプランの良否は，新期事業の意義や将来性，その実現可能性のほか，さらには事業にともなう各種のリスクとその対処策について，いかに論理的，具体的に示しているかにあることは言うまでもない。

しかし，ベンチャーキャピタルや，制度融資などの資金提供者側から見た場合，もう1つ重要な判断基準が存在する。それは，「投資回収のリスクと利益」の観点である。具体的には，ベンチャーキャピタルにおいては「新規事業が成功した場合に，リスクに見合う投資倍率が期待できるか」，銀行などの資金提供者においては「融資が確実に償還可能であるか」という2つの異なる観点が存在する。

以下では，第三者（資金提供者）がどのような観点から損益計画，および資

210　第Ⅱ部　事業創造論

金計画（特に資本政策）の内容を検証するかについて解説する。

(4)　資金提供者から見たビジネスプラン①──ベンチャーキャピタルの場合

　ベンチャーキャピタルの場合，もともと投資リスクの高いベンチャー企業への株式投資を前提としており，一定の投資損失が発生することは組み込みずみであるが，その代償として，当該事業が成功した場合，株式公開などによりどの程度の投資倍率が期待できるかが重要な判断ポイントとなる。株式公開に至るまでに，どの程度の投資資金が必要であり，どのようなリスクが存在するのか，事業に成功し株式公開に至った時点でどの程度のキャッシュフローを生む事業となっているのか，それによって株式公開時点で投資した株式にどの程度の価格がつくと期待できるのかが重要である。さらに，資金調達に当たり，創業者とベンチャーキャピタル等の第三者との間で経営権をどのように配分していくのかという点が重要となる。通常，「資本政策」と言われるものであり，この点については節を改めて詳細を解説する。

　例えば，議論をわかりやすく単純化して示すため，株式公開までの段階において**表14.4**に示したような資本調達を計画するモデル的なベンチャー事業を仮定する。この場合，当該事業が成功した際のベンチャーキャピタルの投資倍率は，出資時（３年目）の払込株価10万円／株が２年後（５年目）の株式上場により株価が10倍の100万円／株（単純化のため上場時の株価＝株式公開時株価とする）となることから，２年間で10倍ということになる。

　しかし，このようなベンチャー事業の多くは途中でとん挫し，その出資株式の価値はゼロとなる可能性が高い。例えば，典型的事業と同タイプの異なる事業７件があるとして，ベンチャーキャピタルが１年間に７つの案件すべてに分散投資すると仮定する（総投資額63億円＝９億円×７件）。一般的なベンチャーキャピタルの場合，このうち６件は失敗し株式の価値はゼロ，残り１件が新規株式公開を果たし，投資倍率10倍を達成するというケースが標準的なパターンであろう。この場合，ベンチャー投資の成功確率は14％（成功１件÷年間総投資件数７件），２年後の投資の残存価値は，新規株式公開に成功した

第14章　企業の成長とビジネスプラン　*211*

表14.4　モデル的なベンチャー事業の資本金推移

		1年目 （会社設立）	3年目 （ベンチャー投資）	5年目 （株式公開）	計
①	増資金額	1億円	9億円	10億円	20億円
	（発行価格）	（1万円）	（10万円）	（100万円）	（10万円）
	（発行株数）	（1万株）	（9千株）	（1千株）	（2万株）
②	株式割当先	千株	千株	千株	千株
	創業者	10	–	–	10
	ベンチャーキャピタル	–	9	–	9
	一般投資家	–	–	1	1
	計	10	9	1	20

出所：筆者作成。

投資1件の株式の時価90億円のみとなる（公開時の株価100万円／株 ×9,000株）。結局，全体では，2年間の投資期間において，総投資63億円が90億円となり，全体での投資倍率は1.43倍（90億円 ÷ 年間総投資額63億円），投資利回りは年20%弱となる計算である。経済環境の変動にともない，7件の投資すべてが失敗する可能性もある高リスクの投資であることを勘案すると，期待投資利回りは，10%〜20%は必要となろう。

　実際のベンチャー投資では，リスクの分散を図るため，案件にもよるが一般的には，ベンチャーキャピタルが1企業に1回当りに投資する額は，数千万円であり，数億円の増資にあたり複数のベンチャーキャピタルが分担して出資する傾向が強い。また，投資を一度に実施せず，マイルストーン，すなわち所定の期間で達成すべき売上目標等の課題を設定し，マイルストーが達成される都度に，段階を追って逐次分散し小刻みに投資を実施することにより，投資リスクを可能な限り回避する方法がとられる。

(5)　資金提供者から見たビジネスプラン②──融資機関の場合

　他方，例えば日本政策金融公庫などの融資による資金提供をする機関の場合には，急成長を前提とするベンチャー企業とは異なり，投資リスクが比較的低い一般的な新規事業，例えば，飲食店や小売店などへの融資が中心となってい

212　第Ⅱ部　事業創造論

る。このような場合においても，当然倒産のリスクは存在するものの，ビジネスプランの適否（融資の可否）に関する判断基準は，企業の「継続的存続」を前提に，所定の融資期間において着実に借入金を返済するに足るキャッシュフローが毎年安定的に期待できるか，また計画が一定程度下振れした場合において，どのような対処策が具体的に期待できるのか，それによって余裕をもって償還が可能であるか否かと言う点が最も重要な基準となる（一般に「感度分析」という）。

　例えば，表14.5のように，日用品等の小売物販店を開業するビジネスプランにおいて，借入金50百万円を調達することを前提とする。このような実績のない新規事業者に対しては，通常融資期間は5年が限度である。同表からは，本ビジネスプランにおいては，標準的なケースにおいてさえも5年の融資期間内

表14.5　日用品等の小売物販店の損益計画と借入金償還年数

（百万円）

	標準ケース	下振れケース① （売上10%減）	下振れケース② （対策実施時）	対策
売上高	100	90	90	
コスト	90	86	80	
（仕入商品）	（　40）	（　36）	（　36）	
（人件費等）	（　40）	（　40）	（　34）	15%カット
（減価償却費）	（　5）	（　5）	（　5）	
（金利）	（　5）	（　5）	（　5）	
利益	10	4	10	
△法人税 ＋減価償却費	△5 ＋5	△2 ＋5	△5 ＋5	
償還財源　①	10	7	10	
借入金　② （期間5年） 償還年数 ②÷①	50 5.0年 （返済可能）	50 7.1年 （返済不能）	50 5.0年 （返済可能）	

出所：仕入商品は変動費，人件費等は固定費とする。単純化のため金利は年10%，税率は50%とする。借入金は，開業時に50百万円借入。期間は，最長5年以内のみ可とする。

第14章　企業の成長とビジネスプラン　　*213*

での返済がギリギリ可能な状態であることがわかる。さらに，万一，売上高が予想を下回り，1割程度下振れした場合には，借入金の償還財源が年300万円減少するため，5年間での借入返済は困難となる。したがって，その減少分を補填するためには，例えば15％という大幅な人件費（賃金支払い）のカットが必要となる。実際の融資審査に当たっては，売上の下振れの可能性の大小，さらにはこのような人件費等のカットの実現性などが質問されチェックを受けることになる。

14.4　出口戦略と株式公開

(1)　出口戦略

創業時の多くの課題とリスクを克服し，新規事業に成功し急成長を遂げたベンチャー企業において，最終的にどのような形で事業を継続するのかは，創業者にとって非常に重要な課題である。また，ベンチャーキャピタルなど，リスクマネーを提供した者にとっても，その投資回収を図る上で重要なテーマである。

一般的には，上場企業への移行（IPO），大手企業等によるM&A，非上場企業として継続の3つの選択肢がある。各々のメリット，デメリットを成長資金の調達，成長機会の拡大，創業者利潤の確保，経営権の確保の4つの観点から整理すれば**表14.6**のとおりである。

どの形態を選択するかは創業者の考え方次第であるが，一般に，当該事業のさらなる成長を目指す場合には，IPOやM&Aにより外部の第三者の資金力，販売力，技術力を活用する手法が有効であると考えられる。また，IPOやM&Aにおいては，多くの場合，創業者の既存の持株の売却をともなうことから，創業者側に多くの現金収入等をもたらすメリットがある反面，持株の売却，新たな株式発行により，創業者がもっている経営権を放棄，ないしは弱体化させてしてしまう点に留意することが必要である。

逆に，非上場企業として継続する場合は，創業者の経営権は確保維持できるメリットがある反面，多くの場合，新規の増資は創業者や関係株主の資産の範

214　第Ⅱ部　事業創造論

表14.6　出口戦略の類型とその特徴

	IPO	M&A	非上場企業存続
内容	株式公開と東京証券取引所等への上場	当該新規事業に興味をもつ大手企業等への事業売却等	株式非公開のまま存続
①成長資金の確保	○	○	注1
②成長機会の拡大	△　注2	○　注3	-
③創業者利潤の確保	○	△　注4	-
④経営権の確保	-	-	○

(注1)　私募増資，銀行借入に調達先が限定される
(注2)　公募増資による資金が利用できるが，業務提携等は別途検討する必要あり
(注3)　M&A元とのシナジー効果が規定できる
(注4)　M&A元との相対交渉となるため，株式公開程の株価評価を得にくい傾向がある
出所：筆者作成。

囲内で行われることが前提となる。したがって，さらなる成長に必要となる多額の資金調達が，主に金融機関からの借入などの間接金融に頼らざるを得ないことになる。また，大手企業との業務提携による成長機会の拡大，持株売却による創業者利潤の確保の面でも大きな制約を受けることになる。サントリーや佐川急便など，すでに日本を代表する大企業となっているにもかかわらず，上場を行わず非上場のまま存続している企業が少なからず存在するのは，前者の経営権確保の観点からの判断によるものと推察される。

(2)　上場の意義，証券市場，上場基準

　成長を遂げたベンチャー企業が，証券取引所に株式を上場し不特定多数の株主を募ることを株式公開（IPO：Initial Public Offering）と言う。その際，既存の株式の売出しに合わせて，新規株式の発行を行い新たな資金調達を実施することが一般的である。株式公開は，不特定多数の株主に対し株式を売出すことになるため，金融商品取引法の規定に基づき，公開時における株式発行目論見書，および以降決算期毎の有価証券報告書を金融庁に提出し受理されることが必要となる。

第14章　企業の成長とビジネスプラン　*215*

　株式公開は，企業に対する一定の社会的評価を得ることを意味し，資金調達をはじめとするさまざまなメリットを享受することができることになるが，一方で，有価証券報告書等の作成の前提となる内部統制の確立や，上場基準を満たすための株主構成，財務収益基盤の構築など一定の条件を満たすことが求められることになる。

　日本の証券取引所は，現在，東京，大阪，福岡，名古屋，札幌の4カ所に設置されているが，実態上の取引は（株）日本取引所グループが運営する東京，大阪に集中している。同社が運営する取引市場には次の6市場があり，上場する企業の特性に応じた上場基準・審査基準が設けられている。2017年9月末の6市場合計上場企業数は，3,566社である。ベンチャー企業の株式公開においては，通常マザーズ，またはJASDAQを利用するのが一般的である。JASDAQは1963年に日本証券業協会が設置した店頭登録市場を前身とする市場であり，マザーズは1999年に東京証券取引所が設置した市場であり、ベンチャー企業の振興を目指して別々に設立された経緯を有する。各々の成長段階，事業特性に対応した特色ある上場基準を設定し発展してきたが，2013年の東京証券取引所と大阪証券取引所の統合により日本取引所グループの下で一元運用されるに至っている。

　ベンチャー企業の株式公開にあたっては，その企業特性等に応じてマザーズかJASDAQを適宜選択することとなるが，マザーズは将来市場1部ないしは2部への移行を前提とする企業を想定し，上場10年後に市場2部への移行審査が行われることとなっている。他方，JASDAQはベンチャー企業のほか，一定の事業規模・実績を有する成長企業，特色ある技術やビジネスモデルを有する成長可能性に富む企業を対象とする市場として位置づけられており，ベンチャー企業として上場した後も長く同市場に留まっている企業が多く存在する。

　2017年6月末時点でマザーズ，JASDDAQに上場している企業企業数は，各々238社，745社である。マザーズ上場企業は10年後には市場2部へ移行することが原則となっていることから，マザーズに現在残留している企業は，JASDAQ上場企業に比較してその社歴も短く，規模も小さくなっている。な

216 第Ⅱ部 事業創造論

表14.7 日本取引所グループの6市場の概要；上場会社数と上場基準等

	市場1部	市場2部	マザーズ	JASDAQ（スタンダード）	JASDAQ（グロース）	Tokyo Pro Market
①上場企業数	2,032	524	242	708	41	19
②特徴	大企業 一般投資家	中堅企業 同社	新興企業 同左	新興企業や特色ある企業 同左	新興企業や特色ある企業 同左	新興企業 プロ投資家
③上場基準 株主数 時価総額 （流通株式） 流通株式比率	2,200人以上 250億円以上 （－） 35％以上	800人以上 20億円以上 （10億円以上） 30％以上	200人以上 10億円以上 （5億円以上） 25％以上	200人以上 － （5億円以上） －	同左 － 同左 －	－ － － －
事業期間 純資産 利益等	3年以上 10億円以上 2年間計で 5億円以上等	同左 〃 〃 〃	1年以上 － －	1年以上 2億円以上 1年間で 1億円以上	同左 正	－
④審査基準等	事業継続性 安定収益基盤	同左 同左	合理的事業計画とその遂行基盤	事業の存続	事業の成長性	J-Adviser制度に基づく調査確認

(注) 上場企業数：2017年9月末時点，流通株式：時価総額の内数，事業期間：取締役会設置が条件
　　　プロ投資家：銀行，生損保等の証券投資を専門に行う機関投資家や一定条件を満たす個人投資家
出所：各種資料より筆者作成。

お，あずさ監査法人の調査によると，2016年の上場企業83社（Tokyo Pro Marketを除く）の上場直前の平均的姿は，売上高36億円，経常利益3億円であり，上場時の新規増資額5億円，上場時の時価総額78億円であり，業種では，情報通信が25社，サービスが24社と全体の6割を占めている。

　2001年以降の16年間における株式公開の推移は，**表14.4**のとおりである。2008年9月のリーマンショックまでは，おおむね毎年100～200社のIPOが行われていたが，同ショックによる金融経済環境の激変により年50社を下回る水準にまで減少，その後，2012年12月の第2次安倍政権発足後に導入されたアベノミックス政策により株価が回復したこと等により，2015年以降は年間100件弱の水準にまで回復してきている。

　この5年間における株式公開は累計で370件である。その市場別の内訳は**表**

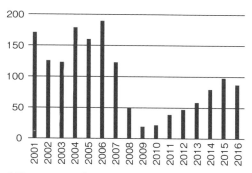

出所：EY-Japan「日本の新規上場動向2016/1-12」などより筆者作成。

図14.4 IPO企業数の推移

表14.8 市場別の株式公開内訳（2012年～2016年）

市場	マザーズ	JASDAQ	Tokyo Pro Market	市場1部2部	3地方市場	計
上場企業数	211	65	18	69	12	370

出所：EY-Japan「日本の新規上場動向2016/1-12」などより筆者作成。

14.8のとおりである。上場基準が比較的緩やかで，かつ市場1部2部へ移転を前提し成長イメージの高いマザーズでの上場が全体の6割弱を占めている。他方，JASDAQは，ベンチャー企業専門の市場として長い歴史を有し，1999年にマザーズ市場が開設されるまでは，多くのベンチャー企業が上場を行ってきた。しかし，2013年の東京証券取引所と大阪証券取引所の統合により，成長企業はマザーズ，特色企業はJSDAQ，との位置づけが明確化されたことから，JASDAQ市場での上場率は，新規上場企業全体の2割程度に縮小している。なお，市場1部2部での上場は，日本郵政，日本航空など既存大企業の上場，再上場が中心となっているほか，名古屋，札幌，福岡の3地方市場でも，地方中堅優良企業の上場が行われている。Tokyo Pro Marketは，生損保などの機関投資家を対象とする専用市場である。

218 第Ⅱ部 事業創造論

(3) 株式上場準備と上場実務

金融商品取引法により，株式の売出は，公募と私募に大きく2分される。一般の投資家50名以上を対象とする場合を「公募」，50名以下の一般投資家，ないしは銀行・生保などのプロ投資家のみを対象にする場合を「私募」という。株式を証券取引所に上場することは，不特定多数の一般投資家を対象とするものであり，このうちの公募に関する同法の規定，および証券取引所が定める上場基準など各種の規則が適用されることになる。

このため，株式上場にあたっては，大きく次のような事前準備が必要となり，通常，3年程度の準備期間が必要であると言われている。

・内部統制システムの整備　・株主，グループ会社の整理

・発行目論見書，有価証券報告書，上場申請書の作成

・公認会計士，税理士，弁護士，幹事証券会社，ならびに受託銀行等の選定

これらの詳細については，第10章に記載しているので，ここでは省略する。

株式公開の準備が完了した後，具体的な株式上場の手続きに入ることになるが，その主要なプロセスは下記のとおりであり，開始後，実際の上場までの期間は2～3カ月程度である。

① 幹事証券会社の内部審査　② 証券取引所への上場申請

③ 所管財務局への株式売出等に関する目論見書等の提出　④ 取締役会決議

⑤ ブックビルディング　⑥ 条件決定，払い込み　⑦ 株式公開

以上の手続きを経て，株式が証券市場に上場され，株式公開の翌日から証券取引所での取引が開始される。当該株式の人気度にも左右されるが，通常は，株式公開のブックビルディングにおいて当該株式の取得ができなかった一般投資家を中心に，多くの買い注文が発生するため，取引所で最初に成立する取引価格（初値）は，公募価格を上回る水準となる傾向がある。2016年にIPOを果たした83社（Tokyo Pro Marketを除く）の平均では，初値が公募価格の1.7倍となっている。

第14章　企業の成長とビジネスプラン　*219*

(4)　創業者利潤—ブライダル事業Ａ社

　株式公開は，当該企業の社会的認知と新たな成長のための資金を確保するという点で大きな意義を有するが，加えて，当該企業の創業と発展に努力してきた創業者や共同出資者，ベンチャーキャピタルなどにも大きなメリットをもたらす。これが，通常，創業者利潤と呼ばれるものであり，大きくは次の２つから構成される。

①　株式売却益

　株式公開時において，創業者などが保有していた株式のうち，既存株式の売出として拠出提供した株式の受取代金と当初出資時の払込価額との差額。公募価格は，通常，当該企業の将来性などを評価した価格であり，創業当時に払い込んだ価格に比して，多くのプレミアムが上乗せされているのが通常であり，公募価格と創業時払込価格との差額が，創業者らの利益となる。

②　株式評価益

　株式公開後においても，経営権の確保等のため，創業者などが当該企業の株式を一部保有継続する場合，上場によって当該株式は日々刻々と市場価格が開示されることとなり，この市場価格と創業時払込価格との差額が，創業者らの保有株式の評価益となる。

　日本においては，①よりも②を選択し，自身の経営権保持を優先する創業者が多いと言われている。また，株式公開に至る途中段階において出資による資金提供を実施したベンチャーキャピタルにおいても，上場後の当該株式の価格上昇が見込まれる場合，最も条件の良い時点での持株売却を行うために，上場後も株式の保有を継続することが少なからず存在する。逆に，株式公開が見通せるに至った段階での出資については，当該株式について上場後一定期間売却を禁止する「ロックアップ」の条件を付し，株式上場直後に，大量の株式の売り注文が生じないようにすることがある。

　創業者利潤は，保有株式数と，公募価格ないしは上場後の市場価格（株価）と当該株式の払込価格との差額に依存する。このうち，払込価格は，株式公開

220　第Ⅱ部　事業創造論

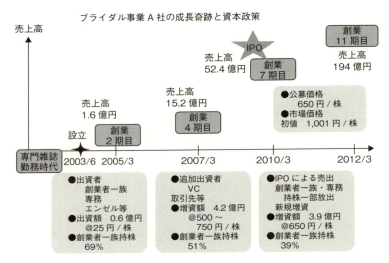

出所：発行目論見書等から作成。

図14.5　ブライダル事業A社の成長と資本政策

の確度が高まるにつれ，当然に上昇していくことになるため，順調に事業が推移しているベンチャー企業においては，創業の初期段階で大きなリスクを負担しつつも，低い払込価格で株式を取得した創業者や先見の明あるベンチャーキャピタルに大きな創業者利潤をもたらすことになる。

　図14.5は，実際に2010年にマザーズに上場したブライダル事業会社A社の成長軌跡と資本政策の事例である。創業当初からの上場までの払込価格等の推移をみると，2003年6月の創業時1株25円の払込価格からスタートし，7回の増資を経て，2010年3月の公募，上場に至る7年間，ほぼ一貫して払込価格が上昇している。公開時の公募価格650円は創業時の引受価格25円の26倍，上場時の初値1001円との比較では40倍の価格がついている。この結果，創業者である社長B氏は，保有株式の売出にともなう売却益0.6億円，上場による継続保有株式の評価益（初値ベース）14.3億円，合計14.9億円の創業者利潤を株式公開時に手にしている（妻，および資産管理会社による株式保有分を含む）。他方，ベンチャーキャピタルのうち，2006年7月までに出資したC社等は，出

資時払込価格500円／株であり投資倍率は2倍となっているが，遅れて出資したD社の払込価格は750円／株とされたことから投資倍率は1.3倍に留まっており，かつ，上場後半年間（2010年8月末日まで）は原則として売却ができないロックアップ条項が付されている。

(5) 株式上場のプロス＆コンス

一般に上場にともない当該企業の社会的地位，知名度は向上し，採用や資金調達の面で大きなメリットが生じる反面，経営支配権の希薄化をはじめ，内部統制や情報開示にともなう各種のコスト増というデメリットも発生する。内部統制や情報開示の体制整備は，上場・非上場の区分に関わらず株式会社制度自体が要請する根幹的な条件ではあるが，それをどの程度の水準で構築するかは，当該企業の事業内容や経営者の判断等によりさまざまなレベルが想定されると言える。上場・非上場のメリット，デメリットの詳細については，第10章を参照していただきたい。

14.5 資本政策

(1) 上場と資本政策

ベンチャー企業における資金面での重要課題は，次の3つをいかに調和させるかという点にある。

①大きなリスクを抱え，かつ急速な事業拡大に必要となる高リスクの「成長資金」をいかに調達するか

②創業者の「経営権」をいかに確保するか

③「創業者利潤」をいかに確保するか

これら3つの課題は，増資と借入という2つの資金源の選択と深く結びついている。また，後述するような会社法における株主議決権，種類株式などの法制度とも深く関連し，相互に二律背反的な関係が存在する点にも留意しなければならない。資本政策は，創業時から株式公開までの間において，事業のリスクの程度と成長資金の多寡に応じて，これら3つの課題のうちどの項目に重点

222　第Ⅱ部　事業創造論

を置き，どの項目をある程度犠牲とするかの考え方，方針を意味する。

　事業の準備，創業段階においては，とにかく①の資金の量的確保に重点を置かざるを得ないのが一般的である。しかし，創業後事業が一定の展開を遂げ，株式公開に向けた見通しが少し見え始め，急速な事業拡大に対応する多額の資金調達が必要となった時点で，資本政策をどのように設定するかが，その後の事業の成否，株式公開後における創業者の経営権の確保に大きな影響を与えることになる。特に，通信インフラ事業や，医薬品開発など，多額の資金を必要とするベンチャー企業においは非常に重要な課題となる。

　以下では，2000年代初頭に勃興した通信インフラベンチャー 3 社の事例を解説する。

(2) 通信インフラベンチャー 3 社の事例

　表14.9は，2000年代においてわが国の高速通信事業をけん引した通信インフラベンチャー 3 社の資本政策に関する比較表である。当該事業は，ADSL 技術に基づく通信インフラの先行整備のために，数百億円単位の多額の成長資金を必要とする点が特徴であった。

　X 社は，3 社の中でいち早く事業を開始し当初順調に事業を拡大したが，経営権の確保を重視し，借入金による成長資金の確保を図る資本政策をとった。しかし，IT バブルの終焉にともなう経済環境の悪化の中で，高リスクの事業に対する融資に取引銀行の理解が結果的に得られず，創業後 3 年目に資金繰りに窮し，大手IT 企業に買収され，創業者は当初払込価格で全株式を手放すに至っている。

　他方，Y 社，Z 社は，後発ではあるが，株式公開後の経営権確保を断念し，企業成長のための高リスク資金の多額調達を優先する資本政策（転換条件付きの優先無議決権株による増資）を選択，資金調達に成功し，両社とも2003年から相次いで株式公開に成功している。

　IPO を果たした Y 社，Z 社は，ベンチャーキャピタル等からの出資を得るに当たり，株式公開に至るまでの期間における創業者の経営権を確保するため，前述のように転換条件付き優先無議決権株式を活用している点で共通して

第14章　企業の成長とビジネスプラン　223

表14.9　通信インフラベンチャー3社比較

	X社	Y社	Z社
①概要			
設立	1999年4月	2000年3月	1999年11月
事業開始	1999年12月	2001年1月	2000年10月
上場時期	2001年6月大手通信企業が買収	2005年5月 JASDAQ	2003年10月マザーズ
創業者	A氏，B氏	C氏　官僚出身	E氏　通信業界重鎮
	IT関連中小企業経営者	（社長）D氏：大手通信	F氏　証券アナリスト
経営者	（会長）A氏，（社長）B氏	企業出身	（会長）E氏
		（副社長）C氏：	（CEO）F氏
②上場までの資金調達	増資2回　計60億円	増資4回　計200億円	増資3回　計198億円
	（普通株式のみ）	（優先無議決権株）	（優先無議決権株）
③議決権構成			
創業～上場前	創業者等で50%超確保	創業者等で100%	創業者等で100%
上場時	―	創業者C氏　　2%	創業者E，F氏　各7%
		大手通信企業 20%	大手通信企業　18%
		大手商社企業 10%	
④上場による創業者利潤（推計）	―	創業者C氏　4億円	創業者E氏　　47億円
			〃　F氏　　47億円

出所：発行目論見書等から筆者作成。

いる。すなわち，株式公開までの増資においては，転換条件付き優先無議決権株の発行を行い，多額の資金調達をする一方で，議決権の面では創業者が過半の議決権を確保，株式公開に至った場合には，無議決権株式が議決権株式に転換することによりベンチャーキャピタルなどが最大の議決権を有する株主となる仕組みを選択している。これは，株式公開前の企業成長の段階においては，創業者等の個人的資質，先見性による事業運営を尊重するとともに，株式公開後においては，経営権が創業者から離れることを条件とし，マネジメントの専門家による組織的な経営を行うことを前提とする資本政策である。また，両社は，創業者や従業員のモチベーション確保の観点から，新株予約権（ストックオプション）を積極的に活用している点でも共通している。

224   第Ⅱ部　事業創造論

　具体的には，Y社は，創業者が日本における高速通信事業の普及成功自体を第一の目的として掲げ，官僚出身であるという自身の経歴も考慮し，会社設立当初から社長の地位を通信業界に明るい専門家に譲り経営実務を委ねている。このことによってY社は，既存の大手通信企業等からの出資獲得に成功，これをコアとして各ベンチャーキャピタルからの多額の出資を確保することで成長資金を手にしている。株式公開までの間，創業者は議決権株式の過半を握り実質的な経営権を保持したが，その地位は副社長位に留め，創業者として事業計画等の重要事項策定に専念し，社長とともに同社を株式公開にまで牽引する役割を果たしている。

　この結果，株式公開による創業者利潤の額（IPO時初値ベース，以下同じ）は，数億円程度に留まったと推計される。他方で，IPOにともない議決権株主に転換し最大株主となった大手通信企業，ベンチャーキャピタル等の既存株主は，全体で約270億円の投資利益を享受していると推計される。

　Z社は，創業者自身が通信業界の重鎮の1人でもあったことから，創業者兼会長として経営権を握り事業に積極的に関与することで，ベンチャーキャピタルからの信頼を得て多額の出資を確保することに成功している。Z社においても，Y社と同様にIPOにともない議決権株主に転換し最大株主となった大手通信企業，ベンチャーキャピタル等の既存株主は，全体で約250億円の投資利益を享受したと推計されるが，創業者自身も無議決権株の議決権株への転換比率を工夫したことから，数十億円の創業者利潤を手にしたものと推計される。

(3)　資本政策に関する2つの考え方—日本とシリコンバレー

　これまで見てきたように，ベンチャー企業の資本政策については，「経営権」を優先するか，事業成長のための「資金調達」に重点を置くかにより，大きく2つの考え方が存在すると言える。**表14.10**は，これを整理して示したものである。

　前者は，企業は創業者個人のものであるという認識が強く，創業者個人が事業リスクを負担する第一の主体であるとともに，そのようなリスク負担の報酬が，成功したときの大きな創業者利潤であるとする考え方である。

第14章　企業の成長とビジネスプラン　*225*

表14.10　資本政策の2つの類型—日本型とシリコンバレー型

	日本型	シリコンバレー型
①資本政策における重点	経営権の確保	事業成長のための資金調達の確保
（基本的な考え方）	企業は創業者のもの IPO後も経営権確保 創業者利潤の獲得主眼	企業は公的なもの IPO後は専門家が経営 ：創業者（Founder）とCEOの分離， イノベーションの達成
②具体的な資金調達手法	普通株式による増資と銀行借入の併用	種類株式（転換条件付き優先無議決権株など）を活用した増資が主体
③対応する事業	低リスク，小規模事業	高リスク，大規模事業
④事例	通信インフラベンチャー　X社	通信インフラベンチャーY社，Z社

出所：「ベンチャー企業の経営と支援」（松田2004）など各種資料を基に筆者作成。

　旧来，日本のベンチャー企業や，一般の中小企業経営者においてはこのような考え方が広く存在しており，いわば「日本型資本政策」ということができる。これは，創業者自身に一定の資力があり経営権を確保しつつ同時に成長に必要となる資金をも調達できる場合，ないしは事業自体に多額の資金を必要としない場合，あるいは事業が早期に軌道に乗り安定した収益基盤が形成されて，銀行借入などのリスク回避型の資金調達が可能となるような低リスクの事業の場合に適している。前述の高速通信事業の事例3社のうちX社は，このような「日本型資本政策」をとった典型事例と言えるが，取り組んだ事業が高リスクでかつ多額の資金を必要とする通信インフラ事業であることを考えた場合，この日本型資本政策への固執が他の2社との命運を分けた大きな要因の1つであると言うことができよう。

　他方，後者は，創業者の経営権確保よりも，事業成長のための資金調達を優先するという考え方である。事業それ自体の成功によって，社会経済のイノベーションを推進することが重要であり，創業者はそのための最初の切っかけづくりを行う役割を担う者，創業当初のリスクを担う者に過ぎないとする考え方が根底にあると言えよう。したがって，ベンチャー企業に対しては，その成長の各段階ごとに必要な経営形態を想定し，各種の支援制度を社会システムと

226　第Ⅱ部　事業創造論

して構築し，社会全体でベンチャー企業が開始したイノベーティブな事業を育て支えることが奨励されるのである。このような考え方は，高リスクで多額の成長資金を必要とする IT や新薬の開発が盛んな米国のシリコンバレーなどで特に強いと言われており，いわば「シリコンバレー型資本政策」ということができる。

　具体的には，資金提供を行うベンチャーキャピタルは，株式公開前までの期間においては，転換条件付きの優先無議決権株などを活用することにより，創業者に基本的に経営を委ね，アドバイザーの派遣等を通じて間接的に経営をサポートすることに徹する。そして，事業が成功し株式公開に向けた準備が本格化した段階で，ベンチャーキャピタルが経営権を握り，経営陣を一掃して外部から企業経営の経験に富むマネジメントの専門家を招請し，新経営陣の下で株式を公開し一層の企業成長を展開することが一般に行われている。この場合，創業者は株式公開にともなう創業者利潤を得るとともに，新経営陣の下で「ファウンダー」として当該事業の展開を見守るアドバイザー的な位置づけに留まることになる。有名な事例としては，米国のアップル社，Yahoo 社，Google 社などがあり，日本では，前述の高速通信事業の事例 3 社のうち，Y 社，Z 社がシリコンバレー型の典型であるといえよう。

(4)　経営者の能力と資本政策

　日本型，シリコンバレー型の 2 つの資本政策の選択に当たり，事業が高リスクなのか低リスクなのか，成長資金が多額なのか否かという，事業特性の観点が重要であるが，さらに創業者の能力をどのような観点から評価するかとう点も大変重要なポイントである。

　ベンチャー企業の成功のためには，「起業家としての力」と「マネジメント力」の 2 つが重要であると言われている。

　「起業家としての力」は，ビジネスプランの前半部分「ビジネスモデル」に対応する能力であり，次の 3 つのから構成される。第一に，社会経済の動向を見据え，社会的な重要課題を発見し，その解決が社会のイノベーションに結びつく重要な課題であり，大きな潜在的な「ニーズ」が存在することをいち早く

発見し，具体的なイメージとして提示することができること。第二に，そのような潜在的なニーズを顕在化し具体化するために必要となる技術的な解決策，すなわち「シーズ」「ブレークスルー」を提示することができること。これは，全くの新技術である必要はなく，PC の開発においてアップル社のジョブズらが行ったように既存技術の組合わせでも良いのである。第三に，そのようなニーズとブレークスルーの組合わせを実現するために必要となる人材を集め，チームを作り，リスクを抱えつつも社会に新たな価値をもたらすことに魅力を感じ邁進する組織を立ち上げる力である。そのために必要な人的な魅力とその実現のための強い思いをもっていることが不可欠の資質である。

　このような能力は，経営学を理論的に学ぶことによってではなく，日常の出来事に対する洞察力や，技術面での幅広い知識，さまざまな困難に挑戦し得てきた経験などから，総合的な力として形成されるもの，ないしは天性の資質であるということが言えよう。このような力は，ベンチャー企業立ち上げの段階において，創業者に最も必要となる力であると考えられる。

　他方，「マネジメント力」は，ビジネスプランの後半部分「実施計画」の部分に対応する能力であり，「企業経営に関する一般的な原理原則・理論に関する知識」，「経験に基づく実務的な遂行力」，「幅広い人的なネットワーク」の3つから構成される。原理原則・理論に関する知識としては，戦略論，マーケティング論，組織論などの経営学に関するものに加えて，会計学，企業ファイナンス論，会社法などの分野に関する基礎的な知識が挙げられるが，これらの知識は大学の授業など一定の手続きを踏むことによって基本的には誰でも取得できる内容のものである。また，「経験に基づく実務的な遂行の力」，「人的なネットワーク」についても，本人の努力や訓練によって相応の水準に計画的に到達できる余地が高いものと考えられる。このような力は，一定の事業基盤をすでに有する既存企業の経営を行ううえで特に重要な能力であり，株式公開前のベンチャー企業においても，新規事業が魔の川，死の谷，ダーウィンの海を乗り越え，成長し組織が拡大し複雑化して行くにしたがってその重要性が高まって行くことになる。

　このように，「起業家としての力」と「マネジメント力」は，基本的に異な

第Ⅱ部　事業創造論

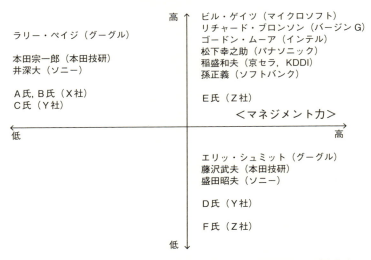

出所：「中小企業論・ベンチャー企業論」（植田 2007）など各種資料より筆者作成。

図14.6　起業家としての能力とマネジメント力

る資質であり，各々が求められる度合も，企業成長の段階ごと，局面ごとに異なってくると考えられている。また，2つの力を同一人の中に合わせもっている事例は，極めて稀であり，多くの場合どちらか一方の能力に秀でているのが一般的であろう。創業当初の本田技研において，本田宗一郎は「起業家としての力」，藤沢武夫が「マネジメント力」を発揮し，2人が協働協力し経営を分担することによって，その後の本田技研の隆盛が築かれた事例がその典型であると言えよう。

　先述のシリコンバレー型の資本政策は，このような観点から見た場合，事業の立ち上げから株式公開までの事業基盤を確立するまでの間を「起業家としての力」に富むと考えられる創業者に主導させ，事業基盤が整い本格的な事業成長を目指す株式公開以降の段階を「マネジメント力」に富む経営専門家に委ねる方式である。一定の根拠をもつ合理性のある方式であると言えよう。

　なお，「起業家としての力」と「マネジメント力」の双方を合わせもってい

る人材も，少なからず存在することも事実である。一般には，米国のビル・ゲイツ（マイクロソフト），リチャード・ブロンソン（バージングループ），ゴードン・ムーア（インテル）などがその代表例であると言われており，アップル社のジョブズもいったんアップル社を追われて退陣し，再度同社に復帰する過程で持ち前の「起業家としての力」に加えて「マネジメント力」をも身に着けたと評されている。また，日本においても，松下幸之助，稲盛和夫，小倉昌男などがその代表例であろう。このような2つの力を同時に合わせもった者が創業者となった場合，ないしは創業の過程で「起業家としての力」に加えて，「マネジメント力」をも修得したと見なされる場合には，シリコンバレー型の資本政策をとったとしても，株式公開以降も創業者が引き続き経営陣に留まり，経営者としの役割を担うことも可能である。先述の高速通信事業のZ社については，正にそのような評価を主要株主が下し創業者が株式公開後においても引き続き経営者として采配を振るった事例である。

(5) 成長機会の拡大と資本政策

　資本政策を考えるうえで，これまで述べてきた「成長資金（リスクマネー）の量的確保」，「経営権の確保」と並ぶ重要な視点として，「外部の成長資源」（成長のためのパートナー）をいかに取り込むか，その手段として資本政策をどう活用するかという点も重要である。

　ベンチャー企業の多くは，創業者の抱く新規ビジネスへの熱い思いがコアとなっている一方で，既存の事業基盤があるわけではなく，全く孤立無援からの創業となるケースも少なからず存在する。そのような新規事業が成功するための最大の鍵は，創業者の描く新規ビジネスを理解し支援してくれるステークホルダーを数多く確保することである。具体的には，大口のユーザー，原材料の提供者などであり，当該新ビジネスの成功が自身のビジネスの拡大につながる潜在的なニーズを有し，一時的な環境悪化や新規事業の予期せぬ困難に対して共通の利益の下に協働して対処する企業や個人がその対象となる。

　前述の高速通信事業の事例においては，Y社，Z社は既存の通信大手企業やインターネットサービスのプロバイダーなどと資本提携し，自社が提供する高

230　第Ⅱ部　事業創造論

表14.11　通信インフラ事業3社の主要な増資相手先—増資調達額と払込金額

	X社	Y社	Z社
創業からIPO直前までの増資払込額（億円）	（2001/6買収まで） 創業者　　0.7億円 提携先　　－ その他　　63.9 計　　　64.6	（創業から株式公開前） 創業者　　0.3億円 提携先　　82.5 その他　　117.1 計　　　199.9	（創業から株式公開前） 創業者　　1.9億円 提携先　　54.2 その他　　141.7 計　　　197.8

出所：発行目論見書等の資料から作成。

速通信回線の大口ユーザーを確保することにより，営業面でのコスト削減に成功している。さらに，両社は，上記なような提携先に対して一定の出資を仰ぐことにより，株式公開までに必要となる成長資金を多数のベンチャーキャピタルから募るに当たって，増資引受元のコア（事業推進母体）としての役割を付与することに成功している。

　他方，X社はそのような提携先を確保することができなかったため，独力で不特定多数の個人新規ユーザーを開拓確保することが必要となり，販売代理店への多額の手数料支払い，自社営業マンの採用育成に多くの時間やコストを負担することが必要となっている。さらに，このような単独・独力の事業展開を選んだ結果，2000年央のITバブル崩壊後において，資本市場の急速な環境悪化が生じた際に，これまで出資に積極的であった既存ベンチャーキャピタルや大手金融機関が一斉に資金提供に消極化する流れを打開できなかったことから，個人ユーザー数は順調に増加していた局面の中にあって，事業拡大のための資金需要に対処できず，大手通信企業による買収を受け入れざるを得ない状況に至っている。

〔第14章参考文献〕
・W. アイザックソン著，井口耕二訳　『スティーブ・ジョブズ　1』講談社；ペーパーバック版　2012年
・A. オスターワルダー，I. ピニュール著，小山龍介訳『ビジネスモデル・ジェネレー

ション ビジネスモデル設計書』翔泳社　2012年

・C. クリステンセン著，玉田俊平太監修・伊豆原弓訳『イノベーションのジレンマ 増補改訂版』翔泳社　2010年

・P. コトラー，K. L. ケラー著，恩藏直人監，月谷真紀訳『コトラー & ケラーのマーケティング・マネジメント第12版』丸善出版　2014年

・J.A. シュムペーター著，塩野谷祐一，東畑精一，中山伊知郎 訳『経済発展の理論――企業者利潤・資本・信用・利子および景気の回転に関する一研究〈上〉〈下〉（岩波文庫）文庫』岩波書店　1977年

・J.A. シュムペーター著，中山伊知郎，東畑精一訳『資本主義・社会主義・民主主義』東洋経済新報社 1995年

・P.F. ドラッカー著，上田惇生訳『マネジメント［エッセンシャル版］――基本と原則』ダイヤモンド社 2001/12/14

・M. フリードマン著，熊谷尚夫，西山千明，白井孝昌訳　『資本主義と自由』マグロウヒル出版　1975年

・J. ムーア著，川又政治訳『キャズム Ver.2 増補改訂版新商品をブレイクさせる「超」マーケティング理論』翔泳社　2014年

・R. ロスウェル，W. ゼクフェルト著，間苧谷努，庄谷邦幸，岩田勲，太田進　訳『技術革新と中小企業――雇用と経済発展への役割（有斐閣選書R）』有斐閣　1987年

・今枝昌宏著『ビジネスモデルの教科書』東洋経済新報社　2014年

・植田浩史ほか3名著『中小企業論・ベンチャー企業論』有斐閣　2007年

・大隅健一郎著『新版 株式会社法変遷論』有斐閣　1987年

・大塚久雄著『株式会社発生史論』有斐閣　1938年

・岸川善光編著『ベンチャー・ビジネス　要論　改訂版』同文舘出版　1998年

・小林昌男著『小倉昌男　経営学』日経BP　1990年

・小山賢一著『アメリカ株式会社法形成史」商事法務研究会　1981年

・東條巖著「［連載］ブロードバンド "闘争" 東京めたりっく通信物語　58回シリーズ」J-CAST ニュース　2008年（https://www.j-cast.com/2008/09/01025800.html）

・野口吉昭監，HR インスティテュート著『30ポイントで身につく！「ビジネスモデ

232　第Ⅱ部　事業創造論

ル思考」の技術』PHP 研究所　2013年
・野中郁次郎編著，徳岡晃一郎著『ビジネスモデルイノベーション─知を価値に転
　換する賢慮の戦略論』東洋経済新報社　2012年
・堀義人監，グロービス経営大学院編著『MBA 事業開発マネジメント』ダイヤモン
　ド社　2010年
・松田修一著『ベンチャー企業　第3版』　日本経済新聞出版社　2010年
・松田修一監，早稲田大学アントレプレヌール研究会編　『ベンチャー企業の経営と
　支援』日本経済新聞社 2000年
・湯崎英彦著『巨大通信ベンチャーの軌跡　ブロードバンドをめぐる攻防』日経 BP
　社　2009年

第15章 中小企業のライフサイクル――事業承継，自主廃業，M&A，倒産

15.1 中小企業のライフサイクル

(1) 企業のライフサイクル

2017年版の中小企業白書によれば，2012年時点の会社企業数は全国で169万社である。図15.1は，2001年以降2014年までの会社数と，開廃業社数の推移を示しており，過去14年間の新規開業会社数の平均は年6.5万社，経済環境の良否により大きく変動している。他方，廃業会社数（自主廃業，および倒産による廃業を含むと推測される）は，同9.2万社と新規開業会社数を上回り，かつ

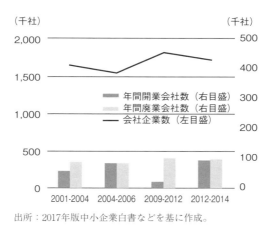

出所：2017年版中小企業白書などを基に作成。

図15.1 会社企業数と開廃業数推移

近時は漸増傾向にあることが分る。年間9.2万社の廃業社数の内訳は公表されていないが、後述する東京商工リサーチのデータなどから、おおむね3分の1が倒産による廃業、3分の2が自主廃業と推計される。

中小企業庁のデータを基に帝国データバンクが作成した資料によると、開業後の企業の生存率（開業後X年経過後の企業残存率）は、5年目で8割、10年目で7割、20〜25年目で約5割となっている。さらにこれを工業統計による事業所ベースでの統計で見た場合、10年目の事業所生存率は26％に留まるとの推計も示されている。年間数万社が開業する一方で、多くの企業が自主廃業や倒産等により退出していることがわかる。

他方、2001年〜2016年の新規株式公開数は、年間平均98社、新規株式公開までの平均期間は9年と推計される（1990年以降設立しJASDAQに上場した企業）。また、M&Aは同2,159件であり、新規開業会社数と同様に経済環境の良否にリンクして変動していることが図15.2からわかる。

以上を総合すると、企業の一般的なライフサイクルとして、「毎年開業する6.5万社の企業のうち、100社程度は急成長を遂げ、おおむね10年で新規株式公開にいたるが、その比率は全体の0.2％に満たず、最終的にM&Aの対象となる企業を含めてもその比率は3％程度に留まる。逆に、全体の3割が倒産等により10年目には消滅しており、さらに10〜15年後には残り7割のうちの3分の

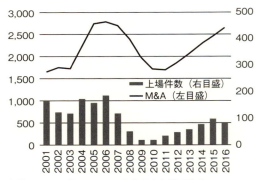

出所：レコフ「MARR2017」などより筆者作成。

図15.2 IPOとM&Aの件数推移

第15章　中小企業のライフサイクル　*235*

1が退出し，結局，開業後25年以上存続する会社は，全体の5割以下となって
しまう」と言うことができよう。

(2)　中小企業経営者の高齢化

　帝国データバンクの調査（2017年1月31日「全国社長分析」）によると，
2016年12月末時点の日本の企業約99万社（株式会社，有限会社）の社長の平均
年齢は，59.3歳であり，1991年の同調査結果54.3歳に比し約5歳高齢化してい
る。さらに，同調査によると70歳以上の社長は全体の19.2％を占め，60歳代の
社長も32.7％を占めるに至っている。また，2016年に社長交代が行われた企業
のうち，新旧の社長の年齢が判明した1.9万社について見ると，交代前の社長
の平均年齢は67.1歳，交代後の新社長の平均年齢は51.1歳であり，60歳後半で
多くの社長が後継者に社長の地位を移譲している実態が明らかになっている。
　中小企業庁が2015年に実施したアンケート調査に基づいて推計した結果から
も，中小企業経営者の年齢の最頻値はこの20年間で47歳から66歳へと19歳も高
齢化していること，70歳以上の高齢経営者の数は，2015年時点で34万人に達
し，今後10年間であらたに59万人が加わることも示されている。
　このように，日本の中小企業においては，経営者の高齢化が着実に進んでお
り，それにともなう事業の承継や自主廃業が今後大きな課題となることは避け
難い状況となっている。さらに，上記のアンケート調査においては，リスクを
ともなう設備投資や海外展開に対して，年齢の高い経営者ほど消極的であるこ
とが示されており，わが国の中小企業の活力維持向上の面からも，中小企業経
営者の世代交代を円滑に進めることが重要な課題となっていると言える。

15.2　中小企業と事業承継

(1)　中小企業の特徴と事業承継

　2012年版の国税庁「法人統計」によれば，日本の中小法人（資本金1億円以
下）のうち96.5％がオーナー会社（同族会社，特定同族会社）である。また，
2011年に中小企業支援機構が中小企業の社長を対象に実施したアンケート調査

236　第Ⅱ部　事業創造論

によると，回答企業2852社のうち62％の社長が子供など親族による事業承継を
希望すると回答している。

　事業の承継においては，社長職などの企業経営にあたっての役職・地位を後
継者に引き継ぐことのほかに，そのような役職・地位の基盤となっている大株
主としての地位（支配株式）を同時に譲渡することが必要である。親族による
事業承継の可否は別として，中小企業の経営を親族が承継するに際しては，次
のような中小企業特有の３つの課題，すなわち，①社長職の後継者への円滑な
移譲　②支配株式の後継者への集中移転　③節税対策が存在することを認識す
る必要がある。以下では，順次その内容を解説する。

(2)　社長職の後継者への移譲—後継者の選定と育成，認知

　社長職の移譲に当たっては，子息等の親族の中に当該中小企業の経営を委ね
るに足る資質と意欲をもつ後継者が存在するか，また，逆に複数存在する場合
にはそのうち誰を後継者として選定するかということが問題となる。特に，兄
弟姉妹間での選択は，親族間の争いを招きやすく過去の多くの事例がその難し
さを証明している。また，有能な後継者の確保対策の１つとして，娘婿として
外部から優秀な人材を迎えるケースも少なからず見受けられる。

　さらに，選定した後継者をどのようなプロセスを経て有能な経営者に育てる
か，その方策も大きな課題となる。一般的な方法としては，親密な取引関係の
ある企業に一定期間後継者を勤務させ，第三者の下で順次一般社員，管理職，
経営幹部として多様な経験を積ませたり，現社長の下で一定の役職を与え計画
的に昇格させる，また，子会社等において社長職を経験させるなどの方法がと
られている。

　また，選定・育成した後継者を，いかに社内外のステークホルダーの認知を
得るかも重要な課題である。考慮すべきステークホルダーとしては，現社長の
兄弟，後継者の兄弟などの親族のほか，主要な大株主，現社長とともに会社経
営に携わり苦楽をともにしてきた古参経営幹部，従業員などの社内関係者，さ
らには大口販売先や代理店，メイン銀行など外部の主要取引先が挙げられる。

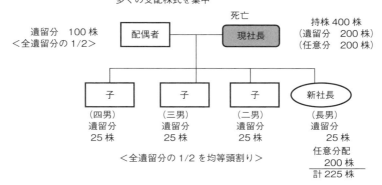

出所：各種資料に基づき筆者作成。

図15.3 相続による支配株式の分散

(3) 支配株式の後継者への集中移転

　民法に規定する相続は，相続者間で一定の原則に従って遺産を分割して相続することを求めている。したがって，現経営者が死亡した場合，相続人の数にもよるが，当該経営者が保有する株式が分散して相続されることになるため，上記の事例のように後継者の保有持株の比率は相続により大きく低下してしまうことになる。その結果，後継社長の経営権を阻害してしまう可能性が大となる。

　後継者へ株式を集中するための対策としては，遺留分の生前放棄，経営承継円滑化法の特例を利用し計画的な生前贈与を実行する方法，会社法に定める種類株式の利用や遺留分株式の自己株取得などの方法が考えられる。

(4) 節税対策

　現行の相続税は，株式など相続対象となる財産を一定の方法で評価し課税対象価額を算出し，所定の税率に基づいて相続税を課す方式が採られている。このため，承継の対象となる企業が上場会社の場合や，非上場であっても事業規

238　第Ⅱ部　事業創造論

模が大きく財務が良好な場合などにおいては，多額の相続税が課される可能性が生じる。このため，合法的にいかに相続税を最小化するかが，事業承継における重要な課題となる。

　一般的には，経営承継円滑化法による相続税の80％相当額の納税猶予制度の活用，税法上の小会社に適用される純資産価額方式の特性を活用し借入金による不動産投資を行うことなどによる節税が行われている。

　例えば，従業員数10人，資本金1,000万円，売上規模年8,000万円の製造業の会社は，税法上の小会社に該当し純資産価額方式が適用される。この場合，不動産の固定資産税評価額は，課税実務上の配慮から時価（公示地価）の8割程度に通常設定されているため，同社が1,000万円の借入を行い時価1,000万円の事業用土地を購入することで，相続税の課税評価額を200万円程度圧縮することが可能となる。

　この他の典型的な節税対策としては，支配株式を別途設立した資産管理のための株式会社，もしくは財団法人など（資産管理法人）に移転，寄贈し，各種の税務上のメリットを得たうえで，同法人を通じて間接的に大株主として影響力を行使する方式（資産管理法人方式）も多く利用されている。この典型事例としては，後述する事業承継の事例として取り上げる大手スポーツ用品メーカーにおける公益財団法人を利用する事例や，大手ネット通販サービス会社における合同会社を利用する事例などがある。

　ここで取り上げた節税対策の具体的な内容，特にスキームや課税上のメリット，リスク等の詳細については専門書に譲るが，資産管理法人に関する税制上の取扱いには多くの不確定要素があり，税法の改正，国税庁の通達などにより当初期待した税制上のメリットが消失する可能性を含んでいる点に留意が必要である。また，税法上の問題がない場合であっても，バブル経済崩壊など急激な経済変動にともない運用資産を大きく棄損してしまう事例も存在する点に留意が必要である。某大手家電メーカーの事業承継に関連し，創業者一族の資産管理会社が，大規模なリゾート開発に失敗し，2005年に倒産，創業者一族の実質的な持株比率が大きく低下してしまったことが，その後における当該大手家電メーカーの経営トップ選任を左右する大きな要因の1つとなったとされてい

第15章　中小企業のライフサイクル　*239*

る。

15.3　事業承継の4つのパターン

　事業承継のパターンには，**表15.1**のように，役職と支配株式をどのように移譲するかに応じて，「オーナー経営維持型」，「中継ぎ型」，「投資家型」，「承継放棄型」の4つが想定される。以下では，各々の特徴や具体事例を解説する。なお，具体事例については，知名度，内容の把握しやすさなどを勘案し，オーナー経営の形態をとる大企業の事例を中心に紹介する。

(1)　オーナー経営維持型
　現経営者が，その子息，兄弟などの親族，または女婿などに事業を直接に承継させるパターンである。後継者が有能で経営者として一定の経験・実績を備えていること，ないしは育っていることが条件となる。承継に当たっては，社長職と支配株式を後継者に譲るとともに，現社長本人は，当面の間は会長，名誉会長などの役職に留まり，後継社長の育成，支援，監督指導にあたるケースが多い。具体的な事例としては，大正製薬，ミズノなどが有名である。

(2)　中継ぎ型
　後継者が若年で経験不足であったり，後継候補を特定できていない段階などにおいて，いったん，親族以外の第三者に社長職を譲り中継ぎとして経営を委任し，後継候補の成長・特定を待って親族後継者を社長職に就けるパターン。支配株式は，当面現経営者や後継候補が保有し続けることが必要であり，また中継ぎの第三者である社長が信頼のおける者であることが条件となる。典型的な事例としては，トヨタ自動車などがある。

(3)　投資家型
　親族などによる事業承継を諦め，社長職は企業経営者としての能力と経験に富む第三者を社内外から選任し移譲するが，支配株式は親族で保有継続し大株

240　第Ⅱ部　事業創造論

主として投資家的な観点から企業経営に関与するパターンである。選任した社長の経営実績を定期的にチェックし，問題があるようであれば，支配株式の権限を行使し適宜社長の交代を命じる。支配株式の承継者は，監査役などとして間接的に経営に参加，経営情報の把握を図るケースも多い。この場合，支配株式を親族の中でどのように集中保有するか，その場合どのような節税対策をとるかが重要な課題となる。典型的な事例としては，武田薬品やブリヂストンなどがある。

(4)　承継放棄型

　社長職，支配株式の双方の承継を断念し，オーナー経営から完全に撤退してしまうパターンである。支配株式は相続によって親族の間で広く分散することとなり，株主の相続の都度，時間の経過とともに大株主としての影響力も弱体化することになる。上場を果たしたオーナー企業が，本来の上場公開会社の形態（不特定多数の投資家による企業統治）へ移行するパターンであるとも言える。また，近時は，M&Aによって他の大手企業の一事業部門等として存続するケースや，現在の経営幹部の中から事業承継を希望する者が支配株式を取得して新たな経営者の下で事業を継続するケース（MBO：Management Buy Out）も現れている。前者の典型的な事例は，ソニー，本田技研などであり，後者の事例としては，日産自動者が当時のゴーン社長の下とで行った一連のリストラに際し行われた日産陸送，バンテックなどの事例がある。

(5)　事業承継の失敗例

　ここでは，事業承継の失敗事例として最近話題となった事例をいくつか紹介する。いずれも上場大企業の事例であるが，中小企業の事業承継に当たって示唆に富む事例となっている。

①　大手家電メーカーの事例―

　支配株式の承継失敗（資産管理会社の破綻）

　現パナソニック（株）は，経営の神様と称された松下幸之助が1935年に設立

し急成長を遂げたわが国を代表する電機メーカーである。2代目社長の地位は，初代松下幸之助からその女婿である松下正治に継承されたが，幸之助の孫（正治の長男）である松下正幸は副社長，副会長を務めたものの社長の地位を継承することなく，現在は代表権のない取締役副会長の座にある。創業者である幸之助は，その逝去の直前まで実孫である正幸の社長就任を望んでいたと言われているが，3代目社長以降は社内登用が続いており，既に正幸の年齢（1945年生まれ）を勘案すれば今後正幸が社長に就任する可能性は低く，また現在の経営陣に正幸の後継親族は見当たらない状況となっている。

　2代目社長松下正治の後継者選定の経緯を巡っては，社内の人事抗争などさまざまな論説が展開されている。しかし，上記のような状況に至った最大の要因は，松下一族の資産管理会社であった松下興産（株）が1990年代に多額の不動産投資を行った結果，その後のバブル崩壊により経営破綻し，同社が保有していた松下電器産業等の支配株式を大量に売却してしまったことにあると考えられる。現在，松下正幸が個人で保有しているパナソニック（株）の株式は，発行済株式総数の0.52%（127千株）に過ぎない。

②　西武鉄道事件—支配株式の承継失敗（証券取引法違反）

　西武鉄道（株）は，1940年に当時経営不振に陥っていた武蔵野鉄道を堤康次郎（1953年に第44代衆議院議長に就任）が買収し，以降，東京西部地域を基盤とする鉄道事業会社として事業を拡大するとともに，リゾート事業などを全国で展開，わが国を代表する東証1部上場の大手私鉄会社に成長した企業である。1973年，康次郎の三男である堤義明が第2代社長に就任，支配株式は，資産管理会社である（株）コクドと（株）プリンスホテルの保有株式の合計で44.14%（2004年時点）とされ有価証券報告書にもその旨が記載されていた。しかし，実態上の支配株は，従業員持株会・OB関係者と堤義明ら1000名を超える個人名義に偽装されたものを含めると，実際には69.0%に及んでいたことが明らかとなった。その結果，上位大株主10名による保有比率（88.6%）が東証の上場廃止基準である80%を超えることとが判明，2004年12月に上場廃止，堤義明自身も社長職を辞任，保有全株式を手放すに至った。

242　第Ⅱ部　事業創造論

このような事態に至った最大の要因は，西武鉄道（株）が上場会社となった
にもかかわらず，実質的な創業者である堤康次郎が依然として同社の過半数の
経営支配権を確保し，さらには節税対策を優先しようとする考え方から脱却で
きなかったこと，また後継社長である義明がその体制を変革する意識に欠けて
いた点にあると考えられる。

③　大王製紙事件─直系親族後継者の逮捕

　大王製紙（株）は，1941年に愛媛県伊予三島で井川伊勢吉が創業した四国製
紙（株）を前身とする製紙メーカーである。伊勢吉の経営手腕の下で急成長を
遂げ1957年に東証上場を果たし，会社更生法適用を受けるなど苦難の時期は
あったものの，現在は日本の３大製紙メーカーの一角を占める企業となってい
る。

　2007年に第５代社長に就任した井川意高は，第２代社長井川高雄の長男（井
川伊勢吉の直孫）にあたり，東大法学部を卒業したのち大王製紙に入社，後発
の家庭用紙事業の黒字化を果たすなどの成果を上げ，経営手腕の点では社内外
から一定の評価を得て42歳で社長就任を果たしている。また，支配株式も社長
就任当時，井川一族で20％強を保有するなど安定した経営基盤が構築されてい
た。

　しかしながら，意高は2011年にマカオでのカジノ賭博に絡む資金調達のた
め，大王製紙の子会社から約80億円の資金を法定の手続きを経ず無担保で個人
的に借入れ，約50億円が未返済となったことなどから社長職を解任され，会社
法違反（特別背任）の罪で実刑判決を受けるに至った。現在の井川一族による
同社株式の保有比率は16％弱と推計されるが，第６代以降の社長は社内登用で
あり，現在，経営陣に井川一族は見当たらない。

④　大塚家具事件─親族間での紛争

　（株）大塚家具は，1968年に埼玉県春日部市において大塚勝久が創業した総
合家具小売会社であり，会員制による中高級家具販売により急成長し，1980年
に店頭登録（現 JASDAQ 上場）を果たしている。2009年には創業40年を機に

勝久の長女久美子を第2代社長に選任，自身は代表取締役会長として久美子社長を指導育成する立場となった。支配株は，勝久と妻千代子で19.95％，久美子0.12％，勝之（長男）0.13％などのほか，子息等の資産管理会社「ききょう企画（株）」が9.75％を握る体制となっていた。

　しかし，2014年に会社業績が悪化するなか，創業者勝久と2代目社長久美子との間で経営方針を巡る対立が表面化し，2015年3月の株主総会における取締役選任決議に関して，親子兄弟姉妹，取引銀行や機関投資家，従業員持ち株会等を巻き込む委任状争奪戦が展開されるに至った。結果的には，久美子社長側が61％の議決権を確保し，勝久取締役の再任を求める議案は否決された。勝久氏は同社取締役を離れ，自身の大塚家具（株）の保有株式の多くを売却して資金を捻出，長男勝之とともに匠大塚（株）を設立し独自の経営方針に基づく家具販売事業を新たに開始している。現在の（株）大塚家具は，久美子社長の経営方針の下，雅之（弟），佐野春生（妹婿）を中心とする経営が行われているが，支配株式は，久美子0.12％のほか，舞子（妹）が社長を務める資産管理会社「ききょう企画（株）」の6.66％に留まっている。

15.4　中小企業と自主廃業

(1)　自主廃業とその要因

　自主廃業とは，一般に企業が経営者の高齢化，経営環境の悪化など，倒産以外の理由によりその事業を停止してしまうことを指している。2000年以降の自主廃業の推移を東京商工リサーチの資料に基づいて見た場合，その件数（休廃業と解散の合計件数）は，2000年代後半から増加傾向をたどり年間3万件弱に達し，近時は倒産件数を上回る水準にまで増加してきている。同資料では企業規模別の内訳は示されていないが，中小企業白書などの企業規模別のデータにおいては，自主廃業の99.9％が中小零細ないしは個人の企業であることが示されている。

　同資料によれば，2016年の自主廃業件数約3万件のうち，経営者の年齢60歳以上が全体の8割を占める一方，黒字企業も全体の5割を占めていることか

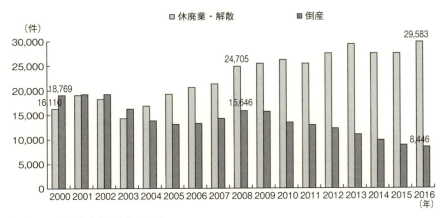

出所:2017版中小企業白書より転載。

図15.4 休廃業・倒産件数の推移

ら,自主廃業の主因は業績の悪化よりも,むしろ経営者の高齢化がその大きな要因となっていることが窺える。この傾向は,中小企業庁が2013年に実施した中小企業13,000社を対象とするアンケートの結果からも示されている。少子高齢化が今後さらに深刻化するなかで,オーナー経営を主体とする中小企業において,その経営者の高齢化はますます加速すると見込まれることから,自主廃業件数も今後さらに増大するものと考えられる。

(2) 自主廃業の手続きと課題

中小企業が自主廃業を行うための手続きとしては,次の3点が必要である。
① 法人の解散手続き(解散登記,税務署への法人解散届等)
② 資産の処分,負債の返済,および残余財産の分配
③ 従業員の解雇,再就職先の斡旋等

このうち②の資産処分については,工場設備などが売却できず解体廃棄処分が必要となったり,環境汚染等にかかる復旧工事などが生じることもあり,想定外の費用が発生することもあり得る点に留意する必要がある。また,③の従業員の解雇にともない,退職金の上乗せ等が必要となることも想定されるほ

第15章　中小企業のライフサイクル　*245*

か，主要な販売先や仕入れ先との間で長期契約などの取引関係がある場合は，これを円満に解消することも必要となる。

　自主廃業を行うに当たって会計上留意すべき点は，既存の決算書の貸借対照表の数値は，継続企業を前提として作成されたものであるという点である。すなわち，自主廃業に当たっては，上記のような売却，解体等を前提とする資産の再評価を事前に実施し，最終的な残余財産がどの程度となるのか，不足が生じる可能性があるのか否かを早期に把握しておくことが必要である。

　このように，中小企業の自主廃業に当たっては，対処すべき課題が少なからず存在することから，その円滑な手続きを進めるためには，早期から税理士，会計士などの専門家，ないしは各地域の商工会議所が設置している「経営安定特別相談室」などに相談し指導を仰ぐことが望まれる。

15.5　中小企業と M&A

(1)　M&A の概要

　M&A（Mergers and Acquisitions）とは，合併や買収により他企業を吸収したり，その支配権を獲得し自社の傘下に組み入れることである。具体的な法手続きとしては，他企業を一括して吸収する「合併」のほか，他企業の一事業・一部門を対象に吸収する「事業譲渡」「会社分割」，さらに他企業を独立した企業として残したまま子会社として傘下に入れる「株式取得」「株式交換」「株式移転」の6つがある。

　M&A の目的は，買手においては，規模拡大や商圏拡大など既存同一事業の強化，ないしは新たな成長分野への参入を効率的に行うために必要となる生産拠点，技術，人材，ノウハウ，商圏などを一括取得することなどが挙げられる。他方，売手にとっては，不採算事業の生き残り，整理処分がこれまで多かったが，近時は中小企業の後継者不足を背景とする事業承継対策や，ベンチャー企業の出口戦略の一環として実施されるケースも増加している。また，事業再生を専門とする投資ファンドが，経営不振に陥っている企業を買収し，各種のリストラ，事業再生の措置を講じて企業価値向上を図り，新たな事業体

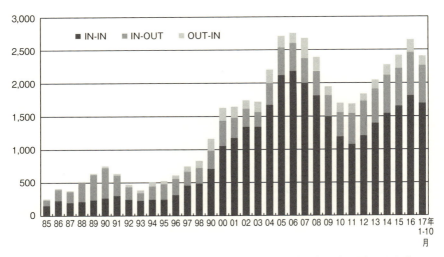

出所：レコフ（株）の「マールオンライン：グラフで見るM&A動向」（2017年11月）より転載。

図15.5 M&Aの件数推移

として売却する事例も2000年代に入り活発化している。

過去30年間のM&Aの件数推移は，**図15.5**のとおりである。1990年代初頭のバブル崩壊の後，日本の大手企業を中心にリストラが進行する中で不採算事業の整理，新たな事業展開を目指す多角化戦略のためのM&Aが増加，2,000年代後半のリーマンショックで一時減少したものの，近年では毎年2000件程度，買収金額としては年間10兆円を超えるM&Aが行われるに至っている。また，近時の特徴として，円高や中国をはじめとするアジア諸国の経済成長にともない，わが国企業が海外展開を進めるためのM&Aや，中国企業等による日本企業のM&Aなど国際間の案件が着実に増加している点が特徴となっている。

(2) 事業承継対策としてのM&A

近年，高齢化した中小企業経営者が，後継者不足に悩み，事業承継の一手段としてM&Aを活用する事例が注目を集めている。中小企業は，オーナー経営がその多くを占めており，経営者の高齢化にともない後継者を確保することが課題となるが，状況により必ずしも適切な後継者が確保できない場合，廃業

第15章　中小企業のライフサイクル　　*247*

表15.1　中小企業の事業承継としての M&A の特徴

	株式譲渡	合併（吸収分割）	事業譲渡
法的手続き	株式の一括譲渡	会社法に基づく 　合併，吸収分割	会社法に基づく 　事業譲渡
メリット	手続きが簡単 既存の会社が丸ごと存続できる 現金収入が得られる	資産，従業員を一括して譲渡，移転できる	特定の一部事業や資産を温存することが可能
デメリット	－	売却先の雇用条件， 社風等とのマッチングが必要	資産，従業員について個別の譲渡，移転手続きが必要

出所：各種資料より筆者作成。

を選択することになる。しかし，廃業は，事業資産・負債の整理処分をはじめ，従業員の整理解雇など大きな負担をともなうものであり，また長年にわたり構築してきた当該企業の技術ノウハウや社会的評価が消滅するという点で社会的な損失も無視できないものである。

　このような観点から，中小企業の事業承継の手法の一環として，近時，M&A の役割，意義が注目されるに至っている。中小企業庁も全国の商工会議内に「中小企業事業引き継ぎ支援センター」を設置し，M&A による事業承継支援を開始している。

　事業承継を検討している中小企業側からみた場合，M&A の具体的な方法としては，大きく株式譲渡，事業譲渡，合併（吸収合併を含む）の3つが考えられる。各々の概要，特徴を整理すれば**表15.1**のとおりである。

(3)　M&A の手続き—中小企業の場合

　M&A の対象となる企業が上場会社など一定の条件に該当する場合は，金融商品取引法の規定に基づいて公開買付け（TOB）の手続きを経ることが必要となる。他方，中小企業やベンチャー企業が M&A の対象となる場合は，非上場の場合が多いため，公開買付の手続の対象外となるのが一般的であると考えられる。この場合，M&A の手続きは当事者間の交渉・合意のみで可能であ

248　第Ⅱ部　事業創造論

り，売主側の中小企業から見ると通常下記のような手順を踏むこととなる。手続きが本格化する③から⑤までの所要期間は，2～3カ月程度である。

① 中小企業の M&A を専門に取り扱っているアドバイザー，仲介業者を探し，売却先候補の紹介やアドバイス，仲介に関する契約を結ぶ

② 買主候補の紹介を受け売却先を絞り込む

③ 買主候補の経営陣と面談し意向の確認，売却条件（価格，従業の処遇，経営方針等）など基本事項を交渉する

④ 基本合意書を結び売却条件の確定に向けた具体作業を開始する。具体的な作業としては，買手側が依頼した弁護士，公認会計士，税理士などの専門家による「デューデリジェンス」があり，売手側企業の現状を精査しリスクを洗い出し，企業価値を算定する作業が行われる。

⑤ 最終契約の締結と売買の実行

(4) 企業価値評価

M&A の交渉における最大の重要項目の1つは，譲渡価格である。その基礎となる企業価値の評価方法には，一般に大きく3つの方法がある。

1．時価純資産法

2．収益還元法（DCF 法）

3．類似事例比準法

大手上場大企業の M&A に当たっては，上記の3つの方法について各々別個に評価を行い，3つの数値の平均をとる等の作業が行われている。中小企業・小規模事業者の企業価値評価に当たっては，非上場企業が多く，企業規模も小さいことを踏まえて，簡便性，迅速性の観点から，「時価純資産法」が多く用いられている。以下，3つの方法について概説する。

（時価純資産法）

会社資産のうち時価のあるもの，土地，有価証券などを一定期間における平均的な時価で評価し，資産全体の時価評価額を算定。当該時価評価額から負債（通常簿価）を差し引いた差額，時価純資産を算定する。

（収益還元法）

エンタープライズ DCF 法，エクイティ DCF 法，EBITDA マルチプル法などがあるが，上場大企業の企業評価においては，一般的にはエンタープライズDCF 法が利用されている。エンタープライズ DCF 法の算定手順は，下記のとおりである。

① 将来5年間程度の期間において想定される平均的な年間キャッシュフロー（CF）を算定する。その際，買収側が想定しうる収益改善策やM&A による規模拡大のメリットなどを織り込むことが必要である。M&A によって現状と比べてどの程度買収相手の収益力を改善しうるかを見定めることが，買収側が提示し得る買収価額の上限を合理的に設定するうえで重要な要素となる。逆に，売手側においては，自社の将来収益を買手側がどう評価するかを推測することが売却価額の最低下限を固めるうえで必要であり，また，相手側がどのような収益改善策を想定しているかを織り込むことで，さらにどの程度の範囲で売却価額を上乗せできるかを想定するために重要な要素となる

CF ＝過去の平均的営業利益＋ M&A による収益改善効果等

＋減価償却費－収益関係税－維持更新投資

② 次に，M&A 実施後に想定される負債・自己資本の構成比を前提に，加重平均資本コスト（WACC）を算定する。負債比率，自己資本比率は，M&A において継承する負債の総額，買収価額（仮置き）から算定する。自己資本コストについては，CAPM 理論により算定する方法，当該業種における類似上場企業の株価等から適宜想定する方法などがある。

WACC ＝継承する負債の平均金利 × 負債比率

＋自己資本コスト × 自己資本比率

③ 下記算式により企業価値評価額を算定する

企業価値評価額＝ CF ÷ WACC

（類似事例比準法）

同一業種の類似上場会社の株価，純資産，当期純損益を基に，次の手順で算定する。

① 類似上場企業の過去5年程度の平均的な PBR（株価 ÷ 純資産額），お

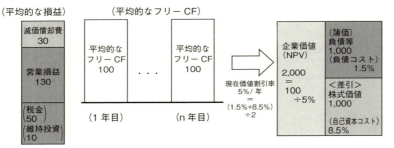

出所:筆者作成。

図15.6 エンタープライズ DCF 法による企業価値の算定事例

よび同 PER（株価 ÷ 当期純利益）を算定する。
② 上記の数値を基に次の2つの企業価値評価額を算定する
　企業価値評価額① ＝自社の純資産額 × 上記類似企業の平均的 PBR
　企業価値評価額②＝自社の平均的当期純損益 × 上記類似企業の平均的
　　　　　　　　　　PER
③ 上記の2つの数値の平均値として企業価値評価額を算定する
　企業価値評価額＝（企業価値評価額①＋企業価値評価額②）÷ 2

以上からもわかるように，DCF 法は論理的であるが，前提とする CF の算定に当たり各種の想定，リスク要因が介在し，算定する立場によっても数値がかなり変動する特徴がある。また，WACC の算定に当たり同一業種の自己資本コストを何らかの方法により特定する必要があり，この点でも評価額が変動

する余地が大きい点に留意が必要である。ただし，DCF 法の解説でも記したように，M&A によって見込まれる収益改善効果が，企業価値としてどの程度具体的な数値として評価しうるかを概算するうえで，DCF 法は極めて有効なツールである。時価純資産法や類似事例比準法に基づいて，ある程度の範囲で買収価額が絞り込まれた後に，交渉過程の中で買収側の将来事業計画などの情報に基づいて，さらに金額を詰めていく過程において重要な情報を DCF 法は提供することになる。

類似事例比準法は，同一業種における類似企業が存在することが前提となる。また，企業規模の面で M&A 対象となっている企業と大きな開きがある場合，その妥当性が問題となる余地も生じ得る。

したがって，小規模ないしは零細企業の M&A においては，一般的には時価純資産法をベースに，対象企業の収益力や技術ノウハウ等を総合的に勘案し，一定の加算，減産を行う方式が広く採用されている。

15.6　中小企業と倒産

企業経営において，倒産はつきものであり，すべての企業が共通してその可能性をもつ。実際に倒産に至らなくとも，そのことを認識し，倒産に実際に瀕した際の対処について一定の知識をもち適切に対処する能力を培うことは，経営者にとって重要な資質であるということができよう。これは，スキーを初めて習う者が最初に安全な転び方，立ち上がり方を習うのと同じであり，柔道において初心者がまず受身を何度も練習するのと同じことである。

長期的な視点に立った場合，経済環境の変動の中で，どのように優れた経営者であっても倒産の危機に瀕する可能性は皆無とは言えない。したがって，大きな経営判断に当たって，倒産に関する知識をもち，最悪の事態に陥った際の具体的なイメージを描き，万一に備えた対処策をも十分検討したうえで経営判断を下すことができる能力を有することが，経営者として重要な資質と言えよう。また，たとえ実際に倒産の不運に見舞われたとしても，以下で説明するように，企業活動を再開し経営者個人も再起することが社会的に期待されている

252　第Ⅱ部　事業創造論

こと，そのための法制度が整備されていることを深く認識することが肝要であり，リスクをともなう新規事業への再挑戦を促すことにつながる。米国アップル社の創業者であるS.ジョブズでさえも，多くの失敗を重ねているのである。

(1)　倒産の定義

　倒産は，正式な法律用語ではないが，一般に「企業経営が行き詰まり，弁済しなければならない債務が弁済できなくなった状態」（帝国データバンクHPより）を意味する言葉として用いられている。具体的には，銀行から取引停止を命じられた場合（銀行取引停止処分），または民事再生法や会社更生法など裁判所が関与する法的手続きにより債務の整理を行うに至った場合（法的整理），ないしは法的手段によらず関係者だけの任意の話し合いにより裁判所が関与しない形で債務の整理を行うに至った場合（私的整理）の3つがある。

(2)　資金繰りの重要性

　倒産は，その定義からわかるように，いずれの場合においても，その背後には資金繰りの逼迫が共通の要因として存在する。業績が悪化し，大きな赤字が発生したとしても，過去に蓄積した余裕資金があり債務の弁済に支障がなければ，倒産とはならない。逆に，黒字であっても，売上代金の回収が何らかの原因で遅延し，原材料等の支払手形の決済が困難となった場合など，黒字であっても資金繰りに窮すれば倒産となる。

　一般に，企業の負債による資金調達の方法としては，銀行借入，支払手形，社債の3つが存在する。このうち，支払手形，社債は，企業が資金調達をしたのち一定期間後に一括返済する必要があり返済時の資金負担が大きいこと，さらに当初の調達先から広く第三者に譲渡され支払期日に必ず現金で債務償還する必要がある点で共通している。これは，企業が資金繰りに窮した場合，その理由や諸事情が一切考慮されることなく，不特定の第三者から返済を要求されることを意味する。

　他方，銀行借入は，分割返済が可能であるほか，債務償還の相手方は当初借入を行った取引銀行であり当該企業の事情に通じた相手であるとい点で，支払

手形，社債と特徴を異にしている。万一，資金繰りに窮した場合には，取引銀行との相対の交渉により現状や将来の見通し等を説明し，事前に債務の返済方法の変更，延期など弾力的な対応を得る余地を残している点で，支払手形，社債とはその性格が大きく異なる。債務の返済が猶予されれば，倒産を回避することができる。支払手形や社債は，便利である一方で，このような弾力的な対応が困難である点で，銀行借入と大きな相違がある。

多くの倒産は，6カ月以内に2回目の支払手形の不渡り（期日における支払不能）を発生させた場合か，ないしは銀行借入の約定返済に当たり，銀行側が上記のような返済方法の変更猶予を拒否するか，いずれかの形で銀行取引が停止されることによって現実のものとなる。ないしは，そのような事態が確実に到来することが明らかとなった時点で，事前に法的整理の手続きか，ないしは銀行など関係する債権者の合意の下で私的整理を開始することにより倒産手続きが開始される。

取引銀行のうち1つの銀行が取引停止処分を命じた場合，銀行取引契約の一般的約定により，当該銀行をはじめ他の取引銀行に対しても，既存の全債務を

表15.2 銀行借入と手形・社債の比較

	銀行借入	約束手形／手形割引	社債／CP（公募）
最大金額	数十億円	数億円	数百億円
期間	短期～中期（5年）が主	短期（1年以内）が主	超長期（40年）も可
資金提供者	特定の銀行	企業間／裏書者／銀行	不特定多数の投資家
償還方法	元本均等返済が主	期日一括償還	満期一括償還
条件設定	個別相対交渉	個別相対交渉	市場による決定
金利	プライムレート方式	同左	スプレッド方式
開示・届出	決算報告等	決算報告等	有価証券報告書
コスト	金利のみ	同左	金利＋引受手数料等
資金繰りが逼迫時した場合	相対の交渉で返済猶予可能	返済猶予の余地なし	返済猶予の余地無し

出所：筆者作成。

254　第Ⅱ部　事業創造論

直ちに返済する義務が生じる。また，仕入先なども既存債務の返済を期日前であっても一斉に返済要求するこができることになる。このような事態においては，関係債権者の混乱を回避し，限られた資産をまずは保全し，当該企業のその後の進路を考慮しつつ，資産を合理的，計画的に処分することが必要となる。したがって，多くの場合，銀行取引停止処分に至った場合においても，結局，法的整理，ないしは私的整理のいずれかによって，何らかの管理の下に以降の手続きを進めることが必要となる。

　このうち，私的整理は，債権者の数が少なく，かつ特定の大口債権者が存在する場合などに主に利用されており，大口債権者のリーダーシップの下に，基本的には法的整理の考え方に準じて，弾力的・迅速に手続きが進められることが多い。したがって，倒産に対処するうえでは，法的整理の基本的な仕組みを理解しておくことが必要である。以下では，法的整理の概要について解説する。

(3)　倒産は不正なことか？

　倒産に関する法制度を理解するうえで最も重要な点は，「倒産は不正な事ではない」という点を理解することにある。

　倒産に関してわれわれが一般的に抱くイメージは，「夜逃げ，一家離散，暴力的な取り立て，人生の落伍者，借金返済地獄」などであろう。しかし，これは倒産に関する誤った理解からくるものである。倒産に関する法制度の根幹は，次の2つの基本的な考え方にある。

①　倒産に関する法制度は，債権者の権利の適切な保全を図りつつ，最終的には経営者（債務者）の経済的再生と可能であれば当該事業の再生を図ることが最大の目的である。

②　さらに，倒産に対して，経営者は上記のような考え方を基本とする関連法に基づいて，一定の経済的責任を果たす必要があるが，倒産自体は違法行為ではなく，特別な事情が無い限り経営者に刑事責任が及ぶことはない

　　以下では，①②について順次解説する。

⑷　倒産法制の趣旨

　中小企業の倒産において，企業の再生再起を前提に最も一般的に利用されるのが「民事再生法」である。その第1条には，同法の目的に関し次のような記載がある。「この法律は，……当該債務者とその債権者との間の民事上の権利関係を適切に調整し，もって当該債務者の事業又は経済生活の再生を図ることを目的とする。」。また，倒産に当たり企業を解散し清算してしまう場合に適用される破産法においても，その第1条に次の規定が設けられている。「この法律は，……債務者の財産等の適正かつ公平な清算を図るとともに，債務者について経済生活の再生の機会の確保を図ることを目的とする」。

　これらの条文は，いずれも「債務者の経済的な再生」を法制度の最大の目的としている点で共通しており，後述するように，一定の基準・原則により債務弁済の責任を債務者に課したうえで，残余の債務を合法的に免除，解消する制度を設けているのである。債務者を全生涯にわたり債務の返済のために拘束するものとはなっていない点がポイントである。

　これは，広く自由な企業活動を通じて社会経済の発展が促されることを重視し，自らリスクを負担し経済活動に挑戦した経営者（起業家）に対しては，倒産による経済的債務を一定範囲に限定し，再起の機会を提供することこそが，社会経済の発展に寄与し法的正義にも合致するものであるという考え方が根底にあるからである。

　このような倒産に関する法制度の基本的な考え方を前提にすれば，倒産それ自体について，経済的な負担以外の法的責任，具体的には違法行為に対する刑事責任などが科されることがないことは自ずと理解できよう。要すれるに，倒産自体は犯罪ではなく，そのこと自体に罪悪感を感じ，夜逃げなどをする必要は全くないということである。

⑸　経営判断原則と経営責任

　しかしながら，このような趣旨に基づく倒産に関する各種の法制度の適用を受けるに当たっては，経営者（債務者）側において，倒産に至る過程の中で一定の条件を満たしていることが必要とされる。

256　第Ⅱ部　事業創造論

　すなわち，経営者（債務者）が，一般的に想定される注意力をもって慎重に考慮を重ね，所定の手続きを経たうえで，かつ経営者の個人的な利益ではなく会社の利益向上を目指して企業経営を行っていることが条件となる。このような条件の下に経営判断を行った結果として，経済社会の変化，技術的な問題の発生，取引先の状況変化など，企業経営において当然発生する「予期し得ぬ事態」によって万一倒産に至ったとしても，経営者に対して，法的責任を追及する必要はないという考え方が根底となっている。日米においてその内容に一部違いはあるが，一般的には「経営判断原則」「善管注意義務」と言われるものである。

　逆に，このような条件を満たさない場合，例えば大規模な設備投資を実施するに当たり，投資効果や投資にともなう各種リスクに関する検討を十分に行わず，社長の独断専横で所定の手続きを経ずに投資を実施し業績が急激に悪化したような場合，また会社財産を社長が勝手に流用し会社の事業とは全く関係のない私的用途，例えばギャンブル等に流用した結果，倒産に至ったという場合においては，会社法など関連する法律に基づく責任追及を受けることになる。状況によっては，株式会社の特徴である株主有限責任と法人性が否定され，経営者と当該企業が一体のものと見なされ，経営者の個人事業であるとの前提で無限責任が追及されることになる。

　中小企業の多くはオーナー経営であり，経営者は中小企業特有の迅速で柔軟な企業経営を展開することが特徴とも言える。しかし，経営者は，一方で，ややもすると「会社は自分の所有物」という意識に陥りやすく，経営判断原則，善管注意義務に背反する可能性が高くなる。最終的には経営者自身の判断を採用するとしても，そのプロセスの中で，多くの情報，意見を集め慎重な検討を行い，所定の手続きに従って，公私を明確に区分した判断，行動をとることが求められる。

　株式会社制度は，社会の公器としての機能に期待して，有限責任性などの特別な機能を付与されているものである。中小企業の経営においては，そのような特別な制度を円滑に機能させるため，経営者の独断専横，公私混同を回避するための各種の規制（ガバナンス）が設けられていることを，しっかり認識し

第15章　中小企業のライフサイクル　*257*

表15.3　倒産に関する法制度概要

	再建型	清算型
私的整理（任意）	●再建型任意整理 　例 「私的整理ガイドライン」による再生	●清算型任意整理
法的整理	●民事再生 ●会社更生	●会社法による特別清算 ●破産法による破産

ておくことが肝要である。

(6)　4つの倒産法制の概要

　企業が倒産した場合，その後の処理に当たって適用される手続きは，これまでに述べてきたように，「法的処理か私的整理か」の区分のほか，倒産した企業の「再生」を目指すのか，企業を「清算」し解散してしまうのかの区分がある。再生・清算のいずれに対しても，法的整理，私的整理の方法があり得る。

　倒産に関する法律としては，企業の再生を目指す場合，「会社更生法」，「民事再生法」の2つが存在する。このうち会社更生法は，比較的規模の大きな企業の倒産を対象とするもので，裁判所が選任する管財人の下で詳細な法規定に従った厳格な債権債務の整理を行うことが求められるが，「民事再生法」は中小規模の企業を主に対象とし，裁判所が関与しつつも当事者の自主性を尊重し状況に応じた弾力的な債権債務の整理を行うことを可能としている。再生後においては，会社更生法では既存債務の一部免除等の条件として旧経営者は通常経営から退くことになるが，民事再生法の場合は，旧経営者が引き続き経営を継続することも可能である。

　いずれの法律においても，後述するように企業の存続を前提に，債権者に対して一定の債権の免除，放棄を求め，残債務を現存する資産と事業継続によって生じる将来の利益（キャッシュフロー）の両者を基にして弁済する計画が策定され，所定の法手続きによって当事者が合意することで再生が開始される。当事者の合意を得るに当たっては，倒産に至った原因が解消され企業が存続するために必要となる新たな事業基盤が整備されること（例　当該企業の新たな

258　第Ⅱ部　事業創造論

経営主体の確保など），さらには，そのことによって，企業を清算してしまう
よりも多くの既存債権が弁済可能であることを示すことが重要な条件となる。

　他方，企業の清算を前提とする場合は，「破産法」「会社法による特別清算」
の２つの手続きが利用可能である。企業の清算を行う場合，有価証券や工場設
備等をすべて売却換金し，手元の現預金等と併せて既存債務を弁済することに
なる。しかし，一般的には全債務を弁済するに足る財源が不足する「債務超
過」の状態となることから，どのように弁済財源を債権者間に配分し残債務を
免除するかが最大の問題となる。具体的な債務としては，未払いの仕入代金，
電気ガス料金等の経費，銀行借入などのほか，未払いの税金，従業員への賃
金・退職金など特別な取扱いが性格上必要となる債務もあり，どの債務を優先
して弁済するかを決定する必要が生じる。

　このような清算の課題に対して，破産法を適用した場合は，裁判所が選任し
た破産管財人の下，厳格な財産の管理処分手続きを実施し，法定の配分ルール
に従い弁済財源の配分案を決定，全債権者にこれを強制適用し，残債務を消滅
免除することになる（経営者や第三者による債務保証がなされている債権は対
象外）。他方，特別清算を適用する場合は，裁判所の一定の監督は受けるもの
の，株主総会が選出した特別清算人が主体となって比較的自由に手続きを進め
る方式がとられ，各債権者の実情等に配慮しつつ配分案を作成，債権者間の協
定合意を得て財源の配分を行うことになる。必ずしも法定の配分ルールに縛ら
れない，弾力的で迅速な配分清算手続きが可能となる点に特徴がある。

15.7　再生と再起──倒産の２つのパターン

　再生は，倒産した会社が，既存の債権債務関係を整理したのち，法人を解散
清算してしまうのではなく，関係者の支援理解を得て法人として存続し事業を
再開することを言う。また，法人組織を解散するか存続させるかとは別に，経
営者個人がその債権債務関係を整理し，社会経済的な活動を再スタートとする
ことを再起という。

　倒産に瀕した際，経営者は何を重視しどのように対処すべきか？　以下で

は，企業の再生と経営者の再起のための方法，条件を解説したうえで，倒産における２つのパターン，「良い倒産」と「悪い倒産」を事例に挙げて，倒産に対処するために必要となる基本的な考え方を示す。

(1)　法人の再生

　前述したように，法人の再生に当たっては，債権者に対して一定の債権の免除，放棄を求め，残債務を現存する資産と事業継続によって生じる将来の利益（キャッシュフロー）の両者を基にして弁済する計画が策定され，所定の法手続きによって当事者が合意することで再生が開始される。具体的には，次の４つの条件，すなわち①将来収益の確保，②債権者の協力，③当面の資金繰りの確保，④経営者個人の責任の明確化と再起，の４条件が整うことが必要である。

　第一の「将来収益の確保」については，倒産の原因によりさまざまなケースが想定されるが，一般的には，倒産の原因となった余剰人員の削減（リストラ），過剰設備の廃棄，不良在庫の一掃などや，さらには新たな大口販売先の確保，増資等による財務内容の改善などが必要である。そして，そのような対策を実施し当該事業を責任をもって継続・担当する意思と資力を有する新たな経営主体（例　同業他社，大口顧客等）を確保することが課題となる。これにより，将来一定の収益を継続して確保することが可能であることを客観的，具体的に示すことが，第二の条件である「債権者の協力」を得るための重要な条件ともなる。

　このような形で将来収益を確保できることが明らかになれば，多くの債権者は，多額の債権放棄が必要となる清算よりも，一部債権放棄などに合意し，時間をかけてでもより多くの債権を回収することが可能となる再生に協力することが経済的に合理的であるとの判断が可能となる。法人再生のポイントは，このような債権者の合理的判断を引き出すために，「再生がもたらす将来収益による債務弁済」が「法人の清算による債権回収」を上回り有利であることを具体的納得的に関係者に示すことができるか否かにかかっている。

　例えば，法人の再生による債務弁済と清算による債務弁済の相違を例示すれ

ば，**表15.4**のようになる。再生の場合と清算の場合で，一般的にどのように債権回収が異なるかをモデル的に示したものであり，あくまでも仮のモデル事例であるが，再生による債務弁済は，将来収益による債務弁済が期待できること，清算による資産の換金においては多くの工場設備等が事業継続を前提としない極めて不利な価格での売却となり，弁済財源として多くを期待できない場合が一般的である点に留意することが必要である。

　さらに，法人の再生のためには，上記の第一，第二の条件に加えて当面の資金繰りの確保が重要な課題となる。一般には，リストラにともなう退職金の支払い，小額債権の優先返済などの資金が必要であり，また収益改善が本格化するまでの間の運転資金も必要となる。そのためには，一定の資金的余裕が存在する早期の時点で倒産手続きを開始すること，ないしは銀行や上記の新たな経営主体を通じて所要資金を確保することが課題となる。

　第四の「経営者個人の責任の明確化と再起」は，事業再生の重要な課題の1

表15.4　債権者の回収額比較（再生と清算）

	会社再生（会社継続）	会社清算（会社解散）
前提	①　負債　1000万円（期末に一括弁済の予定） 　　資産　　200万円（現預金取り崩し，固定資産の売却処分等） 　　不足　△800万円 ②　再生の場合，リストラ，および新規の大口販売先が確保できたため，年200万円の償還財源確保可能 ③　社長個人の資産提供：100万円可能	
弁済計画	①弁済財源 　社長個人資産　100万円による返済 　会社継続による返済　800万円 　（年200万円　4年間） 　計　　　　　　900 ②弁済計画　　　万円 　上記弁済財源による返済　900 　債権放棄　　　　　　100 　　　計　　　　　　1000	①弁済財源 　社長個人資産　100万円（売却による返済） 　資産売却　　　　200 　　計　　　　　300 ②弁済計画　　万円 　上記弁済財源による返済　300 　債権放棄　　　　　　700 　　計　　　　　1000

出所：筆者作成。

つである。このうち前者の責任の明確化は，大きく「経営上の責任」と「経済上の責任」の2つに分かれる。再生に向けて債権者の協力を得るためには，倒産と経営判断とがどのように関連しているかを明らかにし，経営者が自主的に社長職の継続・辞任を判断し，「経営上の責任」の所在を示すことが前提となる。さらに，経営判断原則を前提にしつつも，個人の財産の一部拠出による弁済など，再生に向け債権者が納得理解できる形で自主的に「経済上の責任」を一部負担することも状況により必要となる。

　特に，経営者が銀行借入等に当たり個人保証を行っている場合には，法律上の弁済責任を一定の範囲で負担するのは当然である。ただし，この個人保証にともなう経営責任をどの程度負担するかについては，倒産法制度の趣旨を踏まえて，経営者個人の再起とのバランスを考慮し関係者間で決定する必要がある。以下では，経営者個人の再起について解説する。

(2)　経営者個人の再起

　旧来日本の中小企業においては，銀行が融資を行う条件として経営者個人の連帯保証を条件としているなど，倒産に際して経営者個人が保証債務を追求され多額の負債を抱えるに至るケースが一般的であった。

　これに対し，日本商工会議所と全国銀行協会は，2013年に「経営者保証に関するガイドライン」を策定し，個人保証の弊害解消，経営者による事業展開や早期事業再生等を支援する観点から，中小企業経営者の個人保証について，次のような事項を定めるに至っている。

①　法人と個人が明確に分離されている場合などに，経営者の個人保証を求めないこと

②　多額の個人保証を行っていても，早期に事業再生や廃業を決断した際に一定の生活費等（従来の自由財産99万円に加え，年齢等に応じて100万円～360万円）を残すことや，「華美でない」自宅に住み続けられることなどを検討すること

③　保証債務の履行時に返済しきれない債務残額は原則として免除すること

本章の最初でも触れたように，倒産に関する法制度は，事業の再生ととも

262　第Ⅱ部　事業創造論

に，経営者個人の経済的再生「再起」を重要な目的として構成されている。したがって，適用する法制度により内容が異なるものの，経営者が経済的生活の基盤を確保するに足る一定額の私財と将来収入を確保することを許し，経営者個人が負うにいたった債務保証の負担を一定範囲に留め，残債務を免除する制度が設けられている。具体的には，債権者との自主的な協議による合意，民事再生法の「個人民事再生」に基づく免責，破産法に基づく「個人破産」に基づく免責の3つである。

　このような経営者に対する債務の免責の条件として，次の2つが求められるのが一般的である。なお，この免責制度の適用を受けるためには，前述したような経営責任原則，善管注意義務の面で問題がないことが大前提となるほか，制度の悪用を回避するため，例えば私財の隠蔽を行った場合の適用除外など厳しい条件が付されている点に留意する必要がある。

　① 社長職の退任など経営者個人の経営責任の明示
　② 所有する不動産，有価証券などの私財，および個人の将来収入の一部拠出などによる保証債務の可能な範囲での弁済

(3)　良い倒産と悪い倒産

　これまで見てきたように，倒産に関する各種の法制度の趣旨，制度内容を前提とするならば，倒産に瀕した際に中小企業経営者はどのような考え方で対処すべきかは，自ずと明らかである。すなわち，「倒産は不正な事ではない」ことを理解し，「企業の再生と，経営者個人の再起」を重視した「良い倒産」を目指すことが重要であり，「夜逃げ，一家離散」などを招来する「悪い倒産」を回避することが求められる。

(4)　良い倒産の条件

　「良い倒産」を目指すうえでの条件として，倒産の危機に瀕した経営者は，次の事項を検討することが必要である。

① 早期の時点での倒産

　倒産の危機に瀕した場合，責任感の強い経営者であるほど，資金的に完全に行き詰るまで，ぎりぎりの状態に至るまで事業を継続しようとする傾向が強い。しかしながら，再生，再起を図るためには，これまで見てきたように，法的手続きを利用するために必要となる裁判所への供託金，弁護士費用のほか，従業員や取引先などの重要な関係者の協力を得るための運転資金が一定額必要である。そのための最小限の現金を残した段階，ある程度の余裕を残した段階で，早期に決断を行い手続きを開始することが，倒産後の再生，再起を円滑に進めるために重要な条件である。「見切り千両」とも言われ，「夜逃げ」のような悲惨な事態を回避するために不可欠の条件といえよう。

② 再生・清算の方針の明確化

　倒産後の手続きは，再生と清算のいずれを目指すのかにより大きく異なってくる点は，前述したとおりである。再生を目指す場合は，債権者の協力が不可欠であり，新たな事業承継者の確保などそのための努力を最大限行うことが経営者にとって最も重要な役割となる。他方，清算を選択した場合は，既存資産の適正な処分，債権者間での公平，合理的な弁済配分，適正な私財提供による免責の確保などが求められ，法律上の規定に従って，混乱を回避し淡々と冷静に処理を進めることが経営者には求められることになる。

③ 関係者への波及回避と経営者個人の再起

　旧来多くの倒産において，当面の資金繰り確保のため，経営者を中心とする親族，友人に対して，新たな資金提供や借入保証を要請することが多く行われてきた。その結果，最終的に倒産に至った段階で，これら関係者に多くの負担を強いる事態が頻繁に生じていたと言われている。このような関係者を巻き込んだ倒産は，家族の離散，夜逃げ，親族の内紛，友好関係の遮断など，経営者の生活が一変する悲惨な状態を招く最大の要因ともなると言える。このような事態を回避するためには，早期の余裕ある段階での経営者の決断が重要である。

264   第Ⅱ部　事業創造論

④　良い指導者，専門家の確保

　倒産の危機に瀕した場合，長年経営に取り組み自社に対する強い思いを有している経営者であるほど，倒産回避への思いも強くなるのは当然である。したがって，良い倒産を目指すうえでは，事態を客観的に判断し，的確なアドバイスを行ってくれる経験豊富な弁護士，会計士など，「良い指導者，専門家」を確保することが必要となる。特に，会計士や税理士，場合によっては主取引銀行の担当者など，日頃から取引があり企業の実態や将来性について熟知している専門家を確保し，その客観的で中立的な意見を尊重することが重要である。

〔第15章参考文献〕

・KPMG 税理士法人大阪事務所　『実践解説　事業証券プロジェクト』清文社　2009年

・有森隆　『創業家物語』講談社　2010年・平田統久　『銀行マンが語る　事業承継の勘所　頭を悩ますオーナーの相談に応える』きんざい　2010年

・小林秀之・齋藤善人　『新・論点講義シリーズ3 破産法』弘文堂　2007年

・杉田宗久　『改訂版 実務家のための相続税ハンドブック』コントロール社　2017年

・園尾隆司・小林秀之　編　『条解民事再生法 第3版』弘文堂　2013/4/3

・東京地裁破産再生実務研究会　『破産・民事再生の実務〔第3版〕民事再生・個人再生編』きんざい　2013年

・細野孟士　『失敗から学ぶ中小企業の倒産分岐点』大蔵財務協会　2009年

・平田統久　『現役銀行マンが語る　事業承継の勘所』きんざい　2010年

・松嶋英機　『良い倒産 悪い倒産』講談社　2002年

あ　と　が　き

　近年のグローバル競争下における企業活動は，厳しいメガコンペティション
を余儀なくされ，ビジネス環境は大きく変化している。インターネットの発達
も相まって，世界中で新たなビジネスが創出されている。例えば，シェアリン
グエコノミーといわれる Web サイト上でのさまざまなマッチングビジネスが
展開され世界中に拡散している。さらに，IoT や AI，ビッグデータ活用，
フィンテック，ロボット技術といった新しい技術の進展は，新たな製品やサー
ビスを生み出す有力なツールになりつつある。このような環境下で，オープン
イノベーションの流れはますます進展していくものと考えられる。

　このように，世界的なビジネス環境が激変する中で，将来にわたって継続的
に企業価値を高めていくためには，中小企業においても常に新たな事業領域の
開拓が求められている。近年においては，SNS を活用したマーケティング手
法やビジネスモデルが注目され活用さている。従来，マスメディアを活用した
大手企業による情報発信の独占と送受信の非対称性が叫ばれていたが，ソー
シャルメディアを活用することによって，中小企業でも世界中の顧客と双方向
のコミュニケーションが容易になり，新たなビジネスチャンスを獲得すること
が可能となった。また，スマートフォン等の利便性の高い身近な携帯端末を用
いた各種マッチングビジネスは，安価に，いつでも利用できるため，シェアリ
ングビジネスだけでなく，ビジネスパートナーとの情報共有やサプライチェー
ンにおける各種資機材や部品等の効率的調達の推進に大きく貢献している。

　このようなビジネス環境下において，中小企業経営者は，高齢化による円滑
な事業承継，人手不足による省力化・合理化のための ICT の利活用，社会環
境の変化に応える新たなビジネスモデルの創出等，各種の課題対応策が必要と
なる。そして中小企業が事業承継・事業創造に成功するためには，自ら新しい
事業の柱を主体的に構築しようという意志と，外部の市場のニーズや要請に積
極的に応えていこうという自発的な取組が求められている。中小企業の経営者
は，顧客や取引先の新たなニーズに応えるとともに，市場に新たな価値を提供

するため，積極的にビジネスモデルの創出にチャレンジしていく必要がある。

　国際的に見ても，わが国の新規事業開業率は非常に低く，今後とも世界の中で存在感を維持していくためには，中小企業が，スムーズに事業承継を果たすとともに，事業創造によりIPO等を目指す動きを活発化させていくことが求められている。例えば，現在，わが国の産業界を支えている自動車産業をみても，世界のメインストリームは急激にEV（電気自動車）にシフトしつつある。近年では，ICT業界，通信業界，家電業界そして流通業界等からも新たなEVへのベンチャー企業の参入が相次いでいる。部品点数が約6割程度に減少するEVへの産業構造のシフトは，各種の部品製造を担う中小企業にとって，ドラスティックな企業構造の変革を求められる。部品自体が「モジュラー化」され，わが国の家電業界等がたどってきた，国内生産の一部空洞化の恐れすら想定される。このため，過去のしがらみを捨て，新たな市場分野へ積極的にシフトしていく必要がある。このような大きな産業構造の変化は，自動車業界だけでなく，家電業界，流通業界，金融業界，物流業界，レジャー業界等においても同様に，世界的に急激な変化が起こっている。

　以上のような，経済社会環境の変化の中で，今後中小企業も，自社の強みを活かしながら新たな産業構造の変化をとらえ，積極的に破壊的イノベーションを推進していかなければならない。そのような，ビジネス環境下において，本書が今後の中小企業の在り方や事業創造の進め方等に関して，少しでもお役に立てることができれば幸いである。

　最後に，本書の刊行に際しお世話になった関係各位に対し，この場をお借りして感謝申し上げ，御礼の言葉としたい。

2018年3月

大和大学政治経済学部　教授
博士（経済学）

石井　康夫

《著者紹介》

安達　明久 （あだち　あきひさ）　　　　　　　　　　第14章，第15章

一橋大学大学院　国際企業戦略研究科修士課程修了
日本政策投資銀行，九州大学産学連携センター特任教授，常葉大学経営学部教授を経て，
現在，環太平洋大学　経営学部　教授，経営法修士

石井　康夫 （いしい　やすお）　　　第9章，第10章，第11章，第12章，第13章

京都大学大学院　工学研究科修士課程修了
大阪国際大学　グローバルビジネス学部　教授を経て，
現在，大和大学　政治経済学部　教授，経済経営学科長　博士（経済学）

竹安　数博 （たけやす　かずひろ）　　第1章1，第3章2，第4章，第5章，第6章2

京都大学大学院　工学研究科修士課程修了
大阪府立大学　経済学部　教授，経営情報システム研究所　所長を経て，
現在，常葉大学　経営学部　教授，経営情報システム研究所　所長　工学博士

山下　裕丈 （やました　ひろたけ）

　　　　　　　　　　　第1章2，第2章，第3章1，第6章1，第7章，第8章

慶應義塾大学大学院　経営管理研究科　修士課程修了（MBA）
中部大学経営情報学部経営学科　講師，准教授を経て
現在，中部大学経営情報学部経営総合学科　教授

理論と実践　中小企業のマネジメント

2018 年 5 月 10 日　第 1 版第 1 刷発行

著　者	安石竹山	達井安下	明康数裕	久夫博丈継

発行者　山　本　　　継

発行所　㈱中央経済社

発売元　㈱中央経済グループ
　　　　パブリッシング

〒101-0051　東京都千代田区神田神保町 1-31-2
電話　03 (3293) 3371（編集代表）
　　　03 (3293) 3381（営業代表）
http://www.chuokeizai.co.jp/
印刷／文唱堂印刷㈱
製本／㈲井上製本所

© 2018
Printed in Japan

＊頁の「欠落」や「順序違い」などがありましたらお取り替えいた
しますので発売元までご送付ください。（送料小社負担）
ISBN978-4-502-26831-1　C3034

JCOPY〈出版者著作権管理機構委託出版物〉本書を無断で複写複製（コピー）することは，
著作権法上の例外を除き，禁じられています。本書をコピーされる場合は事前に出版者著作権
管理機構（JCOPY）の許諾を受けてください。
JCOPY〈http://www.jcopy.or.jp　e メール：info@jcopy.or.jp　電話：03-3513-6969〉